Junior Middle School Students'
Creativity Development
and
Self-Construction of Knowledge

姬国君 著

初中生
创造力发展
与知识自主建构

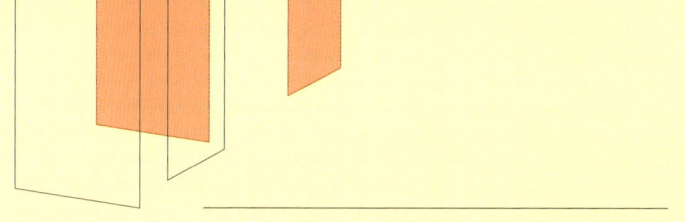

社会科学文献出版社
SOCIAL SCIENCES ACADEMIC PRESS (CHINA)

前　言

创造力是一个世界性的话题，也是一个历久弥新的问题，更是一个教育界关注的热点问题。2017年9月，《关于深化教育体制机制改革的意见》中首次提出学生四大关键能力的培养，这为研究主题"初中生创造力发展与知识自主建构"提供了契机。本研究紧紧围绕"如何通过知识自主建构促进初中生创造力发展"这一核心问题展开研究，并综合运用了文献研究法、比较研究法、调查研究法、历史研究法和理论研究法等，遵循了"提出问题（厘清研究选题）—梳理文献（明晰研究主题）—理论分析（奠定研究基础）—实证调研（进行现状分析）—探寻策略（知识自主建构）"的逻辑思路。

本研究运用文献研究法收集创造力和知识自主建构的相关资料，结合研究主题凝练出初中生创造力的定义：初中生创造力是指作为学习活动的一种能力系统存在于教育活动中，主要涉及新旧知识、自主学习与创造性思维等，进而重组并内化形成新颖而又独特的综合力；初中生知识是在不断地学习、交流与审辨中产生的，是在不断修正、完善和提升已有知识结构的综合自主学习过程中产生的；初中生的知识自主建构是一个积极主动的创造过程，不是被动地接受知识，而是将先前内化的知识与外在的有选择性的新知识进行积极主动且充分的融合。同时再结合历史研究法和比较研究法尽可能全面而又系统地梳理国内外"创造力研究的发展历程"和"知识观研究的总体状况"的主要成果并加以评析，从中可以发现：无论是前者还是后者，皆有丰硕的研究成果，可以拓宽研究的思路，丰富研究内容。此外，聚焦"国内外学生创造力发展和知识自主建构研究"的主要论题，进行文献梳理及评析后，我们发现目前对"知识自主建构"的研究缺乏系统性，而直接以"初中生创造力发展与知识自主建构"作为研究命题的更是鲜有。

本研究以人本主义理论、创造力理论、知识建构理论、自主决定理论为理论基础，对创造力和知识的特征进行了提炼与分析，即创造力的特征为独特性、探索性、破旧性、灵活性、发散性和综合性；知识的特征为客观性、主观性、主体性、发展性和生成性。更进一步对学生创造力发展与知识自主建构的关系进行了阐释，试着从创造力和知识的特征中提炼出的主要影响因素入手，即从创造性思维、知识基础、自主性这三方面对创造力发展和知识的关系进行总体分析；再分别从知识数量、知识分类及知识运用的视角详细阐释学生创造力发展与知识自主建构的关系。从知识数量的视角看两者关系：首先，依据张力观，两者之间应保持一种适度的张力，并存在一种倒"U"形关系；其次，与张力观截然不同的是基础观，两者之间存在着正向关系。从知识分类的视角看两者关系：首先，从陈述性知识和程序性知识看，陈述性知识的自主建构对创造力发展起基础性作用，而程序性知识的自主建构对创造力发展起方法上的指引作用；其次，从显性知识与隐性知识看两者关系，显性知识的自主建构对创造力发展起展现性作用，隐性知识的自主建构是创造力发展之源泉。从知识运用的视角看两者关系：试从知识的程序化和自主性、广泛性和多元化、有效性和策略化这三方面对两者的关系进行阐释。从理论基础到主题特征再到关系探讨，这不仅有助于提升研究的理论深度，还可以对整个研究起到承前启后的作用。

对本研究的现状分析，作者采用了成熟量表《威廉斯创造力倾向量表》，同时又自主编制了初中生知识自主建构的调查问卷和教师访谈提纲。问卷选取13所初中学校（上海、郑州和昆明）24个班级的学生作为调查对象。共发放问卷1100份，回收问卷1012份，有效问卷为969份。本次调查初中生创造力倾向的主要结论为：初中生创造力倾向发展水平总体不高，在创造力倾向的四个维度上，初中生冒险性和挑战性发展呈现"较高"水平，而好奇性和想象力发展呈现"中等"水平。本次调查的初中生知识自主建构主要结论为：初中生知识自主建构水平总体一般，在知识自主建构的各个维度上，自主学习、知识的运用和知识的评价均呈现"中等"水平,仅已有知识结构呈现"较高"合理水平。最后,对14位初中教师的访谈内容进行归纳与提炼,主要内容有知识自主建构可以促进学生创造力发展,知识自主建构是学生创造力发展的重要途径等。

面向初中生创造力发展的知识自主建构策略是一个理论走向实践指导的环节。为此在建构途径上,鼓励学生综合运用多种知识自主建构途径,如观察性学习、探究性学习、符号性学习等;在建构权上,赋予学生知识自主建构的决定权;在建构课程上,开发以自主学习为中心的创造力课程;在建构目标上,培育学生深层次知识自主建构的创造力。四者之间的内在关系为:在建构途径和建构权的基础上,通过建构课程达成建构目标。

本研究创新之处有四点:首先,本研究是以初中生创造力发展和知识自主建构为研究对象,选题具有一定的创新性;其次,本研究是对学生创造力发展和知识自主建构两个主题进行交叉研究,研究主题具有一定的创新性;再次,本研究对国内外创造力和知识观的已有研究和实践发展历程进行了全景式的呈现,进而分析如何通过知识自主建构促进学生创造力发展;最后,本研究以理论贯穿全书,以知识自主建构的方法促进学生创造力的发展,这是一种具有指导意义的解决学生创造力发展的基本思路,也具有一定的创新性。

本研究吸收了关于创造力发展和知识自主建构的较多的研究成果,参阅了较多的文献资料,也借鉴了许多初中教师的有益经验。在此,谨对这些研究成果的创造者、这些文献资料的作者以及这些初中教师表示衷心的感谢!同时,社会科学文献出版社有关领导和同志提供了宝贵建议与支持,正是他们的大力支持与辛勤付出,才使本研究得以及时、顺利地出版,向他们致以最诚挚的感谢!

由于作者水平有限,本研究的疏忽、纰漏乃至错误之处在所难免,恳请读者们体谅并提出宝贵的建议。

姬国君
2020年8月

目 录

第一章 绪论 ·········· 1
  一 初中生创造力发展与知识自主建构的研究缘起 ·········· 1
  二 创造力、知识与自主建构的内涵 ·········· 5
  三 初中生创造力发展与知识自主建构的研究意义 ·········· 9
  四 如何通过知识自主建构促进初中生创造力发展 ·········· 10

第二章 创造力研究和知识观研究的历史回溯及评析 ·········· 17
  一 国内外创造力研究的发展历程及评析 ·········· 17
  二 国内外知识观研究的总体状况及评析 ·········· 33
  三 学生创造力发展和知识自主建构研究的主要论题及评析 ·········· 54

第三章 创造力发展与知识自主建构的理论分析 ·········· 69
  一 理论基础 ·········· 69
  二 创造力和知识的特征 ·········· 76
  三 创造力发展与知识自主建构的关系 ·········· 81
  四 小结 ·········· 119

第四章 初中生创造力倾向与知识自主建构的现状分析 ·········· 122
  一 问卷的选择、自主编制及调查结果分析 ·········· 122
  二 访谈 ·········· 162
  三 问卷、访谈的调查结论及启示 ·········· 170
  四 小结 ·········· 180

第五章　面向初中生创造力发展的知识自主建构策略 …… 183
　　一　鼓励学生综合运用多种知识自主建构途径 …… 183
　　二　赋予学生知识自主建构的决定权 …… 193
　　三　开发以自主学习为中心的创造力课程 …… 198
　　四　培育学生深层次知识自主建构的创造力 …… 208
　　五　小结 …… 213

第六章　结论、讨论与展望 …… 216
　　一　初中生创造力发展与知识自主建构的研究结论 …… 216
　　二　如何通过知识自主建构促进初中生创造力发展的讨论 …… 218
　　三　初中生创造力发展与知识自主建构的展望 …… 219

参考文献 …… 221

附录A　问卷调查 …… 239
附录B　教师访谈提纲 …… 246

第一章 绪论

一 初中生创造力发展与知识自主建构的研究缘起

人类社会的不断进步与发展历程本身就是一部不断创新的历史巨作。然而,千百年来人们对创造的内涵不甚了解,以至于对创造产生了诸多偏见或误解。首先,长期以来人们认为创造属于"大人物"的专利,而很少有人会想到普通人甚至自己也是创造者。其次,人们往往关注"大人物"在发明创造中最显著部分的成果,却忽略了他们在成长过程中对其创造力的培育,也很少关注创造过程本身的规律及价值。再次,人们只看到了"大人物"成功的一面,却往往忽视他们在取得成功的过程中遇到的挫折与失败,甚至误认为他们没遇到什么挫折和失败就取得了成功。最后,人们还有一种思维倾向是认为学历越高,知识越多,创造力就会越大,一个人不能有所创造的原因似乎是其知识储量不足。这些偏见或者误解在一定程度上影响了人们的创造和科学技术的发展以及生产力的进步。21世纪是一个科学技术快速发展和知识量呈几何级增长的时代,世界各国都重视创造力的作用,21世纪是一个创造的世纪。如何激发人们的创造力,开发学生的创造力,是21世纪教育研究者的共同目标,"钱学森之问"是21世纪初钱老向中国教育界提出的一道艰深的命题。至此,新时代赋予了我们新的研究使命,这也是笔者坚定地对学生创造力发展进行学术探究的原动力。需要说明的是,在此研究的"中学生"专指初中阶段的学生。

诸多学者早已开始且一直在进行对学生创造力发展的研究工作。在新时代教育转型背景下更加需要对其进行深度研究,人们越来越深刻地认识到发展学生创造力的重要性,切身感受到发展学生创造力的紧迫性,诚如一位学者提出:"创造力是人人皆有的一种潜在的自然力。"[①] 如何将这种内在的自然力开发出来?学生创造力的发展是通过多个途径来实现的,其中途径之一是知识自主建构。获得知识的多少取决于学生根据自身已有知识结构积极去建构相关知识的能力生成的可能性,而不是取决于学生复现知识的能力的大小。基于这样的建构意义,学生知识自主建构是发展其创造力的重要途径之一。这孕育并产生了本研究选定"初中生创造力发展与知识自主建构"作为命题的缘由。

(一) 研究背景

激发受教育者的创造力是教育界关注的热点问题。在这样的背景下,探寻学生创造力的发展,意义不言而喻。知识具有永恒的价值,知识本身是静态的,向人们传授知识只是将同样内容在不同人的记忆中复制,并不会激发人类的潜力。我们需要用知识产生创造力,将知识由静态的复制转化为动态的创造,因为只有创造力才能赋予我们发展的潜力。诚如托马斯·L.萨蒂所阐述的:"知识是一种手段,是一种重要途径,而创造力是最终的目的追求,创造力能促使我们大脑不断发育与强大,以迎接解决问题的新挑战,并拓展思路。"[②]

1. 时代的诉求:21世纪是创造的世纪

人类社会进步和发展的历史即是一部创造的历史。由于当今世界经济的发展已经从过去的规模化生产经济向以智力资本为主导的知识经济转型,人类进入了一个前所未有的知识综合性创造的竞争时代,这个时代追求创造速度和创造效率并进。随之,中国教育也迈入了一个转型的新时代,这个转型的新时代赋予我们必须充分而适当地运用知识去创造、去开拓的使命。为此,人们开始重新认识自身的创造力发展的问题,培养创造性人才就成为当前重要的教育任务之一。与此同时,重新审视学生创造力发展的重要途径——知识自主建构——成为教育界必须重视的问题。

---

① 杨乃定主编《创造学教程》,西北工业大学出版社,2004,第19页。
② 〔美〕托马斯·L.萨蒂:《创造性思维:改变思维做决策》,石勇、李兴森译,机械工业出版社,2017,第6页。

2. 国家发展需要：创造力是国家的核心竞争力

一个国家发展有活力，创造力的勃兴是关键，无论是对中国历史的纵向考察，还是对中国和他国的横向比较，都可以得出同样的结论，即国家竞争力的核心是创造力的竞争，也是国家软实力的核心。缺乏创造力的国家，只能花钱引进他国的创造成果，在生产链上处于最低端，只能靠廉价的劳动力和产品、巨大能源消耗和牺牲环境的成本去赢得竞争力。[①] 从当年的"现代科学为什么没有在中国出现"这个"李约瑟之问"到21世纪初出现的"钱学森之问"，从某种意义上暴露了我国整体创造力不足的缺陷。

越来越多的创造力研究成果表明，教育是国家创造力的源泉，人所具备的创造性在很大程度上受到教育的影响，为此人们将创造力的培养聚焦和寄希望于教育上，赋予教育对人的创造力的激发的使命。2017年，中共中央办公厅、国务院办公厅印发《关于深化教育体制机制改革的意见》，在培养学生基础知识和基本技能，以及强化学生关键能力培养的过程中提出："培养创新能力：激发中学生好奇心、想象力和创新思维，养成创新人格，鼓励中学生勇于探索、大胆尝试、创新创造。"[②] 中国当下的社会和经济发展越来越需要各个领域的创新型人才。如何提高一个社会的创造力，尤其是在基础教育阶段中如何促进学生创造力发展，是国家教育转型发展中所面临的重要课题。

3. 个人发展要求：创造力是人人皆有的一种能力

对于个人创造力的发展，我国著名的教育家陶行知先生提出："天天是创造之时，处处是创造之地，人人是创造之人。"[③] 创造将人与世间其他生命区别开来，同时也赋予人价值和意义，使人在满足物质需求的基础上，去努力追求人生的创造价值。恩斯特·卡西尔（Ernst Cassirer）提出："自发性和创造性是一切人类活动的核心所在，它是人的最高力量，同时

---

① 〔美〕巴格托、〔美〕考夫曼主编《培养学生的创造力》，陈菲、周晔晗、李娴译，华东师范大学出版社，2013，第1页。
② 中共中央办公厅、国务院办公厅：《关于深化教育体制机制改革的意见》，http://www.gov.cn/xinwen/2017-09/24/content_5227267.htm，2017年9月24日。
③ 顾明远、边守正主编《陶行知选集》（第2卷），教育科学出版社，2011，第235页。

也标示我们人类世界与自然界的天然分界线。"① 人在从事各项活动中，创造使得活动更具价值和意义。每一个健全的个体都蕴藏着丰富的与生俱来的生理、心理和思维素质，只要运用适当的方法加以引导，人人都可以充分发挥潜在的创造力。也正因如此，个体才可以摆脱重复劳动和模仿他人的命运，真正彰显自我的独特性，从而实现个体的生命价值。

（二）问题的提出

回顾人类发展的历史，人类奋力追求"客观知识"，以及探索世界的奥秘。人类在精心策划与建构"客观真理"的对象化实践过程中，唯独把"自我"遗忘了，逐渐淡忘和疏远了对"自主性知识"的内在追求，更别提对"主观真理"的内在建构以及对"主观理性"的本体的追求与守护。当下我们的学生只把精力放在应对书本材料上的客观知识上，并被这些缺乏自主性的探究和教条主义束缚了自己的直觉灵感与创造力，无力对那些客观化的自主性知识进行内化，本体意识、本体经验和本体知识这些内容并没有形成个性化存储并内化于自身，也就不可能调节与优化自己的本体行为。长此以往，这种客观化的非"人本位"的知识学习活动在一定程度上阻滞了知识自主建构，更别说创造力的发展了。为此，"面向初中生创造力发展的知识自主建构"，是依据现实问题而选择的研究主题，本研究紧紧围绕"如何通过知识自主建构促进学生创造力发展"这一核心问题，分解出以下四个主要的子问题。

第一，依据研究的核心问题，关涉两大研究主题"学生创造力发展"和"知识自主建构"，需要对两大研究主题的发展历程进行梳理及评析，即国内外创造力研究的发展历程怎么样，国内外知识观研究的总体状况又如何。最后回归与聚焦核心问题，学生创造力发展和知识自主建构研究的主要论题有哪些。

第二，学术研究应该侧重理论研究，这样的研究不仅可以服务现在，更具引领未来的价值。同时往往一项研究所涉及的理论多且涉及的领域有交叉，在此主要阐述本研究涉及的理论基础以及创造力和知识的特征，并从理论层面上分析创造力发展与知识自主建构的关系。

---

① 〔德〕恩斯特·卡西尔：《人论》，甘阳译，上海译文出版社，2004，第304页。

第三，充分搜集和运用已有的研究成果，再结合对学生的问卷调查以及对初中学校一线教师的访谈调查，全面地描述学生创造力发展和知识自主建构的发展现状以及存在的问题。

第四，对以上相关主体的发展历程、理论基础、问卷调查与教师访谈、主体关系等内容进行系统分析，提出"面向学生创造力发展的知识自主建构"的具体策略。

二 创造力、知识与自主建构的内涵

本研究紧紧围绕创造力和知识两大核心概念的内涵和外延展开详细论述。

（一）创造力

受创造力本身的复杂性以及当前研究进展的程度不高等原因所限，目前我们很难对创造力下一个全面而又适当的定义，关于创造力的内涵我们可以尝试着从"什么是创造力"的诸多研究中对"创造力是什么"进行理解。

"创造力"是人类所独有的综合性本领，它的重要性不言而喻。"创造力"是一个备受关注的概念，许多相关研究者对其进行了诸多研究，但目前还没有形成一个较为统一的定义。例如，著名心理学家斯滕伯格（R. J. Sternberg）等认为创造力是提出或者产生的工作成果具有原创性和有用性的能力。[1] 我国学者夏征农、陈至立等主编的《辞海》中对创造力的界定是"创造力是指从事创造性活动并获得创造性成果的能力，包括对已有的知识和经验进行科学的加工和创造，产生新概念、新知识、新思想的能力；大体上由感知力、记忆力、思考力、想象力四种能力构成，是人类自我实现的基本素质"[2]。北京师范大学林崇德教授等主编的《心理学大辞典》阐述创造力是个体不受成规的束缚而能灵活运用知识和经验，产生

---

[1] Sternberg, R. J., Lubart, T. I., *The Concept of Creativity: Prospects and Paradigms, Handbook of Development* (New York: Cambridge University Press, 1999), pp. 3 – 15.

[2] 夏征农、陈至立等主编《辞海》第六版（彩图本），上海辞书出版社，2009，第326页。

新思想或发现和创造新事物的能力,是成功完成某种创造性活动所必需的心理品质。①上海师范大学丁念金教授认为创造力是基于现有信息和经验产生新颖而适切的工作成果的能力,并进一步指出,新颖是相对于现有的信息而言;适切是指恰当,适合于解决需要解决的问题;工作成果包括观念、设想、方法或产品等。②

回溯文献综述内容,综合各种已有的相关研究成果,我们发现,关于创造力的概念大体存在两种观点:过程观和结果观。当创造力被视为过程共识性概念时,其过程涉及对特定问题的机会把握、信息收集、创造性思维的产生、评估等内容。③诚如:Amabile 将创造力模型具体划分为任务陈述、活动准备、创意产生、创意验证和结果评估五个方面。④当创造力被视为结果共识性概念时,又如:Amabile 认为,基于创造力的结果观侧重于其性质,如流畅性(创意产生的数量)、灵活性(想法涉及类别的数量)与原创性(与既有想法的差异程度)。⑤关于创造力的过程观或者是结果观,有诸多的国内外研究文献对此进行了阐释。笔者认为创造力是作为创造活动的一种能力系统存在于现实之中,主要关涉对新知识、新资源的捕捉与综合运用,重组并加工出新颖、独特产品(理念),这是一种将综合知识内化且灵活运用的能力。需要说明的是,创造力包括个人创造力和群体(团体)创造力,而本研究中的创造力是指初中生的创造力。

从目前掌握的创造力文献资料来看,诸多学者从不同的研究视角对创造力进行了含义的界定。对于初中生创造力的定义一般是融合在创造力定义里阐述,并没有加以区别界定,这也足以说明创造力与学生创造力在本质上或者说在目标上是一致的,不论是在初中生阶段还是成年人阶段,皆是为了培养人的综合创造能力,纵观人的整个一生是创造力发展的一生,

---

① 林崇德、杨治良、黄希庭主编《心理学大辞典》(上),上海教育出版社,2003,第152页。
② 丁念金:《教师创造力发展的文化分析》,《全球教育展望》2015 年第 2 期,第 45~53 页。
③ 王智宁、高放、叶新凤:《创造力研究述评:概念、测量方法和影响因素》,《中国矿业大学学报》(社会科学版)2016 年第 1 期,第 55~67 页。
④ Amabile, T. M., "The Social Psychology of Creativity: A Componential Conceptualization", *Journal of Personality and Social Psychology*, 45 (2), 1983, pp. 357-376.
⑤ Amabile, T. M., "A Model of Creativity and Innovation in Organization", *Research in Organizational Behavior*, 10 (1), 1988, pp. 123-167.

本研究在对创造力已有定义进行界定的基础上，进一步对初中生阶段的创造力加以诠释。初中生创造力是指作为学习活动的一种能力系统存在于教育活动中，主要涉及新旧知识转化、自主学习方法与创造性思维等，进而对其进行重组并内化形成新颖又独特的综合力。需要说明的是，这种能力是一种动态且螺旋上升的知识、智力和人格等综合能力。

（二）知识

知识是内涵丰富且外延宽泛的概念，最早关注知识问题的哲学家们是以知识理论为基础，通常将知识理解为一种意识。在本研究中分析知识概念的定义，目的是为了使初中生能够明了在什么样的情况下，自己有资格说"我们是有知识的"，或者说自己能够宣称"我们是知道的"[1]。例如，柏拉图（Plato）、亚里士多德（Aristotle）、贝克兰（Baekeland）等人对知识进行了持续而深入地探索。基于本体论的哲学家们还将知识视为生命物质和非生命物质之间相互作用而产生的一种特殊资源。又如，波普尔认为知识是来自一种"批判性的选择"，世界可以划分为三个世界：第一世界、第二世界和第三世界。[2] 而我国现代学者们也对此进行了深入研究，例如，中国社会科学院语言研究所词典编辑室1983年出版的《现代汉语词典》中，将知识界定为"人们在改造世界的实践中获得的认识和经验的总和"。[3] 又如，夏征农、陈至立等主编的《辞海》中认为知识是人类认识的成果或者结晶。[4] 在诸多的研究基础上，我们可将知识按照类别进行分析。首先，根据反映对象的深刻性，可分为生活常识和科学常识。其次，根据反映层次的系统性，可分为经验知识和理论知识；经验知识是知识的初级形态，系统的科学理论知识是知识的高级形态。最后，按具体的来源，知识虽可区分为直接知识和间接知识，但是从总体上说，人的一切知识（才能也属于知识范畴）都是后天在社会实践中形成的，是对现实的能动反

---

[1] 胡军：《知识论》，北京大学出版社，2006，第45页。
[2] 〔英〕卡尔·波普尔：《客观知识：一个进化论的研究》，舒炜光等译，上海译文出版社，1987，第154页。其中，第一世界是包括物理实体和物理状态的世界；第二世界是精神的或心理的世界；第三世界是思想内容的世界、客观知识的世界。
[3] 中国社会科学院语言研究所词典编辑室编《现代汉语词典》，商务印书馆，1983，第1481页。
[4] 夏征农、陈至立等主编《辞海》第六版（彩图本），上海辞书出版社，2009，第2934页。

映；社会实践是一切知识的基础和检验知识的标准。知识（精神性的东西）借助于一定的语言形式，或物化为某种劳动产品的形式，可以交流和传递给下一代，成为人类共同的精神财富。此外，北京师范大学石中英教授提出："知识与认识者的关系，知识与认识对象的关系，知识作为一种陈述本身的逻辑问题，知识与社会的关系问题。知识概念就存在于对这四组问题的不同回答之中，知识问题的复杂性就在于它不仅关涉合理性问题，也涉及合法性问题。"[1]

综上所述，知识既是人类对外部世界认识和感知的过程，又是人类基于现有认知水平对外部世界进行认识与感知的一种结果呈现（包括显性和隐性），隐含着人类自身对世界的理解、信念和建构。在本研究中，初中生知识是在不断地学习、交流与审辨中产生的，是在不断修正、完善和提升已有知识结构的综合自主学习过程中产生的。需要进一步阐述的是，关于知识特性中的路径依赖性，主要体现在新知识的产生和发展是建立在现有知识结构的基础之上的自主建构。

（三）自主建构

关于自主的概念纷繁多样，不同的学者由于自身内化的知识及研究视角的不同，对自主概念的操作性定义和具体要求也不同。范伯格（J. Feinberg）就提出至少存在四种不同的自主概念：一是自我治理的能力；二是自我管理的实际条件；三是个人的理想；四是表达自己自我绝对权威的权利。[2] 还有我国学者王晓梅认为，自主也称自律或自治，一般而言，自主被理解为个体根据自己的动机欲望和理智推理过自己想要过的生活的能力，而这些动机欲望和理智推理都不是操控性和扭曲性的外部力量的产物。[3] 自主概念在不同的语境中有着广泛的运用，面对不同的学科领域自主概念呈现出多元化特征，在教育学领域中，主要是指培养学生的知识自主建构等能力。为此，笔者认为自主建构的含义是指在知识积累的过程中，个体不断自我吸收、自我重构以实现知识的内化与输出，获得真正的

---

[1] 石中英：《知识转型与教育改革》，教育科学出版社，2001，第19~20页。
[2] Feinberg, J., "*Autonomy*" in the Inner Citadel: *Essays on Individual Autonomy* (New York: Oxford University Press, 1989), pp. 27-53.
[3] 王晓梅：《自主概念的理论研究》，光明日报出版社，2016。

知识自主性。需要强调的是这里的自主是指理性和审辨之后的自决，换句话说，是一种高质量的"自我抉择"的创造过程。

各领域的研究者对知识建构进行了全视角的研究，教育学界主要集中在教育哲学和教育信息技术学等方面，从普通教育学视角对初中生创造力发展的知识自主建构的研究较少。自主建构源于建构主义的知识观，初中生的知识自主建构是一个积极主动的创造过程，在这一过程中，初中生不是被动地接受知识，而是将先前内化的知识与外在的有选择性的新知识进行积极主动且充分的融合。因此，在初中生创造力发展中需要着重强调知识的一种相对自主性建构。

三 初中生创造力发展与知识自主建构的研究意义

纵观国内外创造力研究的发展历程，创造力是一个经久不衰的研究命题，无数的研究者为人类的创造力发展做出了巨大的贡献。时至今日，创造力发展依然散发着耀眼的研究价值。本研究的目的是通过对这些已有的研究成果进行梳理及评析，探寻其背后的理论基础，辨析学生创造力发展与知识自主建构的关系，试图对学生创造力发展进行积极的知识自主建构，最终探寻的策略能够对学生创造力发展起到积极的指导和促进作用。在全球强调创新的新时代背景下，学生创造力发展问题变得比任何时代都重要且紧迫。基于这样的研究目的和时代紧迫性，本研究以知识自主建构为切入点探寻学生创造力发展具有一定的理论和实践意义。

（一）理论意义

笔者通过对学生创造力发展和知识自主建构的相关文献进行梳理与评析，结合教育学、创造学等理论，探寻学生创造力发展的重要路径之一——知识的自主建构。创造是人的专有属性，创造使人更具价值；知识是人的创造力发展的基础，没有知识的自主建构，创造力就无从谈起更遑论发展，会变成无本之木、无源之水。在新时代教育转型背景下，其理论意义在于：第一，本研究立足于促使中国创造力从世界创造力格局的边缘稳步走向中心，真正使中国由创造力大国转向创造力强国，充实和完善现代创造教育理论体系，探索学生创造力发展的本土化理论和知识自主建构理论；第二，从知识的角度来探寻学生创造力发展的路径，可以丰富并拓展创造教育理论，适切地指导新时代教育转型背景下学生创造力的发展；第三，有助于我们全面认识知识自主建构在学生创造力发展方面的地位与价值，并在理论层面上进行充分的思考和建构。

（二）实践意义

在已有研究者的实践基础上，本研究的实践意义主要有：第一，主要梳理与评析创造力和知识的发展进程，探寻其实践发展轨迹；第二，深入分析创造力发展的多种策略，以及探析知识自主建构的内在机理，积极探索学生创造力发展的知识自主建构策略；第三，促使学生自觉形成知识自主建构的能力，使其成为知识的积极建构者，探寻出真正适合学生创造力发展的策略。

四 如何通过知识自主建构促进初中生创造力发展

紧紧围绕"初中生创造力发展与知识自主建构"的研究主题，研究设计的内容主要包括：研究目标、研究内容、研究方法、重点难点和创新之处等。

（一）研究目标

关于"初中生创造力发展与知识自主建构"这一主题的主要研究目标是探寻其关系及策略，在这一主要研究目标下，派生出分目标：一是通过文献综述，全面了解国内外有关学生创造力发展和知识自主建构的研究状况与进展；二是在对理论、创造力和知识的特征进行分析的基础上，探寻创造力发展与知识自主建构的关系；三是通过初中生问卷调查、教师访谈等形式，调查初中生创造力发展和知识自主建构的总体现状及主要关系等；四是基于文献综述、理论分析以及现状调查，提出建构策略。

（二）研究内容

依据研究目标，主要有以下系列研究内容。

1. 理论分析

此部分主要包括理论、创造力和知识的特征、创造力发展和知识自主建构的关系。所依据的理论主要有：人本主义理论、创造力理论、知识建构理论、自主决定理论。创造力的特征为独特性、探索性、破旧性、灵活性、发散性和综合性；知识的特征为客观性、主观性、主体性、发展性和生成性。

如何通过知识自主建构促进学生创造力发展、如何阐释两者的关系等问题，是继基础理论与特征分析之后摆在我们面前的重要问题，也是本研究需要从理论层面分析的重要内容。为此，笔者试着从创造力和知识的特征入手总体分析创造力发展与知识的关系，再分别从知识数量、知识分类及知识运用的视角详细阐释学生创造力发展与知识自主建构的关系。

2. 现状分析

关于本研究的现状分析借鉴了已有的相关问卷和量表等内容，笔者自主编制了初中生知识自主建构的调查问卷。而关于对学生创造力倾向的测量问卷，笔者直接引用了成熟量表《威廉斯创造力倾向量表》，以及编制了针对教师的访谈提纲。对初中生创造力发展和知识自主建构进行调查与结果分析，主要目的是了解初中生创造力发展和知识自主建构的总体情况，从实践层面为创造力发展和知识自主建构的关系阐述以及策略提出给予一定支持。

3. 策略探寻

根据对其现状及关系的分析，笔者提出了面向初中生创造力发展的知识自主建构的策略：首先，鼓励学生综合运用多种知识自主建构途径；其次，赋予学生在知识自主建构过程中一定的决定权；再次，开发以自主学习为中心的创造力课程；最后，培育学生深层次知识自主建构的创造力，分别从深层次知识自主建构的目的指向与运作机制两方面进行探析。

(三) 研究方法

研究方法包括研究思路和具体方法两部分。研究思路紧紧围绕研究主题展开，具体包含五个方面：提出问题、梳理文献、理论分析、实证调研和策略探寻。在分析研究思路的基础上，分别再对所涉及的研究内容从具体操作层面进行方法阐述。

1. 研究思路

围绕研究主旨，研究思路主要从以下五方面展开，具体研究路线如图1-1所示。

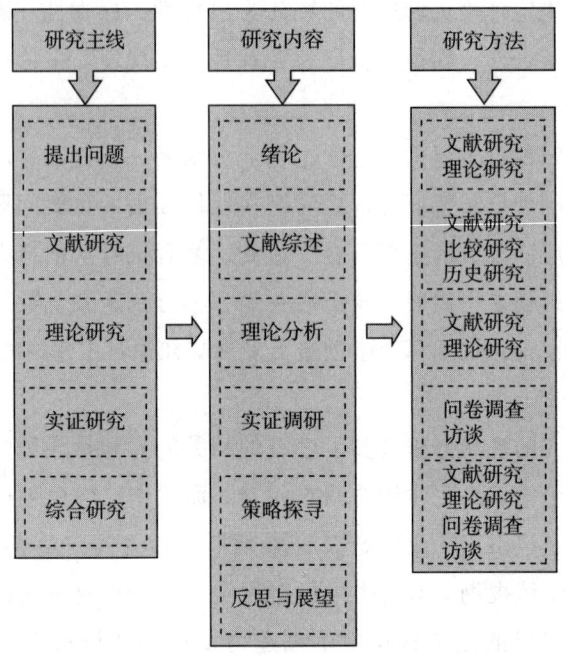

图 1-1 研究路线

（1）提出问题，厘清研究选题

运用文献研究法和理论研究法阐述研究缘起，提出研究问题：如何通过知识自主建构促进学生创造力发展？进而围绕研究的问题进行相关的核心概念界定，对研究的理论与实践意义、研究目标与内容、研究思路与方法、研究的重点难点与创新之处等加以论述。

（2）梳理文献，明晰研究主题

综合运用文献研究法、比较研究法和历史研究法，系统梳理创造力和知识观两大领域相关研究的发展历程、研究的主要问题、研究成果等，并进行总体述评。然后再分别对国内外学生创造力发展和知识自主建构的已有研究成果进行梳理和评析。

（3）理论分析，奠定研究基础

通过对人本主义理论、创造力理论、知识建构理论、自主决定理论、初中阶段学生发展特点等分析，在一定程度上可以提升研究的学理性。运用文献研究法，特别是理论研究法，同时又结合创造力和知识的特征总体分析创造力发展和知识的关系,并从知识数量、知识分类与知识运用视角对学生创造力发展和知识自主建构的关系进行深度分析。

(4) 实证调研,进行现状分析

根据研究需要利用成熟的《威廉斯创造力倾向量表》和自主编制的初中生知识自主建构的调查问卷进行调查,分析得出学生创造力发展和知识自主建构的总体状况及关系,在此基础上再对教师进行深度访谈,深层次了解学生创造力发展与知识自主建构的相关问题。

(5) 策略探寻,进行知识自主建构

综合运用文献研究法、调查研究法和理论研究法等方法,在对理论和现状分析的基础上,针对研究主题提出一些具有借鉴意义的建议或者策略。

2. 研究的具体方法

本研究围绕"初中生创造力发展与知识自主建构"这一研究主题,采用文献研究法对已有的文献资料进行全面的整理与分析,在此基础上再运用比较研究法对国内外的创造力和知识观两大领域进行梳理与评析,以及对国内外的学生创造力发展和知识自主建构的相关论题进行综合分析。结合已有的学生创造力调查研究成果,笔者运用问卷和访谈等调查研究法,同时结合实践经验和观察等,对学生创造力发展现状进行总体描述。本研究以充分运用质性研究方法为主,量化分析方法为辅,从理论上引领并试图探索出学生创造力发展的知识自主建构策略。

(1) 文献研究法

本研究紧紧围绕"初中生创造力发展与知识自主建构"这一研究主题,涉及的文献资料覆盖哲学、教育学、创造学、知识学、社会学、学习学等领域。一方面收集、整理和分析关于创造力和知识观等内容的研究著作、期刊论文、电子文献等;另一方面及时关注并收集最新相关研究成果。综合运用教育科学视阈下创造力和知识自主建构理论,最终形成自己的研究思路与理论观点。

(2) 比较研究法

本研究运用比较研究法对国内外的创造力和知识观发展历程进行比较并评析,以及对国内外关于学生创造力发展和知识自主建构的主要论题进行综合比较分析,充分展现对其国内外发展进程的纵向比较研究,乃至对其在同一时期的横向比较研究。对相关研究主体进行比较与评析,可以更好地对其进行全景式呈现并发现研究价值及规律,为"初中生创造力发展与知识自主建构"这一主题的理论深度提供有力的支撑,最终能够为建构策略提供框架上的指引与参考。

(3) 调查研究法

正如裴娣娜教授所述:"教育科学的调查研究法应区别于一般的社会调查,它是以当前教育问题为研究对象,是为了认识某种教育现象、过程或者为了解决某一实际问题而进行的有目的有计划的实地考察活动。"①

学生创造力发展是一个日久常新的研究问题,故而诸多研究者已对其进行了大量的问卷与访谈调查。例如:六城市中小学生创造力培养联合调研组从我国东、中、西部地区选取了上海、天津、重庆、南京、杭州和南昌等6市共106所中小学校11098名中小学生进行调查,调查结果有三点。一是学生创造力发展现状:具备初步创造性人格和创造力的学生较多,市区学生中男生相对女生有更强的创造性人格;创造力和创造性人格密切相关,初中生的创造性逐年增强,而高中生的创造性处于低潮期。二是学生创造力培养状况:部分教师采用启发式授课方法,机械重复的授课方式仍然存在;学生参加创造性和体验性过程较多,市区与郊区学生存在差异;民主型师生关系发展不够充分;小学和初中的培养创造力的环境相对比高中好,学段越高,学生创造力越缺失,并呈现正相关的态势。三是家庭在培养学生创造力方面的情况:父母文化程度相对较高,大部分家庭会采取民主型教育方式,这样的家庭环境有利于学生创造力的培养。②

又如,有学者对高中生创造力现状进行了分析,认为高中生创造性思维呈下降趋势,其创造性倾向无明显差异,而创造力态度呈上升趋势。③笔者首先对前人已有的研究成果进行归纳整理与总体分析,然后结合创造

---

① 裴娣娜:《教育研究方法导论》,安徽教育出版社,1995,第158~159页。
② 六城市中小学生创造力培养联合调研组:《六城市中小学生创造力发展现状调查报告》,《上海教育科研》2010年第6期,第4~9页。
③ 柳臻:《学生高中阶段创造力现状分析——基于对河南省焦作市的实地调查》,《中国教育学刊》2013年第7期,第15~18页。

力和知识自主建构的学理分析进行调查问卷的编制,最后通过问卷调查了解学生创造力发展和知识自主建构的总体状况。同时又编制了教师访谈提纲,对教师进行总体且深入的访谈。最终运用 Excel 2016 和统计软件 SPSS 23.0 进行统计处理与分析。

(4) 历史研究法

本研究充分运用历史研究法分别对国内外创造力研究和知识观研究的发展历程进行全面剖析,以及在历史研究视角下评析学生创造力发展和知识自主建构研究的主要论题。

(5) 理论研究法

本研究通过理论研究法探析关涉主题的相关理论:人本主义理论、创造力理论、知识建构理论、自主决定理论等,进一步阐述学生创造力发展与知识自主建构的内在关系,在此基础上探索学生创造力发展的知识自主建构的具体策略。

(四) 重点难点和创新之处

本研究的重点也是难点,在重点难点探究的基础上进行创新。重点是学生创造力发展与知识自主建构的关系以及面向学生创造力发展的知识自主建构的具体策略的提出。两者将是重点难点也是本研究的重要创新之处。

1. 重点难点

本研究的重点是围绕"如何通过知识自主建构促进学生创造力发展"这一核心问题探寻其策略。为此,本研究从研究的策略逆推学生创造力发展与知识自主建构两者相应的内在关系并进行深入阐释,进而继续逆推两者所涉及的内在的理论基础等,在这样的逆推与阐释的基础上,形成了本研究的重点难点。

2. 创新之处

在国内外研究者对学生创造力发展研究的基础上,本研究力图在研究视角、研究主题、研究思路与研究观点上有所突破与创新。

(1) 研究视角的新颖

本研究从学生创造力发展的途径入手,以知识自主建构为研究视角。进而探究如何通过知识自主建构促进学生创造力发展。因此,本研究通过对学生创造力发展的重要途径之一——知识自主建构进行探究,并进行深层次内在的关系及策略研究,不仅开拓了新的研究途径,还拓宽了研究视角。①

(2) 研究主题的创新

本研究属于在教育学研究视阈下的多领域综合研究,主要涉及创造学和知识学两大领域,具体来说是关于"学生创造力发展"和"知识自主建构"两个主题的交叉研究。学生创造力发展是创造学的核心内容,属于创造学基本内容研究范畴;知识自主建构是知识学的主要内容,属于知识学基础理论研究问题。因此,"学生创造力发展的知识自主建构研究"不仅是狭义层面上的"创造力发展"和"知识自主建构"的交叉研究,也是广义教育学视阈下的创造学和知识学范畴的综合研究。

(3) 研究思路的创新

本研究从国内外"创造力"和"知识观"两大领域的发展历程及评析着手,进一步聚焦到"学生创造力发展"和"知识自主建构"两个主题上进行相关论题的分析,从而深度剖析两者背后的理论基础。这种在强化文献研究的基础上,以理论贯穿研究始终并引领知识建构策略,旨在促进学生创造力发展的思路,是一种具有指导意义的促进学生创造力发展的根本思路。

(4) 研究观点的创新

关于学生创造力发展的研究观点很多,诸多研究者也对其进行了坚持不懈的探索。本研究试从学生创造力发展的途径入手,并且认为知识自主建构是学生创造力发展的重要途径,学生知识自主建构是一个积极主动的创造过程,学生不是被动地接受知识,而是将先前的已内化的知识与外在的有选择性的新知识进行充分融合与积极主动建构。

---

① 〔加〕Judah:《创造力:推开潜能世界的大门》,张灵、何洁等译,中国发展出版社,2012,第3页。

第二章　创造力研究和知识观研究的历史回溯及评析

关于"初中生创造力发展与知识自主建构"这一研究命题的文献综述的逻辑是：首先，对"国内外创造力研究的发展历程"和"国内外知识观研究的总体状况"两大研究领域的主要成果进行全景式梳理与评析，从中不难发现，无论是前者还是后者，皆有丰硕的研究成果，可以为本研究拓宽研究思路及拓深研究内容；其次，在对两大研究领域的文献进行梳理的基础上，可以更进一步聚焦到"国内外学生创造力发展和知识自主建构研究"的主要论题上进行文献梳理及综合评析，发现国内外学者对"知识自主建构"缺乏系统性研究，而直接以"学生创造力发展的知识自主建构"作为研究命题者则更是鲜有。具体文献研究的内容如下。

一　国内外创造力研究的发展历程及评析

人类赖以生存和发展并创造世界的一项重要的素质是创造力，这是一种提出或产出具有新颖性（具体包括独创性和新异性等）和适切性（主要指有用的、适合特定需要）的工作成果的能力。① 当今世界各国综合国力的竞争归根结底是创造力的竞争和创造人才的竞争，为此各国在持续不断地探寻如何发展创造力，探寻人的创造力与综合性之间的关系，以及人的积极进取心等。② 科学、合理而有效地发展学生的创造力，培养创造性人才，就需要对

---

① 〔美〕罗伯特·J. 斯滕博格主编《创造力手册》，施建农等译，北京理工大学出版社，2005，第3页。
② Schei, V., "Creative People Create Values Creativity and Positive Arousal in Negotiations", *Creativity Research Journal* 25（4），2013，pp. 413–414.

关乎创造力的知识、智力以及人格等诸多方面的综合因素进行相关性研究。在中西方国家，对创造力的研究经历了漫长的发展历程，对其发展历程进行考察和评析，能够为新时代教育转型背景下学生创造力发展开辟一条路径，并在此基础上通过知识自主建构进行创造性研究与学习。需要进一步说明的是，关于"创造教育""创造学"等研究，其核心是"创造力"发展研究，为此我们主要运用"创造力"这一核心术语。

（一）国内外创造力研究的发展历程

首先，阐释国外创造力研究的三个发展阶段——零散研究阶段、单领域突破阶段、深化与整合阶段；其次，阐释国内创造力研究的三个发展阶段——艰难探索时期、综合推广时期、深化研究时期。

1. 国外创造力研究的发展历程

关于创造力研究的发展阶段，一些学者已经有所研究，例如，创造力学者刘道玉将其分为四个发展阶段：初期阶段、发展阶段、普及阶段与深入阶段。[①] 还有学者庄寿强等人认为其经历了三个发展阶段：萌芽阶段（19世纪以前）、近代阶段（19世纪至20世纪30年代）、现代阶段（20世纪30年代以来）。[②] 纵观其发展历程并结合已有学者的研究成果，笔者将其分为三个发展阶段：零散研究阶段（19世纪末以前），单领域突破阶段（20世纪初至20世纪70年代），深化与整合阶段（20世纪70年代以来）。

（1）零散研究阶段：19世纪末以前

在这一时期大部分研究工作是一种自发的相对简单的和零散的创造活动，还称不上真正的科学研究。如人们生产各种生产劳作工具、制造一些自卫武器等，其中仅仅少部分人对创造有所思考与实践，但认识往往也是唯心主义居多。如古希腊的柏拉图、亚里士多德、赫拉克利特（Herakleitos）等认为创造是一种直觉，但其低于认识过程。其中，亚里士多德在《形而上学》一书中提出："求知是人的本能。"[③] 另外他在《心灵论》一书中提出联想思维，并进一步区分接近联想、对比联想以及相似联想等概念。还

---

① 刘道玉：《创造教育概论：谈知识·智力·创造力》，湖北教育出版社，2002，第31页。
② 庄寿强、戒志毅：《普通创造学》，中国矿业大学出版社，1997，第36~40页。
③ 〔古希腊〕亚里士多德：《形而上学》，吴寿彭译，商务印书馆，1959，第1页。

有古希腊数学家帕普斯（Pappus）在《数学汇编》一书中专门提出了"创造学"这一术语。在这之后人们开始对其进行了一些较为深入的研究与探讨，比如英国哲学家培根（Francis Bacon）在《新工具》一书中对创造的实验与归纳进行了阐释，还有笛卡尔（Rene Descartes）在《谈谈正确运用自己的理性在各门学问里寻求真理的方法》一书中深刻阐释了"怀疑的方法和该方法的基本原则"。后来伏尔泰（Voltaire）提出了关于创造力的一个重要概念——想象力，并将此分解为三个层次：消极想象、积极想象和创造想象。在这一时期，康德（Immanuel Kant）也提出了创造理论，对创造过程的构成进行了分析，认为创造性想象力具有印象的显现性和理解的综合性，并进一步建立了感性印象的多样性和知性概念的统一性，最终提出想象是直觉与活动的统一性。

这个研究阶段是非常漫长的，在哲学、心理学和社会学等领域进行零散的创造研究，这也就决定了研究在一定程度上采用的是尝试方法，虽然效率低下，但是人们已经开始向这个领域迈出了重要一步，也注定创造在未来的教育中将拥有自己的研究地位。

（2）单领域突破阶段：20世纪初至20世纪70年代

这一阶段主要是在哲学领域或者心理学领域上的突破，随着人们对创造领域的不断探索，20世纪初，美国研究创造性的学者对1000位杰出人物进行了全面而系统的分析，以此拉开了这一阶段的研究序幕，进而出现了一批研究者以及创造研究的成果（具体见表2-1）。1926年，华莱士（Wallace）撰写了《思维的艺术》一书，随后提出了创造性思维的四阶段论模式：准备期、酝酿期、启发期、验证期，并对各个阶段进行了分析。在这基础上，沃拉斯（Wallas）也提出了典型的创新理论四阶段：准备（Preparation）、苦思（Incubation）、顿悟（Illumination）、验证（Verification）。又如1933年杜威在《我们怎样思维·经验与教育》一书中提出："儿童创造性潜能及发展所存在的规律，旨在强调教师对儿童的自由确立的重要性，即突发性的创造性培养。"[①]

---

① 〔美〕约翰·杜威：《我们怎样思维·经验与教育》，姜文闵译，人民教育出版社，1991，第295页。

表 2-1　20 世纪初创造研究主要成果

年份	人物	代表作及主要观点
1869	〔英〕高尔顿	《遗传的天才》，采用统计方法对英国历史上 97 名杰出人物的传记与家谱进行了科学研究
1891	〔德〕C. 伦布罗卓	《天才人物》，对天才人物与精神病的关系统计进行研究，发现天才的成长受到一定社会环境影响
1898	〔美〕笛尔本	编写大中学生使用的测验量表《创造性想象测验》
1898	〔美〕贾斯特罗	《发明的心理》，贾斯特罗错觉延伸出一种心理学上的视觉与错误
1906	〔法〕里博	《论创造想象力》，为早期创造心理学奠定基础
1907	〔法〕柏格森	《创造进化论》，从理论层面论证创造对人类生活有重大意义，创造性思维是创造力的核心部分
1908	〔法〕彭加勒	《科学与方法》，对创造思维的两种方式——直觉型和逻辑型做了清晰的分析
1916	〔美〕杜威	《民主主义与教育》，提出创造教育自由思想，"理智上的创造性、观察的独立性、明智的发明、结果的可预见性以及适应结果的灵活性"
1916	〔美〕切塞尔	《首创性测验》，进行了相关的心理学测验
1921~1923	〔美〕特曼	挑选智商在 130 以上的 1500 名学生进行追踪研究，发现创造力与智力的非正相关性
1923~1925	〔德〕韦特海默	《创造性思维》，此书是基于格式塔派的观点对创造性思维进行研究，提出了从整体对其进行思维研究

资料来源：笔者整理。

工业革命之后，社会科技和生产力加速发展，人们对创造发明执着地追求，同时也开始出现了一些学者专门研究创造的机理和规律等。20 世纪 30 年代问卷调查法开始应用于研究领域，各种创造性测验应运而生，同时也派生出了一些创造的方法。在这一阶段具有代表性的创造研究和理论著作如雨后春笋般推出，部分研究成果如表 2-2 所示。

表 2-2　20 世纪 30 年代到 60 年代初创造研究主要成果

年份	人物或机构	代表作及主要观点
1931	〔美〕克劳福特	《创造思维法》，提出了各种具体的创造性思维方法以及提出了特征列举法

续表

年份	人物或机构	代表作及主要观点
1933	〔美〕H. 奥肯	基于实践经验总结了一套发明教育讲义，同时也开设了此训练课程
1935	〔美〕帕德里克	进行了大量的调查研究，对象主要包括有创造性的科学家、艺术家及诗人
1936	美国通用公司	为了培训青年工程师，开设了创造工程课程
1936	〔美〕约瑟夫·罗斯曼	使用调查表方法对美国大量发明家的报告进行研究，将沃拉斯创造过程四阶段论发展为七大步骤
1941	〔美〕奥斯本	提出"头脑风暴法"，并撰写《思考的方法》一书，系统而全面地研究创造性思维，并提出创造是一个连贯的思维过程
1942	〔美〕茨维基	提出以形态或元素分析和组合为核心的创造技法
1944	〔美〕戈登	提出了一种以类比为核心的创造技法
1945	〔德〕魏特海默	提出创造性的问题总是比解决问题更重要
1948	美国麻省理工学院	开始开设创造性开发课程
1950	〔美〕吉尔福特	《创造力》演说，将创造问题引入科学领域，创造力在全世界引起了广泛关注
1952	美国俄亥俄州立大学	邀请各界学者讨论关于创造学的一系列问题
1953	〔美〕奥斯本	《应用想象力》，把创造力放到解决问题的作用和效果的最终评价上来，成立"创造教育基金会"
1955	〔美〕泰勒	开办一系列创造性科学讲座，创建创造过程调查表
1958	〔美〕盖泽尔斯 〔美〕杰克逊	共同编制了创造力测验，主要研究创造力与传统智力变量之间的一种关系

资料来源：作者整理。

60年代以后，美国建立了多个创造力方面的研究中心或者研究所，人们对创造力研究已经基本形成一些共识。例如：吉尔福特等研究者在美国加利福尼亚大学成立了"能力倾向研究中心"，在对创造力因素进行详尽分析的基础上，提出了"智力三维结构"模型，三维中第二维是指智力的操作，其中，发散思维是创造性思维的核心；美籍华人李跃磁教授在麻省理工学院成立了"创新中心"；托兰斯（E. P. Torrance）在明尼苏达大学成立了"教育研究所"；帕内斯（J. S. Parnes）对1950年至1963年的创造教学进行了全面而系统的总结，与奥斯本（A. F. Osborn）共同成立了"跨学科创造力研究中心"。而日本此时也出现了很多创造技法，例如：日本川喜多二郎创建的 KJ 法、片方善治创建的 ZK 法等。① 这一段时间是创造学和创造教育研究较为活跃的时期，创造力研究获得了巨大的发展，也为下一阶段的深入研究奠定了深厚的理论与实践基础。

（3）深化与整合阶段：20 世纪 70 年代以来

本阶段研究的主要特点是对前一领域的继续深化，同时又进行跨领域的整合。创造力研究进入 20 世纪 70 年代以后，主要围绕其内在逻辑进行纵深研究。更加深入探究创造过程的科学机理，彻底揭开创造力的神秘面纱，需要教育学家、社会学家、心理学家、脑科学家、生理学家等坚持不懈的共同努力。在这一时期美国哈佛大学进行了 4 年之久的关于将培养创造性人才纳入教育中的大讨论，从而使得美国乃至全世界受到前所未有的影响。在这一时期美国建立了诸多创造力咨询公司，其中，最具有影响力的是 1970 年创立的"创造性领导中心"，其发展至今已成为国际性的创造力研究组织。1971 年苏联在阿塞拜疆建立了当时世界上唯一一所发明创造大学。1983 年加德纳（Howard Gardner）提出"多元智能理论"，多维度地考察智力，以发展的眼光看待智力，寻求智力的发展。1985 年斯滕伯格提出了"三元智力理论"，在此基础上发展为"成功智力理论"，还提出了创造力的"三侧面理论"：智力侧面、智力风格侧面、人格特征侧面。其中，知识习得成分是指个人筛选相关信息并对已有知识加以整合从而获得新知识的过程。② 1986 年在创造理论研究中戴维森（Davidson）和斯滕伯格两位学者共同提出了新颖的信息选择过程的理论——创造性思维，即产生具有社会价值的、新颖的思维成果的过程。③ 1990 年萨拉维（P. Salovey）和梅耶尔（J. D. Mayer）首次提出了情绪智力理论，此理论是对传统智力理论仅把智力局限于认识领域的一大超越。在智力研究领域中具有一定影响，并有可能发展成为智力理论的主流力量有：戴斯（Days）等的认知心理学方向、塞西（Sethi）的生物生态学智力理论、加里克（Garrick）等

---

① KJ 法与 ZK 法将在"国内外创造力研究的评析"这一部分有进一步的注释说明。
② Sternberg, R. J., "The Nature of Creativity", *Creativity Research Journal* 18 (1), 2006, pp. 87 – 98.
③ Davidson, J. E., Sternberg, R. J., "What is Insight?", *Educational Horizons* 64 (4), 1986, pp. 177 – 179.

的认知神经科学方向等,智力理论研究摆脱了传统的狭隘与单一研究,逐渐走向更加宽泛的研究并呈多元化方向发展。①

在这一时期,诸多研究者对创造力进行研究的同时,美国部分学校开设了创造性思维训练课程,其中专门讲授各种创造技法,同时诸多专业开始采用创造力开发的原则、方式和方法,甚至还有些学校开设创造性研究专业培养研究生。在此,许多创造力研究强调创造性的产生是多种因素共同作用的结果,例如Amabile等提出创造性组成成分理论即由有关领域的技能、有关创造性的技能和工作动机构成,其中,工作动机将对一个人的创造行为起到决定性作用;② 奇凯岑特米哈依(Csikszentmihalyi)提出创造性系统模型,强调社会、文化对创造性产生和认同的重要作用;③ 斯滕伯格和罗伯特共同提出创造性投资理论,他们认为创造性的思维和行为是智力、知识、思维风格、环境、人格和动机等多种资源综合投入或者交汇的产物。④

21世纪前后联合国教科文组织(UNESCO)发布了三大成果性文件:1972年的《学会生存——教育世界的今天和明天》、1996年的《教育——财富蕴藏其中》、2015年的《反思教育——向"全球共同利益"的理念转变?》,这些成果性文件蕴含着深刻的创造力理念。在科学技术日新月异的今天,脑科学研究在学习领域的应用开始占有一席之地,由经济合作与发展组织教育研究与创新中心(CERI)于1999年发起的"学习科学和脑科学研究"项目等证实,在个体的生命周期中,大脑再学习的能力具有可塑性,⑤ 以及随着现在的学习学和养生学的研究与发展,这些皆为创造力研究与发展提供了广阔的空间,创造力研究将走向重要的历史舞台,同时也

---

① 邱章乐、鲁峰、汪明主编《创造心理学》,合肥工业大学出版社,2011,第70~75页。
② Amabile, T. M., Conti, R., Coon, H., Lazenby, J., Herron, M., "Assessing the Work Environment for Creativity", *The Academy of Management Journal* 39 (5), 1996, pp. 1154 – 1184.
③ Csikszentmihalyi, M., *Creativity: Flow and the Psychology of Discovery and Exploration* (New York: Harper Perennial, 1996), p. 75.
④ Sternberg, R. J., Lubart, T. I., "An Investment Theory of Creativity and Its Development", *Human Development* 34 (1), 1991, pp. 1 – 31.
⑤ 经济合作与发展组织编《理解脑:新的学习科学的诞生》,周加仙等译,教育科学出版社,2014,第1页。

2. 国内创造力研究的发展历程

中华民族是一个历史悠久、源远流长且富有创造性的民族,在历史的长河中蕴含着丰富的创造思想。20世纪中期尤其是改革开放以来,我国学者和研究者进行了诸多创造力方面的研究与实践,皆取得了举世瞩目的成绩。依据这些研究成果可以将我国"创造力"研究的发展历程总体分为三个阶段:传统发展时期、近代发展时期和现代发展时期。在第三阶段又可以分为:艰难探索时期、综合推广时期、深化研究时期,具体概况如下。

(1) 传统发展时期

我国有关创造力和创造教育的研究,一直可以追溯到春秋战国时期。儒家经典中蕴含了很多创造性思想。例如《诗经·大雅·文王》中有:"周虽旧邦,其命维新。"[1] 其中,"维新"一词是最早提出的创造性思想。《论语·为政》中有:"学而不思则罔,思而不学则殆。"[2] 又如孔子在《论语·卫灵公》中还阐述道:"吾尝终日不食,终夜不寝,以思,无益,不如学也。"[3] 孔子门下弟子和贤人众多,有德行出众者,有政事出众者,有言语出众者,有文学出众者等,孔子对不同的学生采取不同的教育方式,开创了创造力教育的先河。老子在《道德经》中阐述道:"天下万物生于有,有生于无"[4],进一步分析可以看出这在本质上是一种从无到有的创造力。我国最早的一部教育学专著《学记》提出,教学重在"喻也",倡导启发式教学和"教学相长"。《孟子·尽心下》提出了"尽信书,则不如无书"[5] 的论述,旨在要敢于质疑和独立思考,这也同样蕴含着创造性思想。

唐代韩愈在《答刘正夫书》中阐述道:"师其意,不师其辞"[6],主要是强调独立思考与创新,不要拘泥于书本辞藻,旨在学习其中的思想及行文

---

[1] 王秀梅译注《诗经》,中华书局,2016,第279页。
[2] 杨伯峻译注《论语译注》(2版),中华书局,2017,第23~24页。
[3] 杨伯峻译注《论语译注》(2版),中华书局,2017,第240页。
[4] 李湘雅解读《道德经》,人民文学出版社,2006,第126页。
[5] 万丽华、蓝旭译注《孟子》,中华书局,2016,第320页。
[6] 应适、臧励和选注《韩愈文》,李作君校订,崇文书局,2014,第78页。

方法。明代陈献章提出了教学思想——"学贵知疑，小疑则小进，大疑则大进。疑者，觉悟之机。一番觉悟，一番长进"①。清代的黄宗羲认为求学贵在创新，提出独立见解，反对墨守一家之言。他要求"学者于其不同处，正宜著眼理会""古之善学者，其得力多在异同之论"②。此外，我国古代佛学中的玄学、禅宗与哲学在论道悟道方面也特别注重引导与激发灵感，从中可以折射出许多创造性理念。以上论述的创造性思想仅仅是传统发展时期中的冰山一角，在浩瀚的历史文献中到处弥漫着创造性思想，这也为近代以来的创造力发展提供了厚积薄发的潜在能量。

（2）近代发展时期

近代中国创造力研究是从陶行知的创造教育思想与实践开始的，陶行知先生将一生都倾注到了创造教育研究上并形成了较完整的创造教育体系。他的创造教育思想不是在资料堆中冥思苦想的产物，而是通过一系列的研究实践，在与传统教育的弊端作针锋相对的斗争中不断磨砺和凝练出来的、具有中国本土化特色的教育思想。③ 陶行知先生的创造教育思想总体可以分为两个阶段。一是提出与酝酿阶段（1917~1933年）：试验教育形式呈现。二是形成与深化阶段（1933~1946年）：全面、系统化地提出创造教育思想和不断深入、丰富教育实践活动。因此，近代发展时期主要阐述陶行知先生的创造思想。

陶行知先生关于创造精神提出"敢探未发明的新理，即是指创造精神"④。创造精神的内涵应包括勇于探究、善于试验、大胆革新、开拓进取。陶行知先生在教育过程中非常注重培养学生的创造精神，同时在研究过程中论证了创造精神所具有的可能性。⑤ 改革与创造贯穿了陶行知先生教育思想的始终。陶行知先生在《试验主义教育方法》《试验主义与新教育》《试验教育的实施》等论文中，提出了改革教育的创造思想。他于

---

① 申纪云：《论创造性教学与传统教学》，《教育理论与实践》1990年第1期，第22~27页。
② （清）黄宗羲：《黄梨洲文集》，中华书局，1959，第443页。
③ 徐明聪：《陶行知创造教育思想及其时代意义》，《中国教育学刊》2011年第11期，第80~83页。
④ 华中师范学院教育科学研究所主编《陶行知全集》（第1卷），湖南教育出版社，1985，第113页。
⑤ 申国昌、史降云：《中国学习思想史》，科学出版社，2006，第318页。

1933年的演讲中提出:"天天是创造之时,处处是创造之地,人人是创造之人。"① 学生创造力的培养绝不是一蹴而就的,而是由平时的一点一滴积累形成的。正如陶行知先生所提出的"点滴的创造固不如整体的创造,但不要轻视点滴的创造而不为,呆望着大创造从天而降。"② 培养学生创造力不是停留在口头上,陶行知先生就是一位创造力的代表,他成为中国乃至世界近代创造教育最早的探索者之一。他在创造教育思想方面还率先提出了创造教育的目的任务、基本原则、途径和方法,对受教育者实行"六大解放"的教育路径,创造的社会教育和创造的教育方法应是一个完整的创造教育体系。③ 从此,中国大地上出现了诸多的创造力研究者并展开了广泛的研究。

(3) 现代发展时期

我国创造力研究经历了漫长的传统发展时期,直到陶行知先生提出改革的创造教育思想,才开启了我国现代创造教育的开端。在20世纪70年代创造力研究开始进入艰难探索时期,而得到蓬勃、快速发展的时期是进入改革开放之后。以此再结合已有研究者们的研究,总体将其分为三个阶段:艰难探索时期、综合推广时期和深化研究时期。

第一阶段:艰难探索时期(1970~1985年)

在20世纪70年代以后,我国逐步开始意识到独立自主进行创造的重要性。这一时期我国正处在大力发展工业时期,主要是从国外引进创造工程和创造技法等。直到1980年上海一些科普报刊才发表了一系列关于创造发明和技法方面的文章。当时上海交通大学、上海和田路小学、上海起重运输机械厂等单位,在许立言、张福奎等研究人员的带领下进行了创造教育试点。1982年广西大学创办了《创造与人才》期刊,同时东北工学院(现东北大学)组织有关研究者出版了10多部著作,对国外的创造力研究活动的概况、国内的研究成果做了较为系统的介绍。④

随着创造力研究的不断发展,1983年3月,张文郁、许立言等人积

---

① 顾明远、边守正主编《陶行知选集》(第2卷),教育科学出版社,2011,第235页。
② 华中师范学院教育科学研究所主编《陶行知全集》(第3卷),湖南教育出版社,1985,第484页。
③ 周耀烈主编《思维创新与创造力开发》,浙江大学出版社,2008,第25页。
④ 袁张度、许诺编著《创造学与创新方法》,上海社会科学院出版社,2010,第16页。

极筹建了中国创造教育研究会。次年9月上海向明中学开设了第一个创造教育试验班,聘请全国各地专家作为教师,开设创造力课程。1984年上海市黄浦区教育学院举办了第一期创造教育讲习班。① 1985年中国发明协会成立,同年南京市成立了我国第一所少年儿童创造力开发学校。② 这一时期创造学会发挥了推动与引领作用,为中国创造力研究者提供了研究和交流的机会和平台。

第二阶段:综合推广时期(1986~1994年)

在前一阶段的发展基础上,创造力研究基本步入了综合推广时期。我国一大批研究者投入到创造力研究中,结合我国的国情与借鉴吸收国外的创造理论与方法,以不同的角度和理论,编著了一大批与创造力相关的著作,把创造力研究推向了综合推广阶段。

在这一时期的研究者不仅吸收国外研究,还结合国内诸多研究进行综合创造,从单一的方式借鉴和单一的心理学领域进入了从整体上和多领域去研究创造力的阶段。大规模和大面积地普及创造力培育成为这一阶段的重要标志,同时各式各样的与创造力相关的培训得以开展,例如:创造技法、新技术新产品的开发和技术革新等。1988年上海高等专科院校、创造学会和一些相关的机构举行了数以千计的关于创造力的培训,与此同时一些高校也陆续筹建了创造力方面的有关机构或者组织,例如:1990年湖南轻工业高等专科学校成立了创造学与新产品开发教研室,东南大学成立了创造工程与创造教育研究所,河海大学成立了创造力开发研究组,上海理工大学成立了创造学研究室等。③ 1992年中国发明协会在沈阳召开了"首届全国中小学创造教育研讨会",每届会议对在中小学开展的创造教育成功经验进行阶段性的总结,并进行更深层次的探讨,为更广泛地开展研究发挥了极大的推动作用。④ 之后国内一些大学把创造学

---

① 卢明德:《创造教育的历史演进与前瞻——创造教育研究之四》,《内蒙古师大学报》(哲学社会科学版)2000年第2期,第58~65页。
② 朱作仁主编《创造教育手册》,广西教育出版社,1991,第551页。
③ 袁张度、许诺编著《创造学与创新方法》,上海社会科学院出版社,2010,第22页。
④ 程良道:《创造教育的过去与现状》,《湖北师范学院学报》(哲学社会科学版)2001年第3期,第84~87页。

原理与相关专业结合，开始培养硕士研究生和博士研究生，同时还开设了创造力选修课。

在综合推广阶段，创造教育迈进了高等教育领域。1993年中国矿业大学正式招收了创造学研究方向的硕士研究生，同年在徐州中国发明协会与中国矿业大学联合召开了"首届全国高等学校创造教育及创造学研讨会"，1995年成立了高校创造教育分会等。

第三阶段：深化研究时期（1995年至今）

在这一深化研究时期，主要表现为国际交流加强，中国创造学会与美国创造学会、欧洲创造力与创新协会、英国创造力中心以及日本创造学会等建立了广泛联系。在这一时期创造学会发表了多部论文集，出版创造学著作数百种，与此同时，利用报刊等新闻媒体举行了各式各样的专题讲座，出版了培训教材等。据甘自恒教授统计，截至2010年，中国创造学会在省级创造学会的团体会员与个人会员的发展方面，"个人会员达到455名，团体会员为42家"。[①] 在这一时期形成了创造学方面的理论流派：以傅世侠、甘自恒、罗玲玲、王极盛、刘钟林、彭健伯等为代表的教育哲学学派，从哲学思维的视角，对创造学的相关概念、方法及认知规律等进行探究，旨在更深层次地解释创造学的问题；以袁张度、关原成、谢燮正、肖云龙、黄友直、吴诚等为代表的创造学工程学派，主要是以工程、技术与创新为基点，探究其中的规律与创造技法等；以庄寿强、王加微、孟天雄、李嘉曾、鲁克成等为代表的创造教育学学派，主要是以教育为视角，在创造性教育方式、创造力开发与创造性人才培养中产生创造研究。[②]

《国家中长期教育改革和发展规划纲要（2010—2020年）》提出要遵循教育规律和人才成长规律，深化教育教学改革，创新教育教学方法，同时为了发展学生的优势潜能，需要关注学生的不同特点和个性差异。国务院原副总理李岚清和教育部原副部长韦钰等都积极倡导应用脑科学解决基础教育改革创新问题。[③] 这可以追溯到20世纪末，哈佛大学加德纳的多元

---

① 甘自恒编著《创造学原理和方法——广义创造学》（第2版），科学出版社，2010，第16页。
② 简红江：《国内外创造学发展比较研究》，博士学位论文，中国科学技术大学，2012，第39页。
③ 白云帆：《脑科学与基础教育改革创新》，中国教育之声网，http://www.cedcm.com.cn/html/2013/teyuepinglun_0425/10222.html，2013年4月25日。

智能理论对传统的单一智商观点提出了挑战,他开展了激发学生学习能力和从脑科学的视角进行教育教学改革创新的研究试验,继而国际上有些学者开始尝试将脑科学和心理学的相关研究成果进行综合并应用于教育学上。我国中央教育科学研究所(现中国教育科学研究院)、华东师范大学教育科学学院、浙江大学教育学院、南京师范大学教育科学学院等科研机构的专家们持续进行了很多尝试,也产出了不少研究成果。随着认知神经学和神经教育学的兴起,教育科研工作者经过不懈努力对脑科学的认识不断深入,其在教育学上的研究与应用也越来越广泛。2018年3月17日华东师范大学教育学部成立了我国第一个"脑科学与教育创新研究院"。[①]

(二)国内外创造力研究的评析

综观国内外创造力研究发展历程,可以看出创造力研究兴起于技术领域,是伴随着人类社会生产活动出现的。创造力的出现同样也有着自身的社会、经济和文化等根源,不同的国家、民族有着不同的社会、经济和文化等根源。再加上西方创造力研究是对实验心理学的一种继承与发展,侧重追求人的外在物化的展现,而我国创造力研究侧重的是人的内在自我的创造性修炼,这必然导致国内外创造力研究形成了各具特色的思想和方法。以下从历史演变、研究方法和研究内容三方面的差异做简要评析。[②]

[①] 在这里列举七本有关学习学和脑科学方面的书籍(供参阅):

温寒江:《学习与思维:学习中思维的全面协调可持续发展》,教育科学出版社,2010。

温寒江、陈爱苾:《学习学》(上下卷),教育科学出版社,2010。

〔美〕约翰·D. 布兰思福特等编著《人是如何学习的:大脑、心理、经验及学校》(扩展版),程可拉等译,华东师范大学出版社,2002。

〔加〕保罗·萨加德:《心智:认知科学导论》,朱菁、陈梦雅译,上海辞书出版社,2012。

经济合作与发展组织编《理解脑:新的学习科学的诞生》,周加仙等译,教育科学出版社,2014。

〔丹〕克努兹·伊列雷斯:《我们如何学习:全视角学习理论》(第2版),孙玫璐译,教育科学出版社,2014。

王华斌:《学习学:全脑开发与学习》,清华大学出版社,2017。

[②] 需要说明的是,从历史演变、研究方法和研究内容三方面对国内外创造力研究的主要差异进行简要阐述,其内容是引自笚红江《国内外创造学发展比较研究》,博士学位论文,中国科学技术大学,2012,第81~83页。同时笔者又结合本研究梳理的国内外创造力研究发展历程加以综合和简要评析。

1. 创造力研究的历史演变的差异及其成因评析

在创造力研究的发展进程中，历史演变造就了国内外研究的巨大差异。国内相关研究长期受到东方哲学尤其是中国哲学研究的影响，将创造力看作人内在的本性，摆脱了社会功利主义的倾向，从根本上解决了创造的目的和动机问题，使得国内的创造力发展更富有持久的魅力。① 国外创造力研究的出现有着特定的实用主义哲学背景，是对实验心理学传统的继承与发展，是现代自然科学飞速发展大背景之下的产物。② 从现代学科发展来看，国外创造力研究起源于20世纪50年代的美国，以吉尔福特发表著名的就职演说《创造力》为开端，之后大量关于创造力的心理学研究出现。而国内现代创造力研究是以教育家陶行知先生的《创造宣言》为主要标志，直到20世纪80年代，国内的创造力研究才开始得到全面的大发展。③ 由此可以看出，国内外创造力研究有着历史演变过程中的巨大差异。

国内外创造力研究在历史演变上的差异主要体现在文化思维观念上。正如刘仲林先生认为：西方特长主要体现在"概念思维与形式逻辑"，而中方特长主要体现在"意象思维与审美逻辑"。④ 我国文化中蕴含着丰富的创造性思维，但是在文化中呈现的功能有很大不同。在国外文化思维观念中，创造性思维因素⑤与形式逻辑构成了有机的整体，例如：古希腊哲学家苏格拉底的知识的"产婆术"⑥、亚里士多德的三段论演绎法、培根的归纳法⑦、爱因斯坦的思维自由创造观等。在一定程度上，这些均反映了创

---

① 刘仲林、江瑶：《东西方创造教育的比较与前瞻》，《天津师范大学学报》（社会科学版）2011年第3期，第56~60页。
② 赵春音：《当代西方创造力研究的考察》，《科学学研究》2003年第4期，第362~366页。
③ 20世纪80年代之前，关于现代创造力研究就在我国台湾出现了，相对早于大陆。
④ 刘仲林：《中国创造学概论》，天津人民出版社，2000，第248、265页。
⑤ 创造性思维因素主要有：联想、迁移、意志、酝酿和兴趣等。
⑥ 苏格拉底是百科全书式的人物，但他认为自己是无知的，即所谓的"博学的无知"。他主张知识的"产婆术"，即不是传授给求知者知识，而是把其原有的知识"接生"出来。洪汉鼎、陈治国编《知识论读本》，中国人民大学出版社，2010，第27页。
⑦ 培根的《新工具》有别于亚里士多德的《工具论》，与亚里士多德强调演绎法相比，培根推崇的是归纳法即获得新知识的根本方法。洪汉鼎、陈治国编《知识论读本》，中国人民大学出版社，2010，第155页。

第二章 创造力研究和知识观研究的历史回溯及评析

造性思维的整体性、理性化和具体化。而我国的文化思维强调的是一种意象思维，《易经》就充分反映了我国的这种文化思维形式。这种思维在实践中主要靠想象和直觉，这就决定了在逻辑推理与分析时伴随着一定的主观性。综观国内外文化思维方式的演变，它们所呈现的巨大差异也就带来了国内外创造力研究历史演变的差异。

2. 创造力研究方法的差异及其成因评析

人们在发现、发明以及创造过程中，创造性解决问题与获得成果都离不开创造方法。国外创造力研究方法主要体现在心理测量法、实验研究法、统计分析法、个案研究法、计算机模拟方法、认知神经科学法、汇合方法[①]等方面，而国内关于创造力研究方法主要是借鉴和继承国外的一些方法。改革开放之后，尤其是进入21世纪以来，混合研究方法、历史研究方法、扎根理论研究方法等中国本土化的创造力研究方法开始出现，并逐渐形成具有中国特色的创造力研究方法体系。

在历史发展的长河中，国内外文化思维各具特色。国外崇尚个人主义，在文化思维上侧重演绎分析；国内崇尚集体主义，在文化思维上侧重归纳整体性。国内外文化思维分析的侧重点不同，带来了近代以来国内外科学技术发展的不同境遇。[②] 进入第二次工业革命之后，科学技术得到了突飞猛进的发展，科学方法也得到了相应的完善与革新。国外创造力研究始于心理学学科的发展及其实验法的应用，在这样的科学思维惯性的影响下，在研究方法上使用实验法和创造力测量表等，例如：泰勒的创造过程调查表、托兰斯的创造思维测验、加德纳的多元智能理论测验、韦克斯勒（D. Wechsler）的韦氏智力测验等。此外，还进行了杰出人物传记、学生个案追踪、创造训练课程、创造工程技法以及认知神经等研究，这些在创造力研究过程中起到了重要作用。近代以来，我国科学技术发展缓慢，创

---

① 汇合指的是创造力的各种成分的汇合，在一定程度上，创造力被假设为不仅是个人各个方面潜能的简单累加，而且可能存在各成分之间的交互作用，并且其中一些成分可能存在阈限。如格鲁伯提出的解释创造力的"进化—系统模型"、斯滕伯格等人提出的创造力"投资理论"等。王根顺、高鸽：《近60年来的创造力研究回顾》，《高等理科教育》2008年第5期，第8~12页。

② 简红江：《国内外创造学发展比较研究》，博士学位论文，中国科学技术大学，2012，第83页。

造力研究方法也同样得不到相应的革新。巴甫洛夫曾说道："科学随着方法学上获得的成就而不断跃进，方法学上每前进一步，我们也就仿佛上升了一级阶梯，于是我们就能放开更广阔的眼界，看见从未见过的事物。"① 进入21世纪，具有中国特色的创造方法的研究与应用，如雨后春笋般涌现。尽管如此，与国外相比我们仍需结合本土情况砥砺前行，为完善和革新我国的创造力方法贡献应有力量。

3. 创造力研究内容的差异及其成因评析

从国内外对创造力研究发展历程可以看出，国内外对创造力内涵的本源性揭示有着根本上的差异。② 国外关于创造力的揭示具有多学科视角，起初主要应用于心理学上，之后延伸到社会学、生物学、管理学以及文化学等学科领域，对创造力层次结构方面的揭示更为深刻。国内在对创造力内涵的揭示上，近代以前主要是继承与借鉴国外的相关理论，并没有形成我国本土化的理论特色，但是进入21世纪，我国本土化的创造力内涵逐渐形成。

关于国内外的创造技法在研究上存在着巨大差异。国外的创造技法已经形成独特的体系，例如：美国的奥斯本的头脑风暴法、兰德公司发展形成的德尔菲法③；日本川喜多二郎的KJ法、片方善治的ZK法、中山正和的NM法④。国内创造技法主要是对国外创造技法进行借鉴与改造后形成的，有信息交合发明法、特性列举发明法等。结合我国传统文化思想形成的创造技法有：集思广益法、模仿再创法等。

---

① 袁张度、许诺编著《创造学与创新方法》，上海社会科学院出版社，2010，第325页。
② 简红江：《国内外创造学发展比较研究》，博士学位论文，2012，中国科学技术大学，第82页。
③ 德尔菲法是在20世纪40年代，由O.赫尔姆和N.达尔克首创，后又经过T.J.戈尔登和兰德公司进一步合作与研究形成。德尔菲这一名称起源于古希腊有关太阳神阿波罗的神话，传说阿波罗具有预见未来的能力，因此最终将此方法命名为"德尔菲法"。
④ KJ法是日本东京工业大学教授川喜多二郎于1964年提出的，KJ是他名字的字头，这种方法是将与课题有关的分散想法进行整理，再经过归纳，最终形成的一种新想法。ZK法是一种基于系统观点的创造性开发方法，ZK是由日本人片方善治姓名的罗马式拼法缩写而成。NM法由中山正和提出，并由高桥浩进一步改进后形成的创造技法。这三种创造技法引自俞文钊、刘建荣编著《创新与创造力：开发与培育》，东北财经大学出版社，2008，第184~194页。

国外经历了两次工业革命的社会背景是其与国内创造力研究在内容上存在差异的实践原因。[①] 尽管西方早有学者讨论与研究创造力，但现代创造力研究发端于美国，"美国是20世纪上半叶经济、社会以及科学技术发展最快的国家，所以现代创造力研究产生于美国是有着深刻的历史根源的。"[②] 美国直接引用工业革命的科技成果，使其科学技法得到繁荣与发展，尤其是在工业生产领域出现了很多创造技法，20世纪三四十年代奥斯本的头脑风暴法就是其中的典型代表；到了20世纪50年代前后，日本和苏联等国家出现了创造力研究与工业生产领域的广泛联系，这使其创造力研究的内容不断得到发展与丰富。[③] 而在近代之前我国没有这样的工业社会背景，更没有这方面的创造力研究的内容，这也是我国近代以来创造力研究需要借鉴和吸收国外相关研究的历史缘由。

二　国内外知识观研究的总体状况及评析

国内外对知识的研究由来已久，作为对历史的回忆与未来的想象，作为对自然界的认识和人文世界的反思等，知识本身开辟了人类自身发展的广阔世界，知识本身也已经成为创造世界的主要方式。知识虽然不能代表所有的现实，但是至少代表了一定的现实。知识之所以是学生创造力发展的重要条件，就在于知识是我们认识世界和改造世界的重要方式之一。我们诞生并成长在知识与文化的世界中。我们必须处在与世界、与文化、与人类社会等动态的、交互的关系之中。[④] 显而易见，在学生创造力发展过程中，知识是其重要的前提条件与基础，确切地说知识自主建构是其重要的途径之一。因此，对国内外知识观研究总体状况进行文献综述，以及进一步对国内外知识观研究总体状况进行评析显得尤为重要。

[①] 简红江：《国内外创造学发展比较研究》，博士学位论文，中国科学技术大学，2012，第82页。
[②] 傅世侠、罗玲玲：《科学创造方法论》，中国经济出版社，2000，第23页。
[③] 简红江：《国内外创造学发展比较研究》，博士学位论文，中国科学技术大学，2012，第82页。
[④] 金生鈜：《规训与教化》，教育科学出版社，2004，第335页。

(一) 国内外知识观研究的总体状况

首先,从古希腊及中世纪知识观、西方近代知识观以及西方现当代知识观三个阶段阐述国外知识观研究的总体状况;其次,从先秦诸子百家的知识观、儒家知识观的历史演变和西方知识观的传入与融合三个阶段阐述国内知识观研究的总体状况。

1. 国外知识观研究的总体状况

对西方知识观研究发展历史的梳理将以什么为依据呢?考察知识观研究发展历史的主要目的是帮助学生发展创造力,因此,笔者将从知识教育的问题逻辑出发审视西方研究者对其持有的不同看法和观点。对于知识教育来说,人们最为关切的是"知识是什么""知识有什么价值""如何获得知识"。国外研究者对知识问题的研究主要表现在哲学认识论和知识论中,他们虽然对知识的研究视角不同,但是不能回避前面提及的三个基本问题。因此,对国外知识观研究的总体状况进行阐述即是围绕这三个基本问题展开的。当然也不能机械地以这三个基本问题限定他们的思想,而是要遵循他们对知识观研究的逻辑,与此同时,也不能排除对相关问题的分析,例如:知识分类、知识的存在形式以及知识结构等。[①]

知识学作为一门新兴学科是近现代以来逐渐从哲学中分离出来的,以往知识学的内容大多是浸润在哲学知识观思想里。虽然也有不少教育学家有自己的知识观思想,但是就其大部分教育理论而言,他们的知识观思想大多直接或是间接来自认识论和知识观。[②] 在对知识进行分析与研究的时候,不能将哲学的知识观思想与教育家的知识观思想截然分开,所以从总体上可以将知识观分为三个阶段:古希腊及中世纪知识观、西方近代知识观以及西方现当代知识观。这些分析的大部分内容是国外哲学家的知识观思想,但也不是严格按照哲学界的认识论与知识论的思维逻辑进行阐述的。以下主要梳理国外主要的知识观思想。

[①] 陈理宣:《知识教育论——基于多学科视域的知识观与知识教育理论研究》,人民出版社,2011,第57页。

[②] 陈理宣:《知识教育论——基于多学科视域的知识观与知识教育理论研究》,人民出版社,2011,第58页。

第二章　创造力研究和知识观研究的历史回溯及评析

（1）古希腊及中世纪知识观

古希腊人是特别热爱知识的，尤其是真理性的知识，注重探索世界的真理，注重人的理性与智慧。① 他们主要围绕知识的来源以及如何获得知识等问题进行探索。同时对知识价值的探究主要表现为对实用主义和自由主义等教育问题的论述。国外较早对知识观的相关问题进行研究可以追溯到"古希腊三哲"②，在此除了详细阐述"古希腊三哲"之外，还对中世纪神性的知识观作简略阐述。

苏格拉底认为人的心灵世界已经存在某些与世界本源相一致的原则，因此关于自然界的知识要从人本身的心灵去探寻。③ 因此，首先应从心灵中去探寻这些内在的原则，然后再依次按照这些原则规定外部世界。苏格拉底阐述道："在任何情况下，我首先确定一个我认为是最健全的原则，然后进行设定；凡是看起来符合这个原则的东西，不管是在原因方面，还是在其他方面相符合，都是真的；凡是与之不相符合的东西，就不是真的。"④ 另外，在柏拉图笔下的苏格拉底认为自己不是教师，他一无所知，所以他没有任何知识可以传授给任何人；如果他比别人聪明些，那就是他知道自己是无知的，因而认识到他需要学习知识。⑤ 苏格拉底阐述的"知"的内涵包括了知识的价值认识和积极情感体验。他在知识的价值问题上，对当时社会盛行的视教育为享受和追逐名利的风气进行了批判，并认为人类所追求的东西不外乎有：外在的善、身体的善和精神的善。⑥ 另外，他在知识的获取上，提出了著名的"产婆术"，他认为自己一无所知，只有

---

① 丁念金：《人性的力量：中西教育文化变迁》，福建教育出版社，2011，第168页。
② 古希腊三哲：苏格拉底、柏拉图、亚里士多德，从苏氏到亚氏为师徒关系，同时他们之间的知识观互相影响、吸收与借鉴。
③ 陈理宣：《知识教育论——基于多学科视域的知识观与知识教育理论研究》，人民出版社，2011，第59页。
④ 北京大学哲学系外国哲学史教研室编译《西方哲学原著选读》（上卷），商务印书馆，1981，第65页，转引自陈理宣《知识教育论——基于多学科视域的知识观与知识教育理论研究》，人民出版社，2011，第59页。
⑤ 〔英〕乔伊·帕尔默编《教育究竟是什么？100位思想家论教育》，任钟印、诸惠芳译，北京大学出版社，2008，第8页。
⑥ 外在的善包括财富和权力等；身体的善是指有助于生存、智慧和道德的健康发展；精神的善包括理性的发展与道德的完成。陈理宣：《知识教育论——基于多学科视域的知识观与知识教育理论研究》，人民出版社，2011，第60页。

通过对话才能发现真理，故他不向别人直接传授知识，而是彼此进行对话，直至发现真理。

柏拉图从来没有远离他老师的某些信念，而且在一定程度上继承并发扬了其老师的知识观。苏格拉底认为知识隐藏于人的内心世界，人如果想要获得这种知识，就必须通过对话把真理从他内心诱发出来，但是在这里他并没有阐述知识的来源，更没有阐述其方法，作为他的学生柏拉图就从这里开始探寻真理。① 柏拉图不仅回答了知识是什么，还阐释了知识的来源。他一方面把知识的来源放置于人的内心世界之外，另一方面又把人的内心世界之外的范式先验地与心灵联系起来；他一方面将认识分为知识和意见，另一方面又把可感知的部分分为不同的部分。例如在《美诺篇》中他认为知识是对可知世界的认识，意见是对可感世界的认识。② 同时，他又在《泰阿泰德篇》中提出知识的三种定义：一是知识即感觉或知觉；二是知识是真实的论断；三是知识是带理解的真实意念。③ 最后他更进一步得出结论："学习……过程，……就是恢复我们固有的知识"的过程，"学习只不过是回忆"。④ 柏拉图将知识分为不同的层次，人因自身禀赋不同，其知识也产生了不同层次，特别强调的是高层次的人才具有最高层次的知识。更深层次地去透析，不难发现他认为知识具有崇高价值，这种价值主要体现为人的灵魂塑造方面的价值，是对国家的管理与治理的一种理想价值。

亚里士多德在《形而上学》一书的开始就提出："求知是人类的本性"。⑤ 在知识的来源问题上，他一方面继承了他的老师柏拉图对知识对象

---

① 柏拉图探索的研究道路与他的老师相反，他没有继续在人的内心世界探寻知识的来源，而是在人的内心之外去探寻知识的来源。
② 见于柏拉图的《美诺篇》对话，转引自林杰：《西方知识论传统与学术自由》，北京师范大学出版社，2010，第19页。
③ 〔古希腊〕柏拉图：《泰阿泰德·智术之师》，严群译，商务印书馆，1963，第103~116页。
④ 北京大学哲学系外国哲学史教研室编译《西方哲学原著选读》（上卷），商务印书馆，1981，第81页，转引自陈理宣《知识教育论——基于多学科视域的知识观与知识教育理论研究》，人民出版社，2011，第63页。
⑤ 丁念金：《人性的力量：中西教育文化变迁》，福建教育出版社，2011，第170页，转引自姚介厚《西方哲学史——古代希腊与罗马哲学》（第二卷），凤凰出版社、江苏人民出版社，2005，第497页。

的不同划分,认为知识的对象与感觉的对象是截然不同的;另一方面,他与其老师不同,他认为理智来源于自身,不像感觉活动那样,来自与外部事物的作用。此外,从亚里士多德的知识的价值观可以看出,知识具有两种目的和两种价值:第一个目的或者价值是培养有道德的公民和政治家;第二个目的或者价值是充分发展人的理性。同时他又把知识分为实用的知识和自由的知识,这有助于发展人的理性。他还提出适切人生目的的知识才是自由的知识,为了获取实际功利的知识或者技能,都应视为实用的知识。因此,自由知识是崇高的,而实用知识相对价值是有限的。

除了对"古希腊三哲"的知识观阐述之外,还需要对中世纪神性的知识观做简要阐述。古希腊人对知识本源的探索,由于受到当时种种境遇的局限,不能正确地认识人与对象的关系,也不能解决人的本源问题,这就为神性知识观创造了生存空间。再加上当时古希腊整个社会的衰退以及古罗马人的侵略,使其神性的知识观站到了统治的历史舞台上。例如:奥古斯丁(Aurelius Augustin)认为知识是属于上帝的,也来自上帝,上帝就是知识本身。[①] 他进一步分析人类知识来源于上帝,是上帝恩赐的"智慧之光",知识的价值属于认识上帝而最终获得的幸福。托马斯·阿奎那(Thomas Aquinas)在一定程度上继承了亚里士多德的知识观,他提出人的认识经历了由感觉到理智知识的发展进程。不管是奥古斯丁还是托马斯·阿奎那,他们所讲的知识是上帝的知识,知识的价值就是获得上帝的拯救。但是也应该看到积极的一点,例如托马斯·阿奎那的感觉认识论对后来的经验知识论具有很大的启发意义。最后,不得不对为实用主义和经验主义的知识价值取向或者知识范式分析开辟了先河的历史人物威廉·奥康(William Ockham)的产生新型知识形式进行概述,他对已形成的概念和知识的真假性进行深刻分析,得出两条重要的观念:一是否定在个别事物之外设定普遍存在;二是表明知识是对认识对象的本质性揭示,知识对象是客观的知识本身,最终提倡经验科学知识。

---

① 陈理宣:《知识教育论——基于多学科视域的知识观与知识教育理论研究》,人民出版社,2011,第66~67页。

(2) 西方近代知识观

古希腊哲学家对知识论问题的分析属于本源论，而中世纪的知识观属于神学论，神性知识观是为上帝的存在和永恒性服务的。之后的文艺复兴运动提出了两大发现：关于人的和自然的发现。这也成为后来启蒙运动的两大主题。然而近代知识观主要是认识论的知识观，核心问题是认识论的理性问题，探寻知识的来源、知识的获取方式以及知识的本源等。现代心理学从哲学里分化出来之前，教育领域的知识观大部分直接受到哲学知识观的影响。近代涌现了非常多的哲学知识观的学者，在此不逐一分析。但是他们的观点可以大体分为经验主义知识观、理性主义知识观和折中主义知识观。①

经验主义知识观在近代的开端性人物是培根，他开创了近代哲学的先河，提出了经验主义知识观的纲领，并认为知识来源于经验。洛克（John Locke）和休谟（David Hume）也继承了这一基本原则。② 培根认为知识就是力量，新的哲学或者积极的科学将在一个有序的公理系统中展示出归纳的全部结果，所以他推崇的是归纳法，视它为获得新知识的根本方法。同时他还提出为了推进科学进步，必须打倒四种假象。③ 洛克对知识的起源、可靠性、范围、分类及等级等问题进行探讨，提出了白板说和双重经验说，同时批判了笛卡尔（Rene Descartes）的天赋观念论，较全面地考察了认识活动的复杂性和多样性。他认为知识是对人心两个观念的契合或者矛盾所生的知觉④……因此知识存在于观念⑤之间的关系之中，把这种关系分为三类，即三类知识：直觉知识、证明知识和感性知识。休谟则认为认识的

---

① 需要特别说明的是，这里不能详细论述此三种知识观，即便是在阐述择取的学者的时候，对他的知识观论点也只是择取其中一点或者几点进行阐述。
② 陈理宣：《知识教育论——基于多学科视域的知识观与知识教育理论研究》，人民出版社，2011，第71页。霍布斯（Thomas Hobbes）和贝克莱（George Berkely）也探讨了知识论，但是在这里略述，仅阐述继承培根知识来源原则的上述两位。
③ 洪汉鼎、陈治国编《知识论读本》，中国人民大学出版社，2010，第155页。四种假象分别指的是族类的假象、洞穴的假象、市场的假象和剧场的假象。同时弗勒（Fleur）指出，在培根的相关论述中将此四种假象曾分为两种：固有的（前三种）和外来的（后一种），但是后来在他的《新工具》一书中关于更高一层的分法却不再出现了。
④ 〔英〕洛克：《人类理解论》（上册），关文运译，商务印书馆，1959，第515页。
⑤ 这里的观念大体上相当于一种意识，仅指一些构成知识的材料。

对象有印象和观念两种，前者是强烈的，后者则是不强烈的。人类知识也分两种：观念之间关系的知识和实际事情的知识。他还提出因果律是不存在的，必然联系仅是心灵上的一种习惯，因此他最后认为归纳推理是不可靠的。①

理性主义知识观主要是由近代西方知识论的创始人笛卡尔提出的，其主要的代表人物是斯宾诺莎（Benedictus Spinoza）和莱布尼茨（Gottfried Wilhelm Leibniz），他们两位在17世纪到18世纪分别建立了理性主义知识观的另外两个理论体系，标志着近代理性主义知识观的发展与逐渐趋于成熟。② 笛卡尔提出了一个重要命题："我思故我在"，认为思者所思是一切知识的前提，同时也是一切知识最牢固的基础。③ 在此命题的基础上，他又建立了一条普遍规则："我们极清楚、极明白地想到的东西都是真的"。④ 这一规则的建立促使笛卡尔的研究方法出现转折，使得他能够从分析过渡到综合，使得他能够用这个标准衡量那些复杂的对象。笛卡尔建立了知识论的体系，以此开启理性主义知识观，直接影响了近现代的理性主义教育观的产生。斯宾诺莎认为知识可以分为三种：感性经验知识、知性推理知识和理性直观知识。知识来源于理性观念，知识本身就是观念中的观念。为此，他提出："方法不是别的，只是反思的知识或观念的观念。"⑤ 莱布尼茨认为，知识是必然的，这是人对这种必然性的认识的一种结果，适切地运用天赋的理性对事实进行分析与综合，最终就能获得知识。⑥

折中主义知识观⑦主要是以德国的康德（Immanuel Kant）和黑格尔

---

① 洪汉鼎、陈治国编《知识论读本》，中国人民大学出版社，2010，第215页。
② 陈理宣：《知识教育论——基于多学科视域的知识观与知识教育理论研究》，人民出版社，2011，第80页。
③ 申卫革：《知识转型与教育学知识的实践转向》，江苏大学出版社，2013，第7页。
④ 洪汉鼎、陈治国编《知识论读本》，中国人民大学出版社，2010，第257页。
⑤ 北京大学哲学系外国哲学史教研室编译《西方哲学原著选读》（上卷），商务印书馆，1981，第412页，转引自陈理宣《知识教育论——基于多学科视域的知识观与知识教育理论研究》，人民出版社，2011，第86页。
⑥ 陈理宣：《知识教育论——基于多学科视域的知识观与知识教育理论研究》，人民出版社，2011，第88页。
⑦ 折中主义知识观在这里是指：在经验主义知识观与理性主义知识观的两种对立和争辩中走向一种调和的知识观。

（Georg Wilhelm Friedrich Hegel）为代表。康德在综合经验论与理性论真理的基础上，提出了先天综合判断。根据他的阐释，知识既来源于经验，又不囿于经验。① 在复杂经验的基础上，他把人类知识分为感性知识和知性知识，感性知识提供直观对象，知性知识是运用概念进行思维的能力，最终形成了先天综合判断。他对如何正确使用理性和如何获取知识进行了论述，这也充分显示了康德折中主义的立场。黑格尔建立了历史上最庞大、最全面的知识体系，关于知识论他提出存在与认识不可分离，因为认识是存在的自我把握，而真理是存在符合自己的观念。他还提出知识是绝对知识且是科学，不是宗教，绝对知识是通过概念把握绝对精神；知识是对客观世界的认识，客观世界与人的主观世界具有一样的逻辑本质和规律，这样人类的认识才能使主观与客观相一致。②

(3) 西方现当代知识观

近代知识观以知识论为主题，主要强调人的知识是从哪里来的以及如何产生的。近代的学者主要是为科学知识进行辩护，最终证明科学知识的崇高地位。然而这种证明一方面使其陷入了自身的理论困境，即一种感性与理性的二元对立的不可调和的困境；另一方面这种对立本身是人为设定的，因此是否真实存在这种对立，是值得慎思的。很多现当代的思想家围绕这样的问题或者另辟蹊径进行探究，最终使心理学从哲学中分离出来，开始独立探讨知识发生的心理机制和本质问题，同时这也孕育了一种新的研究视角——知识社会学研究。因此，在阐述这部分知识观时，主要围绕哲学的思辨性知识观、心理学的实证性和知识社会学的知识建构与运用三个方面展开分析。

自法国古典哲学之后，现代西方哲学试图对近代哲学进行突破，但是具体对待知识问题的态度与探究方式是多种多样的，总体上对知识有关问题的研究流派见表2-3。

---

① 洪汉鼎、陈治国编《知识论读本》，中国人民大学出版社，2010，第316页。
② 陈理宣：《知识教育论——基于多学科视域的知识观与知识教育理论研究》，人民出版社，2011，第101页。

第二章 创造力研究和知识观研究的历史回溯及评析

表2-3 关于哲学思辨性知识观的主要论点

知识研究视角	代表人物	主要论点
文化创造	〔德〕卡西尔	他涉猎的领域较广，核心是探讨了关于人的知识文化创造的价值及其与人的本质关系的问题
实用主义	〔美〕威廉·詹姆士	知识观包括彻底的经验主义态度、实用主义的方法和真理
实用主义	〔美〕约翰·杜威	他是实用主义知识观的集大成者，认为知识不是对某种实体的知，也不是脱离生活实践的知，而是经常与行为结合在一起的知，并与知识价值结合在一起
现象学	〔德〕胡塞尔	力图在新的领域或者层次上重新论证科学知识的客观性和普遍必然性，认为知识包括自然科学知识和人文知识
现象学	〔德〕马丁·海德格尔	吸收和借鉴胡塞尔现象学的方法论和基本原则，他把现象学的原则和存在论结合起来，并与胡塞尔的现象学进行了区分
存在主义	〔法〕萨特	意识性的知识的本质即是人的意识对自在的自由处理；他还把意识作为最原始的知识，主要包括知觉、想象和情绪三种表现形式
存在主义	〔法〕梅洛·庞蒂	消除了知识二元对立，创造了"身体—主体"，它既是存在和认识活动的主体，又是被作用的客体和被认识的对象
分析哲学	〔英〕罗素	努力寻求知识的基本构成元素
分析哲学	〔英〕维特根斯坦	主要探究知识所表达的结构，并努力澄清知识表达的混乱性
分析哲学	〔美〕卡尔纳普	提出了知识的"可证实性原则"
社会哲学	〔德〕尤尔根·哈贝马斯	主要解决自然科学与社会科学知识的对立与统一、分裂与弥合的问题
科学哲学	〔英〕卡尔·波普尔	对知识研究主要包括知识的性质、知识的增长方式以及知识与人的意识、客观世界的关系
科学哲学	〔英〕迈克尔·波兰尼	在一个比较广阔的视角中关注人类命运，关注人的知识的本质问题和作用，进而将知识分为可明确表述性知识与不可明确表述性知识。他认为知识是主体的，科学研究是人的创造性活动。知识是身心化和概念化的统一

续表

知识研究视角	代表人物	主要论点
后现代主义①	〔法〕利奥塔	发表了一个重要的对知识现状和展望的社会学报告，旨在揭示后现代知识观不同于现代知识观的现状或反抗现代知识观等

资料来源：陈理宣：《知识教育论——基于多学科视域的知识观与知识教育理论研究》，人民出版社，2011，第102~130页。笔者据其进行归纳整理。

关于心理学的实证知识观分析，心理学对知识的实证研究不是指主观符合客观的实证分析，而是对知识的具体产生过程的分析或者对知识产生的物理过程的分析。总体上可以从三个方面来考察实证分析，总的原则有三个：一是通过试验寻求证据；二是通过心理现象的物理表现或者生理反应的观察获取客观的实证资料；三是进行心理量表测量。② 冯特（Wilhelm Wundt）和铁钦纳（Edward B. Titchener）两位皆认为心理学的主要任务是研究意识经验的构成元素和意识经验的组合规律。之后相继出现了许多关于大脑机能和神经心理学的研究者，并产生了很多研究理论成果。例如：法国外科医生保罗·布洛卡（Paul Broca）对言语中枢的发现，缪勒（Hermann Joseph Muller）等对反射的研究，法拉第（Michael Faraday）等对神经冲动电性质的发现，这些研究者进行了大量的科学研究，做出了一定的贡献。在这一阶段还有一位重要的知识论研究者皮亚杰（Jean Piaget），他认为"认识起因于主客体之间的相互作用。"③ 他试图通过对儿童的认知活动的研究，探索人的一般知识的起源、性质以及发展等重大的研究问题。还有人本主义心理学家罗杰斯（Carl Rogers）、马斯洛（Abraham Harold Maslow）等也对自我意识的内在结构与发展做出了极大贡献。

知识社会学涉及的知识观，旨在探索知识的社会构成、知识与其他社会文化存在的关系及社会功能；知识社会学创始人主要有焦万尼·巴蒂斯

---

① 关于后现代主义的说法，笔者不太同意这样的划分与表述。
② 陈理宣：《知识教育论——基于多学科视域的知识观与知识教育理论研究》，人民出版社，2011，第131~132页。
③ 〔瑞士〕皮亚杰：《发生认识论原理》，王宪钿等译，商务印书馆，1989，第21页。

达·维柯（Giovanni Battista Vico）、马克斯·舍勒（Max Scheler）和卡尔·曼海姆（Karl Mannheim）等。维柯最早提出人类的思想、文化与国家、社会一体化的主张。舍勒最早提出了"知识社会"概念，他提出从社会学视角研究知识社会学的"形式"问题，对知识的基本类型进行分类的问题，有关知识类型的社会起源问题，以及有关其"运动形式"的问题；着重强调的是对知识与社会的双向互动的关系研究。① 曼海姆是重要的知识社会学的创始人之一，他主要从分析意识形态问题开始建立其知识社会学理论，论述知识社会学的本性与范围。② 此外，英国迈克尔·马尔凯（Michael Mulkay）是当代具有影响力的科学社会学家之一，他的代表作是《科学与知识社会学》③。进入20世纪70年代，医学社会学研究者循着建构主义理路进行研究，逐渐形成医学社会学这一研究领域并已取得了一定研究成果，例如：医学历史话语分析、医学争论研究、病患叙事研究等。④

2. 国内知识观研究的总体状况

纵观中国社会发展史，在近代之前中国有很多科学技术走在世界前列，但是步入近代以来，中国的科学技术开始衰落。为什么会这样呢？李约瑟经典问题是"为什么在近代科学，亦即经得起全世界的考验并得到了合理的普遍赞扬的伽利略、哈维、维萨留斯、格斯纳、牛顿的传统——这种传统注定成为统一的世界大家庭的理论基础——是在地中海和大西洋沿岸，而不是在中国或亚洲其他任何地方发展起来呢？"⑤ 很多人对此进行了分析与解答，其背后缘由是多方面的，最主要的原因是两种不同文明造就的差异性，这种差异性本身就是一种知识观方面的不同。在这里，李约瑟提出的问题仅作为一个对知识论方面所进行的探讨，笔者旨在借助这样的问题来思考我国知识观的发展。笔者通过对不同知识观进行梳理与分析，

---

① 〔德〕马克斯·舍勒：《知识社会学问题》，艾彦译，译林出版社，2012，第74页。
② 〔德〕卡尔·曼海姆：《意识形态和乌托邦》，艾彦译，华夏出版社，2001，第319～322页。
③ 〔英〕迈克尔·马尔凯：《科学与知识社会学》，林聚任等译，东方出版社，2001。
④ 郭燕霞、赵万里：《建构主义视角下的医学知识问题研究——国外医学知识社会学研究评析》，《自然辩证法研究》2012年第10期，第53～58页，转引自陈理宣《知识教育论——基于多学科视域的知识观与知识教育理论研究》，人民出版社，2011，第39～40页。
⑤ 〔英〕李约瑟：《中国科学技术史》（第1卷），科学出版社，1975，第18页。

为知识自主建构提供启发与思考的空间。纵观其发展可将其分成三个阶段：先秦诸子百家的知识观、儒家知识观的历史演变和西方知识观的传入与融合。

(1) 先秦诸子百家的知识观

先秦时期是一个社会动乱、诸侯争霸的年代，文化传统遭到破坏，而新的文明没有形成。因此，也就出现了百家争鸣、百花齐放的文化多元发展时期。在这一时期孕育了众多关于知识观的大家，在此仅选取比较有影响力的儒家、道家和墨家的代表人物进行相关阐述。

孔子是我国的大教育家，他对知识表现出浓厚的兴趣。他的知识观具有仁智合一、上下贯通的特征，也初步确立了儒家的知识论范式。[1] 从知识的来源看，他认为知识是通过"叩其两端"[2] 而获得的，也就是说通过对知识的审思以及对事物的发展历程的评析与认识最终才能获得知识。知识同时具有内外两方面意义：从外在的意义上看，人们获得知识是为了物质需要；从内在的意义上看，人们获得知识是为了实现人的存在方式。孔子为此提出："古之学者为己，今之学者为人。"[3] 关于知识的价值问题，知识的价值有三点：成人、为政和求禄。[4] 孔子认为人生的最高境界是对知识的追求，达到自我的随心所欲。正如《论语·为政》中所述："吾十有五而志于学，三十而立，四十而不惑，五十而知天命，六十而耳顺，七十而从心所欲，不逾矩。"[5] 孔子认为在充分认识自己的基础上才能为政，做学问达到了一定境界，做官也就顺理成章了。诚如《论语·子张》中所述："仕而优则学，学而优则仕。"[6] 这就可以充分看出做官与做学问之间紧密的联系。又如《论语·卫灵公》中阐释道："君子谋道不

---

[1] 冷天吉：《孔子的知识论》，《河南师范大学学报》（哲学社会科学版）2005年第2期，第14~17页。
[2] 杨伯峻译注《论语译注》（2版），中华书局，2017，第127页。
[3] （宋）朱熹撰《四书章句集注》，中华书局，2003，第155页。
[4] 陈理宣：《知识教育论——基于多学科视域的知识观与知识教育理论研究》，人民出版社，2011，第154页。
[5] 杨伯峻译注《论语译注》（2版），中华书局，2017，第16页。
[6] 杨伯峻译注《论语译注》（2版），中华书局，2017，第285页。

谋食。耕也，馁在其中矣；学也，禄在其中矣。"① 这体现了孔子对待禄的观点。最后关于知识的获取方式，孔子认为有三条途径：学知、思知和行知。他认为自己的知识是通过学习而获得的，"吾十有五而志于学"。他还把学习与思考联系起来，例如《论语·卫灵公》中所述："吾尝终日不食，终夜不寝，以思，无益，不如学也。"② 在此基础上还要躬行实践，《论语·学而》对此论述道："行有余力，则以学文"③。

庄子的知识论提出众人的知识和至人的知识。④ 首先，众人的知识，这里的"众人"就是指平常之人，对此庄子有很多阐述，例如《庄子·大宗师》中对此论述道："夫知有所待而后当，其所待者特未定也"⑤。其次，至人的知识，在庄子看来"且有真人而后有真知"，可以看出真人会有真知。接着庄子又在《庄子·天下》中阐释道："不离于真，谓之至人。"⑥ 这可以充分看出"至人"可以达到的大智慧。庄子的知识观内容蕴含十分丰富，对知与真知做了系统而深入的论述，从中可以看出他的知识观带有相对主义和不可知论的色彩，同时也可以看出他对真实世界的一种美好向往。

墨家的知识观主要来源于他们的直接经验和实践的认识论。他们把人的经验看作认识的唯一来源和认识理性的标准。⑦ 另外，墨子从"材""接""虑""明"四个方面对人的知识的形成进行了阐释⑧，"材"即"智"也，指有认知才能；"接"指与物相遇或者相接触、相互作用，主体能够将事物反映出来；"虑"，凭自己的"材"而有所追求，但所求不一定能得到，表现出求知的主动性；"明"，即人通过运用已获得的知识并发挥理性思维进行比较、论证和检验，最终对事物的认识更加明了。

---

① 杨伯峻译注《论语译注》（2版），中华书局，2017，第240页。
② 杨伯峻译注《论语译注》（2版），中华书局，2017，第240页。
③ 杨伯峻译注《论语译注》（2版），中华书局，2017，第6页。
④ 〔韩〕李康洙：《庄子的知识论》，《孔子研究》1994年第1期，第100~106、126页。
⑤ 方勇译注《庄子》（2版），中华书局，2015，第95页。
⑥ 方勇译注《庄子》（2版），中华书局，2015，第567页。
⑦ 黄仁贤、黄雪霞：《墨家的知识观与课程体系简论》，《教育评论》2006年第2期，第79~81页。
⑧ 方勇译注《墨子》（2版），中华书局，2015，第338页。

(2) 儒家知识观的历史演变

自西汉确立独尊儒术以来,儒家经典的知识内容观和对儒家经典遵从的知识态度观最终形成与确立。纵观儒家知识观的历史演变,仅有王充和宋明理学家对知识观本身进行了深度审思,他们也都提出了自己独特的知识观。王充在继承与发展儒家知识观的基础上提出了自己的知识观,而宋明理学家也在此基础上提出了"格物致知,知行合一"的特有思想。

关于王充的知识观,他认为一切知识都是后天学来的,并来源于学和闻。[①] 人们可以通过耳目进行观察,然后通过逻辑推理加工最终形成知识。例如他在《论衡·实知》中阐述道:"实者,圣贤不能性知,须任耳目以定情实;其任耳目也,可知之事,思之辄决。"[②] 他还非常强调知识学习要实现博览贯通,又如《论衡·实知》中有述:"人才有高下,知物由学。学之乃知,不问不识。"[③] 同时他也反对先知与生知。王充的四大知识态度观或者四大"不迷信"为:不迷信古代、不迷信权威、不迷信书本和不迷信教师。王充的知识方法论为:一要有事实的效验;二要有逻辑的论证。两者只有充分结合才是科学方法,他的方法论具有鲜明的唯物主义意蕴,但是他的"论证"基本属于形式逻辑的范畴。[④]

关于宋明理学家的知识观,他们吸收了诸家学派的理论来发展儒学,使儒学走上了精细化和系统化的道路。其中,"理"即知识的对象,知识即对"理"的认识。他们大多都集中于如何实现对"理"的认识以及与"理"合一的观点探讨之上,在这里仅选择朱熹和王阳明的知识观进行分析。朱熹的知识观总体上是继承了儒家的知识观,同时也在此基础上进行了很大发展。他主要强调知识的人格、知识的道德属性以及知识的独立性和客观性,这些主要表现在他对"格物致知"的深入探讨上。关于什么是"格物",他阐述道:"格物者,格,尽也,须是穷尽事物之理。若是穷得三两分,便未是格物。须是穷尽得十分,方是格物。"[⑤] 关于"致知",朱熹在

---

① 冯契:《中国古代哲学的逻辑发展》(中),东方出版中心,2009,第336页。
② 黄晖撰《论衡校释》(下册),中华书局,2018,第944页。
③ 黄晖撰《论衡校释》(下册),中华书局,2018,第944~945页。
④ 冯契:《中国古代哲学的逻辑发展》(中),东方出版中心,2009,第340页。
⑤ 史少博:《朱熹易学和理学关系探赜》,黑龙江人民出版社,2005,第86~90页。

《四书章句集注》中阐述道:"致,推极也;知,犹识也。推极吾之知识,欲其所知无不尽也。"① 关于知识的获取方法,朱熹将"格物"作为方法论,要求在博学基础上质疑与分析,使用一般与个别相结合的方法进行推理。② 王阳明的知识观实际上是"良知",是道德认知与道德行为的统一,具体表现在"格物致知"和"知行合一"的思想之中。③ 关于"致良知"的问题,他认为"良知"是一切知识的来源。他在《传习录·答顾东桥书》中阐述道:"致吾心良知之天理,于事事物物。"④ 同时他对"心"与"理"也进行了进一步的阐述,例如他在《传习录》中言:"心即理也,无私心即是当理,未当理便是私心。若析心与理言之,恐亦未善。"⑤ 朱熹的整个"致良知"的过程,既是知识获取的过程,也是知行合一的过程。

(3) 西方知识观传入与融合

明末时期社会动荡,矛盾激化,儒家思想难以调和社会矛盾,再加上宋明理学自身发展到王守仁的心学阶段已经走向异端。在长期以儒家文化为核心的国度里,一种新的文化和知识观开始传入,带来了前所未有的冲击,我国逐渐开始引入并学习西学,在这一时期,将此称为"中学为体,西学为用"。在此阶段涌现了很多关于知识观的学者,在这里仅选取王夫之和黄宗羲的知识观进行阐释。

王夫之的知识观是在对佛教知识观和王守仁心学的知识观进行批判的基础上,同时受到西学知识观的影响,最终形成的唯物主义知识观。在王夫之看来,知识是由客观事物引发的,是由主观感觉器官做感知与思维的加工而形成的符合客观实际的一种认识。⑥ 例如他在《张子正蒙注·太和篇》中阐述道:"形也,神也,物也,三相遇而知觉乃发。"⑦ 另外,他在

---

① (宋)朱熹注《四书章句集注》,王华宝整理,凤凰出版社,2016,第5页。
② 冯契:《中国古代哲学的逻辑发展》(下),东方出版中心,2009,第626页。
③ 陈理宣:《知识教育论——基于多学科视域的知识观与知识教育理论研究》,人民出版社,2011,第177页。
④ 陈荣捷:《王阳明〈传习录〉详注集评》,重庆出版社,2017,第137页。
⑤ 陈荣捷:《王阳明〈传习录〉详注集评》,重庆出版社,2017,第23页。
⑥ 陈理宣:《知识教育论——基于多学科视域的知识观与知识教育理论研究》,人民出版社,2011,第185页。
⑦ (清)王夫之:《张子正蒙注》,中华书局,1978,第1~2页。

理解和肯定朱熹的"格物致知"观时阐释了自己的见解，认为知识的获得有两种方法：一是"格物"，即对物的理解是使用耳目感知器官的一种感性认识；二是"致知"，即对物的理解是使用"心"的一种理性认识。他还认为知和行既有区别又有联系，知中有行，行中有知，知行不离，知行合一；同时又互相促进与深化，诚如《思问录·内篇》中所阐述的"日进于高明而不穷。"[①] 直至发展到最后，王夫之的知识观已经初步形成了科学主义的辩证观形态，但是还处于前期的发展与完善阶段。

与王夫之同时代的黄宗羲，也对理学进行了批判与总结。黄宗羲的知识观在吸收西学的知识观思想的前提下，继承了王守仁的心学思想，同时他也尝试在理论上克服其异端。沿着他的知识观思想可以引出"贯通中西学"的知识自主建构主张。其核心思想是围绕物之"理"与人之"心"合一问题展开的。他在《明儒学案·卷六十二·蕺山学案》中对此进行了很多论述，比如他提出："盈天地间皆气也。"[②] 他又在《明儒学案·卷三十二·泰州学案一》中阐述道："盈天地间皆心也。"[③] 他对知识的获得过程赋予知识的意义与价值，同时探究出知识获得的两种路径：一是由博返约，一以贯之；二是读书穷理，会中合一。足以证明，知识可以通过读书获取。黄宗羲结合实际提出了经世致用、知行合一、服务社会和集体的观点。

21世纪以来，我国学者从不同学科视角对知识学进行了相关研究，并且也取得了一定的成果（见表2-4），如陆汝钤、史忠植等研究者从计算机科学的视角，王众托等研究者从管理学视角，王续琨等研究者从科学学视角，王知津、杨溢、王平等研究者从图书情报学视角，郭强等研究者从社会学视角，丁俊等研究者从心理学视角，何云峰等研究者从哲学视角等。这些不同的研究视角充分反映了知识学的跨学科的综合属性。

[①] （清）王夫之撰《船山思问录》，严寿澂导读，上海古籍出版社，2020，第56页。
[②] （清）黄宗羲：《明儒学案·卷六十二·蕺山学案》（下册），沈芝盈点校，中华书局，1985，第1519页。
[③] （清）黄宗羲：《明儒学案·卷三十二·泰州学案一》（下册），沈芝盈点校，中华书局，1985，第714~715页。

第二章 创造力研究和知识观研究的历史回溯及评析

表2-4 关于知识学多学科视角的重要观点

学科视角	代表人物	主要论点
计算机科学	陆汝钤	将知识工程的概念上升到知识科学①
	史忠植	研究以知识为对象的基本问题，包括知识的数学理论、逻辑基础、知识模型、知识挖掘、知识共享等②
管理学	王众托	研究涉及四个层次：哲学层次、基础科学层次、技术科学层次和应用科学层次。希冀有如"知识科学"这样的综合学科的建立和发展③
科学学	王续琨	知识科学正在走向整体性建构的新发展阶段，以科学学和管理科学为基础，吸收多学科知识，从而建构知识科学④
图书情报学	王知津	情报科学正迈向一个新的里程碑——知识科学阶段；情报科学经历了"文献中心论""信息中心论"和"知识中心论"三个主要发展阶段⑤
	杨溢	对知识科学管理理论研究视角分为八个：哲学、知识社会学、知识工程学、科学学、生态学、图书馆学、情报学、综合理论。在此基础上将其再进一步归纳为三种视角：人文科学、社会科学和自然科学⑥
	王平	统一称为知识学，作为大学科门类名称，即宏观意义上的知识学。在跨学科发展的领域中，图书情报应占有重要位置⑦
社会学	郭强	对知识问题进行系统的现代化研究，从而建立马克思主义知识学⑧

---

① 陆汝钤：《知识科学及其研究前沿》，《中国科技奖励》2000年第4期，第10~13页。
② 史忠植：《知识科学》，http://www.intsci.ac.cn/research/knowledge science.html，2015年5月20日。
③ 王众托：《知识系统工程》，科学出版社，2004，第37页。
④ 王续琨、初福玲：《知识科学的兴起与发展》，《大连理工大学学报》（社会科学版）2001年第2期，第15~20页。
⑤ 王知津、陈芳芳：《从情报科学到知识科学》，《情报科学》2007年第9期，第1281~1286、1292页。
⑥ 杨溢、鞠巍：《基于图书情报学的知识科学理论模型》，知识产权出版社，2015，第27~28页。
⑦ 王平：《"知识学"研究倡议与研究纲领》，《图书情报知识》2009年第1期，第46~49页。
⑧ 石倬英、郭强：《现代知识学探微》，《宁夏大学学报》（人文社会科学版）1989年第2期，第20~26页。

续表

学科视角	代表人物	主要论点
心理学	丁俊	对当代知识进行了系统研究，研究涉及知识内化论、本体价值力量打造论、对象化价值产品创造论、心脑进化论和英才塑造论①
哲学	何云峰	从科学的角度重新思考自然、社会、思维和知识四个"世界"间的关系；主张把整个学科划分为自然科学、社会科学、思维科学（包含心理学）和知识科学等若干大领域②

资料来源：柯平：《知识学研究》，国家图书馆出版社，2017，第96~98页。同时，部分内容由笔者补充整理而成。

（二）国内外知识观研究的评析

对国内外知识观研究的总体梳理，可以看出不同的社会文化形态下形成了两种截然不同的知识论取向。国外知识观遵循的路径是从形而下的现象追求形而上的本体知识；我国古代的知识观遵循的路径是从形而上的假设来解释形而下的知识观现象。由此可以看出，我国自西汉时儒学的独尊地位被确立以来，形而上的知识观的固有地位就很难被动摇。这是国外的知识观研究者往往对我国的知识观进行批判的原因，同时也是我国特有的优势。对国内外知识研究的评析将从其来源与性质、获取方式与途径、价值观比较与启示三方面分别阐述。

1. 国内外知识观的来源与性质

国外知识来源于外在的客观世界，知识的性质是客观真理。国外知识的来源问题可以追溯到古希腊，知识来源于事物不变的本质，实际上就是探索知识的本源问题，而知识的性质就是事物客观存在的本身。苏格拉底认为自然世界的知识要从人的内心去探寻。而在柏拉图看来，应该从人的内心之外去探寻知识的来源，同时又把人的内心世界之外的范式先验地与人的心灵联系起来，从而认为知识就是对万事万物存在的一种认识。他认为知识本身就是真理，知识是主客相符，知识本身就是一种已经被证实了

---

① 丁俊：《知识心理学》，上海三联书店，2006。
② 何云峰：《关于建构知识科学的问题》，《上海师范大学学报》（哲学社会科学版）2003年第1期，第8~12页。

的真信念。后来的笛卡尔、康德等人继承了他的思想。笛卡尔按照分析与综合方法论规则,赋予主体进行自我反思的能力,建立清楚明白的知识内在标准。而康德认为主体能够获得知识是因为主体具有先验范畴的形而上学演绎,以逻辑判断的形式可以推导出知性范畴,确保了推导出的范畴的普遍性和完整性。国外知识的确证成为现当代以来知识学研究的热点,产生了内外两大研究取向,使得主体对知识的来源与性质等进行不断的追问。

知识来源于主体和人类社会,知识的性质是主体的体验与行为。在我国古代所形成的知识观中,知识就是人道、天道之间的行为规则,产生这样的知识观主要是由于他们认为人心是外物的感应,也是一种天道的演化过程,借助天道给予人道的合理性。知识观的来源途径主要有两种。一是天人合一的知识天命观,显然这种观念具有浓烈的神秘主义色彩。这是当时封建统治的一种政治需要,这也使得儒家思想成为一种准宗教,也是对儒家知识观本身积极因素的抹杀。二是发展到后来的宋明理学的知识观,由天人合一演变成为理气合一。此观点认为人本身参与了气的演变过程,只有通过人的内心气的亲身体验,最终才能够发现和认识气的形成过程与规律。在此基础上,我们再来审视知识的性质,它是主体的体验与行为,其实我们还可以得出,我国的知识观主客体是不分的,这也就使得其性质很难被区分。

2. 国内外知识观的获取方式与途径

国内外的知识观来源和性质的不同决定了其获取方式与途径的不同。关于国外知识的获取方式主要是在知识的探索过程中,追求演绎的获取方式与途径。苏格拉底之前的研究者主要探寻一种人类知识的存在,他们以为获得了知识就获得了全部真知。苏格拉底把自己的知识获取方式比作"产婆术":他在对话过程中不会直接道出问题答案,而是扮演着产婆一样的角色帮助产妇生产,而对话者就像产妇一样在生产过程中经历一阵一阵的痛楚,在这样的不断追问下,最终去发现和获得真理,就像诞生了一个新生儿一样。他的学生柏拉图在继承导师知识思想的基础上提出:知识的本源主要是人心灵之外的本体获得了内在的关于事物理念的知识。此外,亚里士多德的科学知识观,说明了事物发生的原因,也说明了事物必是其所是，不可能异于自身的必然性，其中必然性是由逻辑推理得到的证明，通过事物变化的动因去探寻事物变化的原因。① 发展到近现代国外建立了一整套的科学实验的证明方法即从个别到一般、从一般到个别和从原因到结果等。

关于国内的知识获取的方式是在观察现象的基础上进行综合、创造和学习以及不断地探索实践，最终能够内炼人生智慧得到真知。我国的知识观探索是将现实主义与实用主义联系在一起，深度追求本体论知识并向前人学习知识与经验，通过不断地积累与丰富，最终形成知识的重要来源之一。孔子提出的"学""思""行"，朱熹提出的"格物致知"，王阳明提出的"致良知""知行合一"等知识获取的方式，足以说明他们都是在学习前人的知识以及古文典籍。此外，我国的伦理道德和宗教信仰采取说理的方式，从而建构知识体系，最终获得一种信仰；其实一旦引进西学，理性就会扼杀信仰、道德和情感。②

3. 国内外知识价值观比较及其启示

由于知识的价值与知识的本质相联系，国内外形成的知识价值观也是截然不同的。笔者通过对已有的国外知识观的发展历程进行梳理，可以充分提炼出他们的知识观由追求人性精神价值转变为追求世俗的功利价值。在古希腊把知识作为最高追求，具有神性主义色彩，例如亚里士多德阐述道："若以理智为主宰，那么理智的生命就是最高的幸福。"③ 这种求知精神经历了漫长的发展，到文艺复兴时期，极大地提升了人类对自身和自然的综合探索能力。其中，培根就提出了"知识就是力量"的知识价值观取向，再后来斯宾塞提出"什么知识最有价值"，这些思想反映了人类追求知识价值观的历史转向。我国古代知识价值观主流学派以儒家为首，主张将知识限制在世俗功利之中，例如《论语·子张》中所述的"学而优则仕"④；

---

① 王荣江：《亚里士多德的科学知识观及其学科分类思想》，《广西师范大学学报》（哲学社会科学版）2009 年第 3 期，第 27~32 页。
② 陈理宣：《知识教育论——基于多学科视域的知识观与知识教育理论研究》，人民出版社，2011，第 203 页。
③ 〔英〕乔伊·帕尔默编《教育究竟是什么？100 位思想家论教育》，任钟印、诸惠芳译，北京大学出版社，2008，第 19 页。
④ 杨伯峻译注《论语译注》（2 版），中华书局，2017，第 285 页。

《论语·卫灵公》中论述的"君子谋道不谋食。耕也,馁在其中矣;学也,禄在其中矣。君子忧道不忧贫"① 等。另外以道家为首的学派主张抑制知识或者否定知识的世俗功利价值,例如《庄子·胠箧》阐述的"绝圣弃智,大盗乃止"② 等。古代将儒家知识文化世俗化,作为封建统治的手段与工具,学习知识就是为了做官,知识掌握在官方手里。所以我国古代知识观真正缺乏的是知识本体论价值。

国内外知识观的来源与性质、获取方式与途径以及价值观的不同也就决定了其对知识教育的影响不同。国内外知识文化模式各有优劣。在新时代背景下我们既要吸收与借鉴各家之所长,同时又要有独到见解,批判与摒弃各家知识观的不足之处,最终尝试在整合不同知识观的基础上探索出符合学生创造力发展的知识自主建构策略。国内外造成知识观差异的根本原因是,古希腊的知识观认为知识本身具有人性价值,这种人性价值是在与外在的对象相互作用中表现出来的。我国古代的知识价值观认为人有善恶之分,知识的主要作用就是调和人际关系与世俗功利主义。因此,这可以给予我们以下三方面的重要启示:一是对知识培育内容的适切综合;二是对知识价值观的适当矫正;三是学生进行知识自主建构。

一是对知识培育内容的适切综合。对知识进行综合本身就是一种创造,对学生主体来说就是一种创造力的发展。对国内外知识观发展的梳理与研究可以推导出:国外的知识观是一种外在型发展的知识观;我国的知识观是一种内向型修炼的知识观。这两种知识观在国内外的社会发展中都曾产生了积极和消极的影响。现在我们进入了一个前所未有的教育转型时代,从学生创造力发展中获取知识无疑是重要的途径之一,因此在知识的培育内容中对人文知识与理性知识要适切综合,在知识的自主建构过程中不要顾此失彼。现在的高考改革就是一项良好的外在型知识培育内容的改革,而知识培育内容的内在型修炼是指知识自主建构。二是对知识价值观的适当矫正。在当前学校教育中,部分师生对知识和知识价值存在片面的认识,他们认为知识是绝对的真理,并且认为知识具有外

---

① 杨伯峻译注《论语译注》(2 版),中华书局,2017,第 240 页。
② 方勇译注《庄子》(2 版),中华书局,2015,第 150 页。

在的功利价值。① 现实中除了教师在知识培育过程中引导学生正确认识知识和形成正确的知识价值观外，学生对自己的碎片化知识更需要进行自主整合。三是学生进行知识自主建构。这是学生创造力发展的重要途径之一，让中学生体验知识、运用知识和自主建构知识，能够培养学生自主地追求知识的内驱力。

三 学生创造力发展和知识自主建构研究的主要论题及评析

笔者在前面所进行的文献研究的基础上，再进行综合研究并聚焦"学生创造力发展"和"知识自主建构"两大研究主题，最后回归研究命题，对"学生创造力发展与知识自主建构"进行相关评析。

（一）国内外学生创造力发展和知识自主建构研究的主要论题

前文对"创造力发展和知识观研究"分别进行了国内外相关文献的梳理，因此在这部分仅围绕相关的主要论题进行研究，将国内外相关的研究内容融合在一起，进行归纳与整理，主要论题如下。

1. 国内外学生创造力发展

笔者通过对相关文献梳理发现，创造力研究已取得了丰富的成果。关于"国内外学生创造力发展"论题的研究主要涉及课程、学科、课堂、文化、路径、实证与评价等方面。② 下面就依次进行简要梳理。

（1）学生创造力发展的课程研究

新时代下教育面临转型，我们不得不直面机遇与挑战。当今世界各国无不重视培养学生的创造力，国内外的中小学培养学生创造力的方法有很多，比如将创造力融入诸多课程之中或单独开发创造力课程进行培养。但是在这里仅阐述一些专门的创造力课程。

美国的奥斯本发表了关于创造性的里程碑式的演讲之后，哈佛大学、

---

① 陈理宣：《知识教育论——基于多学科视域的知识观与知识教育理论研究》，人民出版社，2011，第211页。
② 需要特别说明的是，笔者通过整理文献归纳了七个主要方面，除此之外，还有许多零散的相关研究在这里就不再赘述。

布法罗大学等许多高校也相继开设了有关创造性训练的课程。1954 年开展了以想象力和创造力为核心的创造性课程培训班，① 从此开始了对这方面的持续探究。邱永渠就对美国中小学培养学生创造力的专门课程进行了研究，其中着重阐述了三种创造力课程：思维技能课、创造技法课和创造活动课。② 杨玉琴等人对美国课程的一致性进行了研究，开发了用于一致性分析的 Achieve、SEC 及 SRI 等研究工具，一致性研究呈现综合化、整体化、精细化的态势。③ Chapman 携手培生教育集团共同开发了一套课程——"美国 K12 艺术素养与创造力课程"，该课程将讲授与实践充分结合，激发了学生的艺术灵感，增强了学生的艺术语言表达能力，有效训练了学生的创造性思维。④ Ronald A. Beghetto 和 James C. Kaufman 在《培养学生的创造力》一书中从创造力课程目标着手，选择适宜的创造性思维和批判性思维同时发挥作用的课程目标。

丁念金、冯震探索创造力训练课程开发的基本思路，提出创造力训练课程开发的基本理念为：以学习为中心；凸显学习的自主化与个性化；在完整的学习经验中强调创造性学习经验；体现创造性学习文化。该课程应具备的课程因素有：学习目标、学习内容、学习方式、学习评价。他们进一步指出该课程开发在运作机制上关注完整的课程运作过程，在课程决策过程中发挥校长的核心作用，在课程设计中采取充分研讨的方式。⑤

（2）学生创造力发展的学科研究

对于学生创造力发展的学科研究，有很多学科专家或者研究者于本学科的视角上进行了深入的学科探讨，主要学科有：数学、语文、音乐、科学等。创造力如此重要，它是人类追求的永恒能力，为此在各个学科培育学生

---

① 袁张度、许诺编著《创造学与创新方法》，上海社会科学院出版社，2010，第 116～117 页。
② 邱永渠：《美国中小学培养学生创造力的专门课程》，《外国教育研究》1989 年第 3 期，第 40～44 页。
③ 杨玉琴、王祖浩、张新宇：《美国课程一致性研究的演进与启示》，《外国教育研究》2012 年第 1 期，第 113～121 页。
④ 姜江、马北北：《美国 K12 艺术素养与创造力课程》，中青在线，http://news.cyol.com/content/2016-05/17/content_12593910.htm，2016 年 5 月 17 日。
⑤ 丁念金、冯震：《创造力训练课程开发的基本思路》，《课程·教材·教法》2015 年第 6 期，第 13～18 页。

创造力的基础上,形成一门创造学科,意义非凡。

Sinha 和 Singh 提出数学创造力是指个体在数学领域产生新想法的能力。① 诸多研究已达成共识,数学创造者在解决数学问题时能够展现出卓越创造力。② 靳丽华提出从中小学阶段就要加强对学生创造力的培养,并且提议发现、发展与鼓励人们的潜在创造性,大力加强创造性人才的培养。从中小学阶段就加强对学生创造力的培养已成为世界各国的共识。为此她以数学成绩为研究对象,将学生划分为三个不同群体:数学成绩不良者、数学成绩一般者以及数学成绩优秀者,通过量表测量最终表明数学成绩不良的初中生与数学成绩一般特别是数学成绩优秀的初中生之间在科学创造力方面存在差异。③ 李祥兆对数学问题的提出进行了系统性调查与研究,最终在解决问题中提出问题能够对学生的探究起到不同的作用:信息的收集可以弥补学生知识的不足;搭桥问题促使学生将相关事件连接起来;拓展问题引领学生进入新的学习领域;反思问题迫使学生不断地反思自己所探究的过程与结果,不断地调整已达目标。④ 武建春从数学直觉视角谈数学在教学中对学生创造力的培养,并提出:"教师在抓基础知识、基本技能等基础之上,更要培养和提高学生的分析与解决问题的综合能力,最终提高其创造能力。"⑤ 吕莉莉、杨向东等人提出:"数学创造力形成了一种标准化的创造力测量工具,依据测量内容分为:数学发散性思维测验、数学发散性思维与聚合性思维测验。⑥"

温涌针对语文教学中如何培养学生创造力的问题提出:"创新离不开

---

① Sinha, A. k., Singh, C., "Measurement of Scientific Creativity", *Indian Journal of Psychometry*, *Education* (1), 1987, pp. 1–13.
② Kim, H., Cho, S., Ahn, h., Cho, S., Ahn, D., "Development of Mathematical Problem Solving Ability Test for Identification of the Gifted in Math", *Gifted Education International* (2), 2004, pp. 164–174.
③ 靳丽华:《不同数学学业水平初中生科学创造力的调查研究》,《教育理论与实践》(学科版) 2006 年第 10 期,第 39~41 页。
④ 李祥兆:《基于问题提出的数学学习——探索不同情境中学生问题提出与问题解决的关系》,博士学位论文,华东师范大学,2006,第 61 页。
⑤ 武建春:《由数学直觉谈数学教学中学生创造力的培养》,《教育探索》2007 年第 10 期,第 33~34 页。
⑥ 吕莉莉、杨向东:《具体学科领域创造力测评之进展与反思》,《教育测量与评价》2017 年第 4 期,第 28~64 页。

观察；多角度训练学生思维，培养其发散思维；培养学生的创造力；鼓励大胆质疑，标新立异；注意培养学生良好的心理品质。"① 胡卫平等人采用自编的青少年语文创造力测验，最终得到测验结果：青少年的语文创造力存在显著的年级差异，伴随着年级的递增，语文创造力呈现波浪式持续发展的趋势；除此之外，还存在显著的性别差异，女生的语文创造力显著优于男生，这里主要是指初一至高二阶段的学生。最终他对语文创造力做出明确的定义：在语文学习与实践活动中，依据一定的目的，通过听、读以及观察输入语文信息，并积极通过运用语文知识、提出和解决问题、现象探究和审美加工等四种方式进行加工，以此通过说、写输出一些新颖的、有价值的语言文字产品，在这个过程中所表现出来的智能品质和创造力。②

在音乐学科中，研究者对创造力进行了诸多的探索。乌仁高娃认为应采用发掘学生创造力的教学法，即通过音乐教育让学生在自觉、生动的音乐创造活动中，得到音乐素质和学习能力的提高，并使学生成为有自学能力、有坚强意志、有创新精神的人。③ 音乐在教学中如何培养学生的创造力，成露霞认为在教学中要充分发挥教师的引导作用，并倡导采用"智力激励法""聪明的办法12条"等培养学生的创造力。④ 王瑞平对音乐欣赏与学生创造力培养进行了相关探析，认为音乐欣赏不仅可以净化心灵与陶冶情操，还具有培养学生创造力的功能。⑤ 吴一波通过"奥尔夫教学法"对小学音乐教育问题进行研究，对学生进行分组比赛，从而激发学生创造力。⑥ 在音乐教育中，教师应着力通过多种途径，运用适切的方法，激发

---

① 温涌：《语文教学中学生创造力的培养》，《内蒙古师范大学学报》（教育科学版）2001年第1期，第123~124页。
② 胡卫平、胡耀岗、韩琴：《青少年语文创造力的发展研究》，《心理发展与教育》2006年第3期，第70~74页。
③ 乌仁高娃：《浅谈音乐教学中如何实施素质教育》，《内蒙古师范大学学报》（教育科学版）2002年第S1期，第70、103页。
④ 成露霞：《音乐教学中如何培养学生的创造力》，《教育理论与实践》（学科版）2004年第22期，第52~54页。
⑤ 王瑞平：《论音乐欣赏与学生创造力的培养》，《山西财经大学学报》2006年第S1期，第182页。
⑥ 吴一波：《奥尔夫教学法对小学音乐教育问题的突破》，《中国教育学刊》2016年第5期，第85~88页。

学生的兴趣与多元潜质，激活学生创造性思维，帮助学生形成独特的音乐创造力。

科学创造力发展至今，Hu 和 Adey 从一般科学问题着手，提出问题假设，设计实验，进行实验验证以及对最终的结果进行测量。[①] 他们提出两种科学测量方法：一是青少年科学创造力测验[②]；二是创造性科学能力测验（C-SAT）[③]。马跃、韦小满选取初中生进行问卷调查与情景测验，以研究团队创造力为核心，以科学学科为背景，试图考察初中生团队科学创造力的相关因素，从而建构初中生团队科学创造力的结构方程模型，以期更进一步洞察科学创造力本质，提升学生团队科学创造力水平。[④]

具体学科领域对创造力的开发可向多元化方向发展，测量是一种科学的手段，可以测量个体在不同领域的创造力。但是这只是一种科学手段，需要树立一种面向未来教育多元化的创造力理念，在不同学科领域里更应为学生创造力发展的知识自主建构提供理论与方法上的支撑。

（3）学生创造力发展的课堂研究

国外学者 Goree 和 Keystal 对课堂环境研究中促进学生创造力发展的因素提出四点建议：一是必须给予学生思考的时间；二是必须给学生提供进行创造性思考的环境；三是允许学生出现错误；四是必须给予学生一定的权力。[⑤] 我国学者田友谊对国外课堂环境研究的新进展进行了相关分析，认为课堂环境既能够促进学生创造力发展，也会阻碍其创造力发展；并提出和谐的、有意义的课堂环境能够促进创造力的发展。[⑥] 同时田友谊对妨碍学生创造力培养的课堂教学因素进行了深入分析，提出课堂教学是培养

[①] Hu, W. P., Adey, P., "A Scientific Creativity Test for Secondary School Student", *International Journal of Science Education* (4), 2002, pp. 389–403.

[②] Hu, W. P., Adey, P., "A Scientific Creativity Test for Secondary School Student", *International Journal of Science Education* (4), 2002, pp. 389–403.

[③] Sak, U., Ayas, B., "Creative Scientific Ability Test (C-Sat): A New Measure of Scientific Creativity", *Psychological Test, Assessment Modeling* (3), 2013, pp. 315–328.

[④] 马跃、韦小满：《初中生团队科学创造力影响因素的模型建构研究》，《上海教育科研》2017 年第 10 期，第 21~26 页。

[⑤] Goree, Keystal, "Creativity in the Classroom: Do We Really Want It?", *Gifted Child Today Magazine* (4), 1996, pp. 36–38.

[⑥] 田友谊：《国外课堂环境研究新进展》，《上海教育科研》2003 年第 12 期，第 13~17 页。

学生创造力的重要方式，当前课堂教学中存在许多阻碍学生创造力培养的因素：创造力观念的偏差、课堂教学观念的偏颇、师生关系的僵化、课堂气氛的沉闷等。他强烈提出基础教育改革应努力克服上述弊端，营造有利于学生创造力培养的课堂氛围，促进学生创造力发展。① 此外，胡卫平也对中小学生创造力发展的课堂教学影响因素进行了研究，创造性的课堂教学是由具有创造性的教师选择有利于学生创造力发展的教学内容，创设培养创造力的教学环境，应用创造性的教学方法，激发学生的创造动机和调动学生的积极情绪，培养创造性学习的过程。②

向舒提出，师生互动是课堂中师生交流的基本形式，创造力的形成相当一部分要通过师生互动来体现，为此，教师需要分析在课堂上的师生互动中影响创造力培养的问题，反思自己在互动中扮演的角色和解决问题的方式，综合运用各种课堂因素，不断超越自己，形成一种新的创作型教学课堂。③ 而丁念金教授提出了基于个性化学习的课堂转变研究，他认为学习本身是一种高度个性化的过程，整齐划一的课程教学存在严重危害，他结合课堂实践提出四种新的课型：常规课、讲座课、自由学习课和展示交流课。④

（4）学生创造力发展的文化研究

学生创造力发展不足与中国文化有着深层次的关系。谷传华从中美文化的差异对学生创造力培养进行研究，提出中国文化总体上重视逻辑思维、知识深度学习、集体主义，具有慈悲情怀，而西方重视个体独立性和实践性，强调公义、秩序和规则至上，但是在现实生活中呈现出不够灵活和效率低下等特征。⑤ 宋兵波、周运正提出在培养学生创造力的过程中，只有全面、客

---

① 田友谊：《妨碍学生创造力培养的课堂教学因素分析》，《天津师范大学学报》（基础教育版）2006 年第 1 期，第 17～21 页。
② 胡卫平：《中小学生创造力发展的课堂教学影响因素》，《教育理论与实践》2010 年第 8 期，第 46～49 页。
③ 向舒：《冷遇创造力：课堂师生互动中的问题与策略》，《现代中小学教育》2015 年第 1 期，第 19～22 页。
④ 丁念金：《基于个性化学习的课堂转变》，《课程·教材·教法》2013 年第 8 期，第 42～46 页。
⑤ 谷传华：《从中美文化的差异看学生创造力的培养》，《人民教育》2013 年第 2 期，第 13～16 页。

观地认识创造力的实质,才能回答创造力能否被培养、如何被培养的问题。他们从文化视角谈创造力,认为创造力实质上是一种具有创造性特质的文化力,学校在培育学生创造力的过程中,需要准确把握与理解创造力的独特文化特质,挖掘、开发与传递有利于学生创造力生成的教育内容,构建和生成勇于超越、着眼未来与追求创新的学校文化,最终培育学生综合创造力。①

人的创造力是后天可以培育的,而学校文化就是培育学生创造力的重要途径。张武升、肖庆顺认为文化是创造力之源,具有先进性、多样性、开放性与自由性的特征;学校作为人才培养的专门机构,要发展学生的创造力,就必须从学校文化建设入手。② 丁念金教授对此进行了更深入的研究并提出培育学生创造力的学校文化方略,主要包括:构建激励创造的完整学校文化结构;普遍倡导与培植创造者骨干成员相结合;将创造力发展内化为学生个人的价值观。③

(5)学生创造力发展的路径研究

吉尔福德最早提出将创造力直接与问题解决路径相结合,认为创造过程包含四个阶段:一是意识到存在的问题;二是产生诸多相关的想法;三是对相关可能性做出评价;四是能够描述解决问题的适切方法。④ 张兴华从创造教育宏观层面提出了四个方面的路径:一是建立科学的评价与管理机制,保障创造教育的积极发展;二是寻找创造教育实验的载体、依托、主渠道、突破口和生长点,推动创造教育可持续性发展;三是借助现代教育技术和手段,实现创造教育的跨越式发展;四是通过提升学生的创造力水平提高学生的学习效率和成绩,促进创造教育的良好发展。⑤

动机对学生创造力开发有着重要作用。对此,蓝根莲认为,动机作为非智力因素之一,不仅是其他非智力因素的前提与基础,也对激发与培养

---

① 宋兵波、周运正:《如何培养学生的创造力——创造力的文化内涵及其教育启示》,《教育科学研究》2012 年第 4 期,第 28~33 页。
② 张武升、肖庆顺:《论文化与创造力培养》,《教育研究》2015 年第 5 期,第 13~19 页。
③ 丁念金:《学生创造力养育的学校文化方略》,《创新人才教育》2015 年第 4 期,第 27~31 页。
④ Guilford, J. P., "Three Faces of Intellect", *American Psychologist* (14), 1959, pp. 469 - 479.
⑤ 张兴华:《创造教育策略研究》,《教育研究》2002 年第 10 期,第 88~90 页。

学生的创造力起着重要作用；此外，还需要发展学生的自我意识，激发学生的创造兴趣，运用适切的强化方法等，这些也有助于学生创造动机的形成与发展。① 朱仁甫认为孩子从小就应该接受各个领域的知识，通过教学方法的改进，鼓励与支持学生进行独立思考与充分发挥想象力。② 曹光法在情感视域下提出学生创造力培养的路径：倾注情感关怀，创设和谐的创造气氛；生活化创造导向，拓展创造视野；优化个性品质，培养创造性动机；运用视听刺激，激发鲜活的灵感。③

（6）学生创造力发展的实证研究

在这里提及的实证研究是一种狭义上的研究，主要是指实验、调查等方面的研究。学生创造力发展开始于心理学方面的研究，这对学生创造力发展起到积极的巨大作用，但是发展到今日，我们发现人本身就是一个复杂的创造力综合体，这样的实验、调查与测量等只是开发或者培养学生创造力的一种辅助性的手段或者方法。

燕良轼、殷华西运用实证研究方法对联想路径与创造力的关系进行研究，实证研究结论为：学生的创造力可以通过路径的训练来提高；联想路径的使用较传统教学能够更快地在短时期内提高学生的创造力水平。④ 六城市中小学生创造力培养联合调研组发现与2002年全国青少年创造力平均水平相比，所调查的六个城市的中小学生创造力水平较高，但是中小学生创造力发展存在很多问题："应试教育"依然较严重影响学生创造力；学段越高，学生创造力的培养环境越不乐观；郊区学生培养创造力的家庭环境不理想；师资水平难以胜任学生创造力的培养。⑤ 陈英和、王静认为学校教育是学生创造力培养的主渠道，并运用测验法、问卷法和实验法对学生创造力发展特点、教师创造力观念和创造力在教学过程中的行

---

① 蓝根莲：《学生创造动机的激发与培养》，《中国教育学刊》2001年第3期，第33~35页。
② 朱仁甫：《怎样培养学生的创造力想象力》，《光明日报》2003年12月6日。
③ 曹光法：《情感视阈下学生创造力的培养》，《内蒙古师范大学学报》（教育科学版）2007年第9期，第60~62页。
④ 燕良轼、殷华西：《联想策略与学生创造力培养的实验研究》，《湖南师范大学教育科学学报》2003年第4期，第82~85页。
⑤ 六城市中小学生创造力培养联合调研组：《六城市中小学生创造力发展现状调查报告》，《上海教育科研》2010年第6期，第4~9页。

为进行探讨。① 柳臻对河南省六所学校进行实地考察并发现:创造性思维呈现下降趋势,创造性倾向无明显差异,创造力态度呈上升态势;在创造性思维方面,男生优于女生;在创造性人格方面,女生优于男生。他还强调变革教学模式、创新学习方法等。②

(7) 学生创造力发展的评价研究

美国学者吉尔福特于 20 世纪就开始对学生创造力进行研究,主要是对中小学生创造力进行评价研究,以此希望能够为学校课程与教学方法的改革提供保障性依据。③ 美国天才学生研究中心开展的创造力研究大部分集中于评价方法上,在已有的研究基础上,主要围绕三大问题展开评价。一是运用什么信息对学生创造力进行描述。美国研究者提出在评价中主要收集两种类型的信息:量化数据(Quantitative Date)与质性信息(Qualitative Information)。④ 二是采取什么方法对学生的创造力进行收集,在实践过程中主要有:自然观察、自陈报告、他人评价和现场测试。三是按照什么规格编制和选择评价工具,最终为我国在学生创造力评价中的指标体系、评价工具、评价的导向作用等方面提供借鉴。⑤ 李志鸿、周云祥对国外学生创造力的评价技术进行研究,归纳出国外创造力的评价方法主要有:发散性评价、创造性个性评价、创造性产品评价以及综合性评价。⑥

我国学者赵学勤探讨了对中小学创新能力的教育评价影响因素,由此提出中小学生创造力的特点为:创造过程中产生的产品是以个人价值为主,以新颖性为主;创造力以初级创造力、类创造力和潜在创造力为主;每位学生都有创造力。⑦ 丁念金教授对学生素质发展评价的水平、特征与

---

① 陈英和、王静:《学校教育中的创造力培养》,《中国教育学刊》2010 年第 6 期,第 20~24 页。
② 柳臻:《学生高中阶段创造力现状分析——基于对河南省焦作市的实地调查》,《中国教育学刊》2013 年第 7 期,第 15~18 页。
③ Guilford, J. P., "Creativity", *American Psychologist* (5), 1950, pp. 444-454.
④ The National Research Center on the Gifted and Talented, 2007-10-20, "Assessing Creativity: A Guide for Education", http://www.gifted.uconn.edu/nregt/reports/rm02170/rm02170.pdf.
⑤ 蔡敏:《美国中小学生创造力评价探析》,《外国教育研究》2008 年第 10 期,第 47~52 页。
⑥ 李志鸿、周云祥:《国外对学生创造力的评价技术》,《外国中小学教育》2005 年第 10 期,第 23~27 页。
⑦ 赵学勤:《创新能力培养与学生质量评价策略》,《教育理论与实践》2000 年第 1 期,第 22~25 页。

进程进行了评判。他认为在评价中应体现出的基本理念为：注重评估个体素质的发展潜能；注重评估对个性化素质发展目标的达成程度；注重评估素质发展的个性化进程；注重评估学生素质发展的个别差异。①

2. 国内外知识自主建构研究

知识是人从经验中建构起来的，知识是人对经验建构的可行性解释。知识是人在探究自身经验世界的过程中由人自主建构出来的，这种建构的过程既有创造发明又有发现，是对人的经验世界的完整表达或者阐释。杜威认为教育（知识）的获得不是一个"旁观"的过程，而是一个主动的和建设性的过程。② 一些研究者对知识进行了许多相关研究，不同的研究领域应运而生。例如：知识的系统研究、知识资源研究、知识环境研究、知识技术与工程研究、知识组织论、知识管理论、知识传播论、知识服务论、知识创造力论等。他们基于对知识认识的不同，对知识进行自主建构。以下简述学科教学、学习、科学技术研究等主要论题。

（1）知识自主建构的学科教学研究

建构主义理论在科学教育领域中逐渐兴起，它主要是将科学知识的学习看作学生知识自主建构的过程。我国有很多研究者对其进行了诸多探索与研究。例如：袁维新在建构主义理论的前提下提出"教学的15条原则"。③ 潘晓南主要基于自主建构知识进行教学路径的研究，与传统的教学思想不同，建构主义强调应以学生为中心，强调学生对知识的主动探索与

---

① 丁念金：《论学生素质发展评价的个性化理念》，《上海师范大学学报》（哲学社会科学版）2014年第4期，第146~152页。
② 〔美〕约翰·杜威：《民主主义与教育》，王承绪译，人民教育出版社，2001，第42页。
③ 袁维新：《建构主义理论运用于科学教学的15条原则》，《教育理论与实践》2004年第19期，第57~62页。具体15条原则为：应把科学知识的学习看作学生主动建构知识的过程；应把科学探究作为学生建构科学知识的最重要的学习方式；应充分发挥学生在学习中的自主性，将学生视为科学知识的积极建构者；承认学生的原有知识经验在学习中的重要性，了解并正确处理学生的前概念；运用概念转变路径，帮助学生实现概念转变；引发学生的认知冲突，激发学生科学探究欲望；发挥教师的指导与引领作用，为学生的知识建构提供支撑条件；提供真实的情境，让学生获得经验，在情境中建构知识的理解；鼓励学生发问，提出开放性问题，使学生在问题解决中建构知识；开展多种形式的对话，在对话中建构知识；鼓励学生合作与交流，为知识的社会建构提供机会；鼓励学生进行反思，学会自主监控学习过程；重视学习方法指导，为学生知识建构提供认知工具与路径；提供学习资源，让学生参与寻找用于解决问题的信息；采用形成性评价，强调学生在学习过程中的表现。

发现和在此过程中对所学知识进行积极主动的建构，同时也强调教师对学生的知识学习的积极指导作用。① 侯嘉梅以建构主义理论为基础，提出"问题解决与自主建构"的四个基本环节：设问质疑、自主探究、交流展示和自主建构。在整个教学过程中，学生问题意识、发现问题和解决问题的能力逐渐提高。② 赵改玲提出基于探究性教学进行学生的自主建构学习，以学生为中心，强调学生对知识的积极主动探索、主动发现和运用所学知识进行自主建构。③

随着我国新课程改革的不断深入，教学正在"以教为中心"转向"以学为中心"，即站在教师的角度，由"教"到"不教"；站在学生的角度，由"学会"到"会学"。胡晓燕对英语主题教学模式与自主建构认知结构进行了研究，在教学方法上突出以学生为中心的英语交际法，并融入了学习路径、自主学习、建构主义等新的教学理念，为英语教学注入了新的活力。④ 郑志湖研究了学生的自主探究物理学习模式，认为提高学生物理学习的探究能力，是培养创造性人才的必然要求。他还指出共同协商和自主探究的物理学习模式应以物理学习中知识的自主建构为主要目标。⑤ 俞静娟、赵珊珊以历史教学为例，通过以知识自主建构为取向的教学设计，旨在提升学生积极主动的参与意识、掌握自主学习方法从而实现知识的自主建构。⑥

（2）知识自主建构的学习视角研究

关于知识自主建构的学习视角研究，在这里主要分析与学生创造力发展紧密相关的探究性学习。探究性学习是指学生围绕一定的问题、文本或者资料，在教师的协助与指导下，自主探究或者自主建构意义、信息的活

---

① 潘晓南：《基于自主建构知识的教学路径》，《光明日报》2006年9月6日，第7版。
② 侯嘉梅：《"问题解决、自主建构"教学的实践与思考》，《教育理论与实践》2013年第32期，第54~56页。
③ 赵改玲：《基于探究性教学的学生自主建构学习——以小学数学教学为例》，《教育理论与实践》2015年第5期，第61~62页。
④ 胡晓燕：《英语主题教学模式与自主建构认知结构》，《外语研究》2004年第3期，第48~50页。
⑤ 郑志湖：《构建学生自主探究的物理学习模式的探索》，《课程·教材·教法》2011年第3期，第80~83页。
⑥ 俞静娟、赵珊珊：《论知识自主建构取向的历史教学设计：意蕴及其策略》，《全球教育展望》2013年第1期，第80~83、44页。

动过程。在这里主要是指运用逻辑思维和审辨思维在新信息和已有的知识之间建立适切的联系，整个建构过程即是知识自主建构。

美国教育学家约瑟夫·施瓦布（J. J. Schwab）[①] 极力倡导学生应以探究式对科学知识进行学习。任长松从两个探究案例出发提出学生知识自主建构是探究式学习的本质和核心，必须紧紧抓住学生知识建构的自主性对探究式学习进行更加深刻的上位思考，从而为实践者提供一个更加深刻的知识自主建构的学习框架。[②] 杜彦武在探究性学习中对数学知识的自主建构进行了相关研究，提出数学知识的建构过程为：表征问题，形成冲突；认真思考，提出猜想；收集证据，分析推理；验证猜想，形成解释。[③] 李祎对杜威的知识学习观进行探究与分析，在全面分析与研究杜威的教学思想基础上，认为学习的主要认知目的是学生个体的知识自主生成，具体是通过经验的方式来实现的，强调"知行合一"地进行探究性学习，同时注重科学方法的渗透与运用。[④] 谢丽娜认为发生在探究性学习过程中的探究模式并非都能促进学生自由的实现。她提出三种现象：控制式探究对学生自由的驯服化；表演式探究对学生自由的虚假化；放任式探究对学生自由的消极化。对这些异化现象，她提出交往式探究可以为学生自由实现的合理化提供一条有效途径。[⑤] 崔雅萍提出了"如何对学生自主能动性进行界定"的问题。她认为界定方法为：自知为何而作（学习动机）；积极探寻如何去做（学习方法）；自主、高效、科学管理自己的时间（时间规划）；从实际出发，认识自我（认知反思）。[⑥]

[①] Schwab, J. J., *The Teaching of Science as Enguiry*. (In the Teaching of Science, Cambridge: Harward University Press, 1962) p.15.

[②] 任长松：《探究式学习：学生知识的自主建构——从两个探究案例引发的思考》，《课程·教材·教法》2004年第1期，第37~42页。

[③] 杜彦武：《谈探究性学习中数学知识的自主建构》，《当代教育科学》2006年第14期，第54~55页。

[④] 李祎：《探究与生成：杜威知识学习观解析》，《集美大学学报》（教育科学版）2010年第1期，第72~77页。

[⑤] 谢丽娜：《探究学习中"学生自由"的异化及合理化》，《教育发展研究》2010年第20期，第84~77页。

[⑥] 崔雅萍：《多元学习理论视域下大中学生英语自主学习能力可持续发展研究》，博士学位论文，上海外国语大学，2012，第10页。

(3) 知识自主建构的科学技术研究

在科学技术背景下，知识建构是以知识社会与学习反思为基础，整合技术与认知的力量，依据知识建构的原则专门设计网上知识论坛，为知识的学习与研究提供理想的实践环境。陈斌认为知识建构应该践行于教学之中，需要注意的是，以主题式开展学习、教师引导、学生自主建构和学习评价环节等，通过认知与技术的融合化践行知识建构。① 姜永常、王红露采用文献统计分析和比较研究方法，根据知识的生成机理、转化机制和问题解决的过程要求，在概括总结与提炼知识的基础上，通过运用 Web2.0 与传统知识生成方法的对比，提出 Web2.0 与全信息 Web（CI-Web）综合集成的知识提炼与应用方法。②

知识自主建构除了前面已有的研究成果，还涉及诸多方面的研究。比如：有的"以学生为本"引领学生进行知识自主建构研究；有的对学科教学知识进行相关的自主研究；有的基于课程改革视域探讨学生知识自主形成机制；有的在课程知识视角下探究学生自主建构；有的结合具体学科课程对知识的内涵式研究、知识的问题意识以及知识的整体性进行研究等。

（二）国内外学生创造力发展和知识自主建构研究的评析

关于国内外学生创造力发展的理路走向、研究方法、体系完善与学科建设等相关内容，诸多研究者进行了有益探索，并取得了很多的研究成果。在 CNKI 数据库（中国期刊网）高级检索中（发表年度为 1983 年～2018 年），以"篇名＝学生 and 篇名＝创造力"为检索条件，检索到论文1217 篇，对此检索结果进行计量可视化分析，总体趋势分析如图 2-1 所示。在超星"读秀"知识库中，以"书名：学生创造力"为检索条件，检索到中文图书 35 种。

与其他学科相比，创造学是一门新兴的学科，但是可以说自从有了人类，创造力就孕育而生了，站在现代意义上回溯历史上的创造力。它

---

① 陈斌：《知识建构：认知与技术的融合化》，《电化教育研究》2011 年第 6 期，第 15～18、25 页。
② 姜永常、王红露：《知识建构中基于 Web2.0 综合集成的知识提炼与应用》，《图书情报工作》2014 年第 21 期，第 116～124 页。

第二章 创造力研究和知识观研究的历史回溯及评析

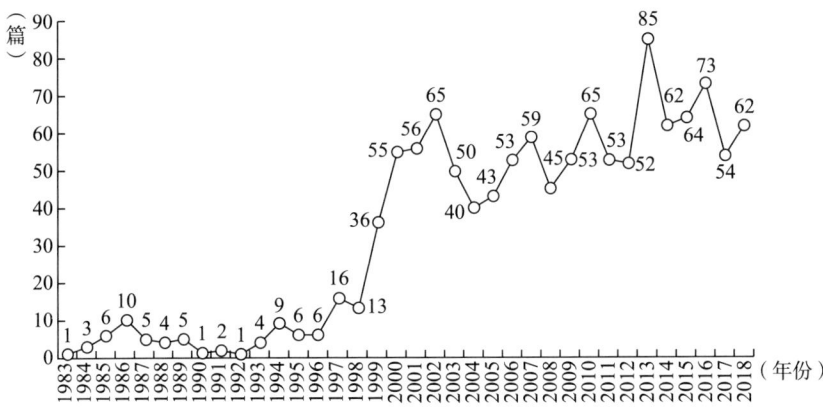

图 2-1 学生创造力发展研究总体趋势分布

是一种初始的思想层面的创造力。综观已有的研究成果，当前国外对其的研究起步早且取得了丰富经验。而我国自陶行知先生对其研究以来，国内的研究者进行了诸多相关领域的探究，特别是现在国内研究者进行了更加细致的研究，在课程、学科、课堂、文化、路径、实证与评价等方面做出了很多理论与实践方面的深入探索。

国内外关于知识学本身早有很多的研究成果，相关研究最先发生在哲学领域，关于知识的研究由来已久，其中以德国古典哲学家约翰·戈特利布·费希特（Gottlieb Fichte）的研究最为著名。① 在教育学中，世界各国用实证研究来支持教育改革取得了一定的研究成果。之后随着人们对知识的不断研究，长期以来占主导地位的实证主义知识观开始受到批判，正如李朝东所述"教育的危机在本质上是一种实证主义知识观的危机"②。20世纪80年代知识学的分支学科得到了迅速发展，在这个时候我国部分研究者提出了创立知识学的呼声，一直到现在，并且到未来知识将是人类研究的重要领域之一，也会给我们带来无限的创造力与可能性。此时，转向知识自主建构的相关研究则不太多，主要涉及学科教学、学习、科学技术研究等论题。在 CNKI 数据库（中国期刊网）高级检索中（发表年度为 1983年~2018 年），以"篇名＝知识建构"为检索条件，检索到论文 899 篇；以

---

① 柯平：《知识学研究》，国家图书馆出版社，2017，第 1 页。
② 李朝东：《现代教育观念的知识学反思》，《教育研究》2004 年第 2 期，第 26~32、96 页。

"篇名=知识自主建构"为检索条件，检索到论文6篇。在超星"读秀"知识库中，以"书名：知识建构"为检索条件，仅检索到中文图书77种。

将"创造力"和"知识"同时进行相关研究的成果，在CNKI数据库（中国期刊网）高级检索中（发表年度为1983年~2018年），以"篇名=创造力 and 篇名=知识"为检索条件，检索到论文182篇，具体如图2-2所示；以"篇名=学生创造力 and 篇名=知识自主建构"为检索条件，仅检索到4篇论文。在超星"读秀"知识库中，以"书名：知识自主建构"为检索条件，仅检索到中文图书2种。在EBSCO教育英文专题库中进行检索，最终也未搜到直接与之相关的研究主题。

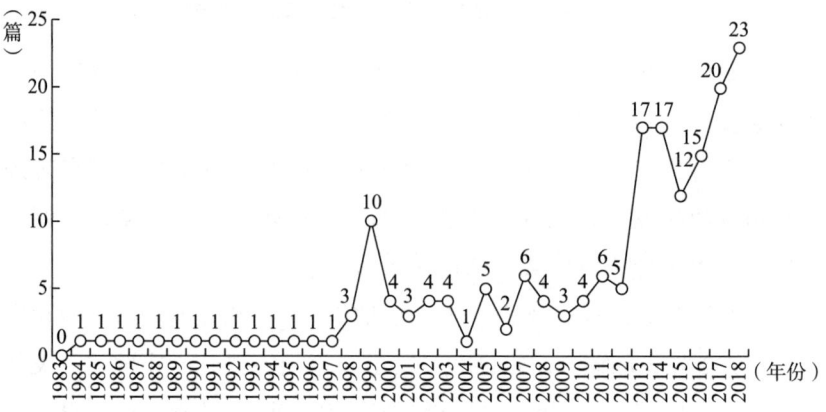

图2-2 关于创造力和知识研究总体趋势分布

鉴于此，可以归纳出两点：其一，分别围绕"学生创造力"和"知识自主建构"的相关研究较多，但是结合在一起进行相关研究就很少；其二，将"学生创造力发展和知识自主建构"结合进行深入研究，以及将知识自主建构作为学生创造力发展的重要途径之一进行研究，目前还没有发现和收集到这方面的直接研究成果。而对"初中生创造力发展与知识自主建构"的相关问题进行研究将会成为新时代教育转型背景下学生创造力发展的重要研究课题之一。

第三章　创造力发展与知识自主建构的理论分析

面向初中生创造力发展的知识自主建构并非凭空臆想出来的，而是在对国内外创造力研究的发展历程和知识观研究的总体状况的全面论述的基础上，提出一定的理论基础、创造力和知识的特征，进而从创造力和知识的特征视角看创造力发展与知识之间的相互作用关系，然后从知识数量、知识分类和知识运用视角看两者的关系，这不仅可以透视创造力发展与知识之间的重要关系，还可以表明自主建构的知识（比其他知识）更能促进创造力的发展，最终使本章的理论分析达到承前启后的作用。

一　理论基础

任何事物的存在与发展都具有内在的原因，面向初中生创造力发展的知识自主建构研究也不例外。面向初中生创造力发展的知识自主建构涉及诸多方面，因此需要依据一定的理论基础展开诸多方面的综合研究。

（一）人本主义理论

人本主义理论是美国当代心理学的主要流派之一，兴起于20世纪50~60年代，迅速发展于70~80年代。人本主义心理学家认为，心理学应该探讨的是一个完整的人，而不是把人的各个从属的方面（如行为表现、认知过程、情绪障碍等）割裂开来加以分析。[1] 人本主义理论主要强调对创造性、自我表现性、自主性、责任心等心理品质和人格特征的培育，对现

---

[1] 施良方：《学习论》，人民教育出版社，2001，第382页。

当代教育产生了深远的影响。人本主义理论代表人物主要涉及两位：一位是马斯洛（A. H. Maslow），他充分肯定人的尊严和价值，积极倡导人的内在潜能或者价值的实现；另一位重要代表人物是罗杰斯（C. R. Rogers），他同样强调人的自我表现、情感与主体性接纳，同时他认为教育的目标是培养健全的人格，必须创造出一个积极的成长环境，倡导一种"非指导性教学（Nondirective Education）"。① 人本主义理论强调学习中人的因素，特别是人的自主性。在教育活动中，强调学生的个性和潜能的充分发挥，重视学生知识的自主学习和建构，这对学生创造力发展的现实意义不言而喻。目前我国的学校教育缺乏给予学生的内在需要和价值选择的机会，学生的个性和潜能得不到充分发挥，致使学校培养出来的大部分是善于记忆、善于考试的学生。同时在学校教育过程中，很多学生内在的学习动机、创造力等也被束缚，学生人格的健全发展、创造力的培养和潜能的挖掘被阻滞。在现实教育中，其主要表现在以下三个方面。

第一，偏离培养人的教育目标。目前大部分学校教育主要关注的是效率，而忽略效果，即在最短的时间内使用最少的人力和费用，灌输最大数量的知识给尽可能多的学生。忘却教育的实质是"培养人的活动"，这与我们所倡导和强调的人本主义教育理念背道而驰。

第二，教育与人的异化现象并存。在学校教育中异化现象表现为：教育偏离服务于人，特别是服务于全体教育对象的自我发展与实现，而是以一种相对独立的异己力量从人的本质中异化出来，在一定程度上压抑甚至摧残人的个性发展。同时，长期受应试教育的负面影响，许多学生缺乏自主性和创造力，这就与教育应培养具有创新能力的人才的国家要求相悖。

第三，教育的改革过于频繁。随着时代的发展，教育进行了不断的改革与完善，这本身也无可非议，但是教育的对象是人，人是教育存在的前提与依据。培养人是一个长期坚持不懈的教育过程，不能仅仅将教育作为实现社会目的的工具或手段，总是从它的"社会本位"出发，对学生进行自设框架的教育，使教育日益失去应有的活力。在一定阶段应保持主要教育目标与内容等恒定，使学生的潜能发挥有充分的时间和良好的平台，忙

---

① 郭本禹主编《西方心理学史》，人民卫生出版社，2007，第328页。

于内在自我实现的需要，而不是忙于外在的改革要求。

对于上述教育中的现实问题，再结合人本主义教育理念，笔者提出三方面的启示及回应。首先，人本主义者倡导"尊重的教育"。人本主义强调的是"以人为本"，在教育实践中即是"以学生为本"，更加尊重每一个人的尊严和价值，将人的全面发展提升到最高的高度，认为只有人才是世界的本体，也只有人才可以积极地去谋求自我价值选择与价值创造。人本主义教育观十分重视"完人教育"，反对把人看成"手段"和"工具"，认为教育应该培养的是完整的人，即古希腊雅典时期的"通才教育"，文艺复兴时期的"绅士教育"，以及近现代强调教育的目的是人的"自我完成""自我实现""自我生成"。[①]

其次，人本主义者倡导"和谐发展"。强调的是人的认知与情感的和谐发展，在当下教育深度转型背景下，学生的认知发展和情感培育未能实现和谐发展。这一问题严重造成学生的身心发展不平衡和人格培育的不健全，将会直接影响学生的知识自主建构，更别说是学生的创造力发展了。随着我国对创造教育越来越重视，越来越注重学生的认知与情感的和谐发展，学生知识自主建构作为创造力发展的重要途径之一，具有重要的现实探究意义。

最后，人本主义理论主张应注重学生潜能的挖掘，促使学生在学习过程中实现自我。人本主义者认为人与生俱来就有多方面的潜能，但是在现实社会生活中来自诸多主客观因素的制约，致使人们无法将此展现出来。鉴于此，我们应该以此作为教育改革的突破口，从人的本性出发，逐步形成具有显著特点和重大影响的教育理论和实践，搭建良好的平台，尊重、信任和理解学生。只有以此为基础，才能让学生将所学的科学文化知识进行自主建构，才能促进学生的创造力发展，将学生创造力发展的可能性转化为现实性。

（二）创造力理论

国内外关于创造力的经典理论很多，而国内的创造力理论主要有颜

---

① 杜光强：《人本主义教育理念对当代教育的启示》，《内蒙古师范大学学报》（教育科学版）2011年第1期，第1~4页。

元、陶行知、刘道玉等的理论。其中，陶行知先生的创造教育思想和理论研究较多，同时他的创造力思想和理论非常丰富，刘国清、陈欣将其总结为：创造力的理论依据——行是知之始，知是行之成；以生活教育为主要内容，着重强调教学做合一；通过"六大解放、三大需要和一个条件"培养学生创造力，积极采用启发、自主和手脑并用等创造方法。①

西方有关创造力的理论更为具体，主要有赫尔巴特（J. F. Herbart）的兴趣说，斯滕伯格的创造力理论——三侧面模型（智力、智力风格、人格）、内隐理论和投资理论，维果茨基（Vygotsky）的创造力理论以及艾曼贝尔的创造力系统观等。在此主要阐述一下艾曼贝尔的创造力系统观，它是工作动机、相关领域的创造技能和领域技能三方面共同作用的结果。② 创造力系统观由多种构成因素相互作用，具体包括：个体知识背景，认知风格，人格特质，动机乃至整个社会、生活、文化等大背景。其中，艾曼贝尔非常强调创造力发展的关键是培养其动机，关于这点笔者是赞成的。同时与赫尔巴特的兴趣说一样，学生如果有主动的探索欲望和需求，那么这种内在的主动性可以直接推动创造力发展。或者可以说，如果学生愿意付出努力去积极自主创造，那么创造的成果就会越有可能呈现，即使有时候对其他领域技能探究不够，但是这也不妨碍他们通过积极主动的知识自主建构等方式弥补不足，实现创造力的发展。反之，如果学生不具备这种内部动机（知识自主建构动机），那么再多丰富的背景知识和各种相关领域技能也很难确保其创造力发展。值得注意的是，在学生创造力发展过程中，教育要促使学生的外部动机向内动机转化，使外部动机成为知识自主建构的转换力。

田友谊教授对此认为创造教育是一种系统化的教育，不仅要重视个体因素，还要重视社会和文化的因素。③ 创造力系统观是现在及未来的发展

---

① 刘国清、陈欣：《陶行知创造教育思想及其现实意义》，《成都教育学院学报》2005年第2期，第60~62页。
② 〔美〕特丽萨·M.艾曼贝尔：《创造性社会心理学》，方展画、文新华、胡文斌译，上海社会科学院出版社，1987。
③ 田友谊：《创造力系统观及其对创造教育的启示》，《清华大学教育研究》2006年第1期，第106~113页。

趋势，并会有越来越多的研究者进行研究，并且会越来越深入。创造力的发展并不仅是学生的个体因素起作用，它是由学生个人及环境等诸多因素综合作用的结果，而在这个综合作用的过程中，个人的知识自主建构将是未来创造力发展最主要的因素及途径，所以对此研究是新时代教育转型中主要的且迫切需要解决的问题。

（三）知识建构理论

在阐述知识建构理论之前，先要对建构主义理论进行阐释。建构主义理论是21世纪教育改革的重要基础理论，甚至被誉为"当代教育心理学中正在发生的一场革命"。建构主义理论不仅深化了关于知识及学习的本质性认识，还在一定程度上扬弃了行为主义客观反映论的认识论信条。建构主义者认为知识是主体在原有的经验图式上建构客观世界的过程，而学习是一种自我组织的认知结构的改变过程。建构主义理论关于知识、学习的这种认识论立场实现了由客体到主体、由外向内的认识论倒转。[①] 在教育实践中，结合建构主义理论，笔者进一步明确了学生所学的知识是一种自主建构的学习过程。

在阐述建构主义理论的基础上，笔者进一步阐释知识观以及建构主义知识观，使读者能够对知识建构理论有一个较为全面的认识。知识观是指对知识的认识、看法以及与此有关的观念的综合。它涉及的一些基本问题有：什么是知识，知识有哪些形态，知识是主观的还是客观的等。建构主义者认为知识是发展的和客观的，但研究者们更强调，知识主要是由个人主动建构而获得的。诚如高文教授认为："学生在认知、解释、理解世界的过程中建构自己的知识，学习者在人际互动中通过社会性的协商进行知识的社会建构。"[②] 建构主义者认为知识仅是主体对客观世界的一种解释，而不是绝对的真理，知识不可能以实体的形式存在于个体之外，不同的个体会依据自己的经验背景对相同的命题进行不同的建构，学生对知识的获得只能通过主动建构来完成。建构主义知识观引起了教学内容、方式和方

[①] 杨维东、贾楠：《建构主义学习理论评述》，《理论导刊》2011年第5期，第77~80页。
[②] 〔美〕约翰·D. 布兰思福特等编著《人是如何学习的：大脑、心理、经验及学校》（扩展版），程可拉等译，华东师范大学出版社，2002，第2页。

法的一系列变革，这一理论迫使研究者们重新考虑学生的知识自主建构，更好地引导学生去质疑、去探究，使学生的创造力得到更好的发展。

(四) 自主决定理论

自主决定理论，即"自我决定理论"，是由美国心理学家德西（Deci）和瑞恩（Ryan）等在20世纪80年代提出的动机理论的一个分支理论。该理论主要是从动机视角阐释人的自主行为的本质，这种理论发展为当今新课程改革所倡导的新型学习方式——自主学习。正如有学者所阐述的，学生自主学习能力的培养更加成为众多理论研究者与教育实践工作者所共同关注与研究的话题。[①] 所以在本研究中自主学习主要是指学生对所学知识的自主建构。

自主决定理论认为，人是一个积极的有机体，具有先天的心理成长潜能和发展潜能。在教育实践中，自主是学生的一种能力，更是学生的一种基本心理需要。学生自主学习的需要如果能够得以满足，就可以为其提供一种自然的动机资源。[②] 自主决定是一种关于经验选择的潜能，是在充分认识学生自身需要和环境信息的基础上，学生自身对知识所做出的自由学习选择。根据学生的自主决定程度可以将此分为三种动机：无动机、外部动机和内部动机。[③]

笔者将上述三种动机放在学生创造力发展中加以阐述。首先，无动机（Amotivation），顾名思义，学生缺乏基本的学习等行为动力。这类学生在知识学习过程中表现出低效能感和低价值感，往往体验不到自我行为的决定感，对什么都不感兴趣，认为知识学习是一件无所谓的事情，类似于对学习产生习得性失助。其次，内部动机（Intrinsic Motivation）是指对知识学习本身产生兴趣，这种兴趣往往是内生且持久的，当学生被内部动机激发时，高度的自主性知识学习就会发生。最后，外部动机（Extrinsic Motivation）是指学生为了获取某种与活动本身相分离的过程或结果而从事此活

---

① 张华：《课程与教学论》，上海教育出版社，2000，第176页。
② 王婷婷、庞维国：《自主决定理论对学生学习自主学习能力培养的启示》，《全球教育展望》2009年第11期，第40～43页。
③ Deci, E. L., Ryan, R. M., Williams, G. C., "Need Satisfaction and the Self-Regulation of Learning", *Learning and Individual Differences* (8), 1996, pp. 165 – 183.

动的一种倾向。需要说明的是，外部动机通常不会自主产生，通常是外部压力激发所致。其中，虽然内部动机对学生的知识自主建构具有积极的推动作用，但是也不是说所有的学习行为都是内部动机引起的。内部动机和外部动机在本质上是融为一体的，学生内部的自我调节是由无动机到外部动机再逐渐到内部动机的演化过程，基于此学生对自己的知识建构会相应地越来越自主，最终通过这条培育途径使其创造力得到发展。一种最佳的状态是学生能够相对的完全自主，正如有学者所述："达到最高的整合调节阶段后，个体就会完全自主地决定自己要从事的行为"。[①]

回归研究主题"初中生创造力发展与知识自主建构"，自主决定理论对培养学生知识自主建构的能力给予我们几点启示：一是激发学生知识建构意识，满足学生的自主需要；二是引导学生认识到知识自主建构的价值，产生知识建构的内部动机；三是培育学生的知识自主建构能力，促使学生知识建构的内外部动机整合。

（五）初中阶段学生发展特点

面向初中生创造力发展的知识自主建构应基于初中阶段学生发展特点。初中生创造力发展的知识自主建构应关注初中阶段学生所独有的与知识自主建构密切相关的学习兴趣、已有的知识结构、自主学习、知识的获取能力、知识的运用、知识的评价等。初中阶段的学生，随着生理和身体的发展，已经进入青少年发展阶段，心理和生理发展都比较迅速。

初中阶段的学生的年龄段为12~16岁，他们的思维开始发生变化。虽然大部分学生的感觉、知觉、记忆、情感以及意志仍大量保留着小学阶段的诸多特点，但大多数学生的思维特点已由形象思维向抽象思维过渡，逻辑思维能力已处于初步形成阶段。同时，初中生的独立性和差别性已发展到一个新的水平，已不满足于老师教授的知识和课本中的知识，有时他们还会提出不同甚至相反的看法与意见等。因此，在这个阶段培养他们的创造力就显得更为重要。按照皮亚杰的认知发展阶段理论，初中阶段的学生已经处于形式运演阶段。这个阶段的初中生能够提出假设进行论证和判

[①] Ryan, R. M., Deci, E. L., "Self-Determination Theory and the Facilitation of Intrinsic Motivation, Social Development, and Well-Being", *American Psychologist* 55 (1), 2000, pp. 68-78.

断，依据可能的变换形式借助于推理从而得出结论；或者是进行因素分析和科学实验，从而解决相关研究命题，在这一阶段的少年儿童能有科学创见和理论创新。[①] 为此，初中阶段是着力培育学生创造力的关键期。

二 创造力和知识的特征

笔者在分析创造力和知识的内涵及发展历程的基础上，结合理论基础分析以及前人的研究成果，最终分析出创造力和知识的特征，具体内容如下。

（一）创造力的特征

关于创造力的特征，目前还没有形成统一的认识，不同的学者具有不同的见解。例如有学者提出创造力的六个方面的特征：创造力是人人都具有的潜力；创造力可以通过学习、教育而被激发；创造力是创新思维的成果；创造力是诸多能力的综合呈现；创造成果的首创性是其本质特征；创造力的成果需具有社会或者个人价值。[②] 又如经过对一些著名创造力研究专家对创造力的各种定义的比较，得出两组相对公认的主要特征，即新颖性和独创性、适当性和有用性。[③] 再如有学者认为创造力具有三大特征：创造力是具有特定功能的生产力；创造力是人人具有的一种能力；创造力有高低之分。[④] 基于已有的研究成果并结合本研究主题，从中凝练出以下六个方面的创造力特征：独特性、探索性、破旧性、灵活性、发散性和综合性。

1. 独特性

毫无疑问，创造力最大的特点在于它与众不同。它是能够产生新的非凡思想的能力，表现为产生新奇、罕见、首创的观念或者成就。当个人面对问题情境时，能够想出不同寻常的、超越自己或者同辈的意见。对同一

---

① 吴福元：《皮亚杰形式运算思维述评》，《应用心理学》1984 年第 3 期，第 15~19 页。
② 沈萌红编著《创新的方法——TRIZ 理论概述》，北京大学出版社，2011，第 6 页。
③ 俞文钊、刘建荣编著《创新与创造力：开发与培育》，东北财经大学出版社，2008，第 3 页。
④ 杨乃定主编《创造学教程》，西北工业大学出版社，2003，第 29 页。

问题所提的见解，愈新奇独特者其独创性程度就越高。本研究所探讨的是创造力的独特性特征在教育领域（尤其是学校教育场域）中的运用这一问题。每个学生都是独立的个体存在，故都有自己独特的内心世界、精神世界和内在感受等，有别于他人的观察、思考和处理问题的方式方法。换句话说，每个学生都有着独特的个性，每个学生的学习方式本质上都是其独特个性的具体体现。发展学生的创造力更强调要尊重每一个学生的独特个性和具体生活，为每一个学生的个性发展创造适合的空间。

2. 探索性

所有希望自己拥有或者展现创造力的人，都需要有探索的准备与能力，因为创造力的培养不是一蹴而就的，需要不断地积极探索。探索是人类认识世界的一种基本方式，人类正是对未知领域进行不断地探索才获得了自身发展，儿童与生俱来就有一种探索性学习的能力，正如苏霍姆林斯基所述："在人的心灵深处有一种根深蒂固的需要，那就是希望自己是一位发现者、探索者，在儿童的精神世界里，这种需要显得尤为强烈"①。

3. 破旧性

创造力之所以能够孕育出新颖的东西，之所以能够做到独出心裁，就是因为它的"新"：新点子、新方法和新观念，而这些"新"正好又是在破"旧"的基础上建构起来的，如图 3-1 所示。在教育视野中，就是"去习惯化"，把已有的固定思维破除，进行同化和顺应后获取新的知识，重新自主建构自己的新旧知识，但是很明显，做到这一点也是非常困难的。正如美国经济学家凯恩斯（Keynes）曾说："世界上最难的事情可能并不是让人们接受新鲜事物，而是让他们忘却原来的旧观念。"②

4. 灵活性

灵活性即变通性，即具有较强的应变能力和适应性，以及具有灵活改变定向的能力。在现实中是指个人面对具体问题情境时，不墨守成规，生搬硬套，能随机应变，触类旁通。同时对同一问题想出的答案类型越多

---

① 邹权伟：《注重小学数学教学中的创新灵感培养》，《中国教育学刊》2017 年第 7 期，第 104 页。
② 翟文明：《提高你的创造力》，光明日报出版社，2011，第 8 页。

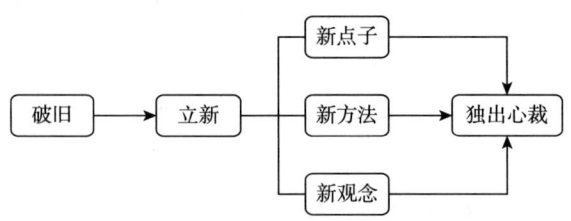

图 3-1 破旧性特征

者，往往他的灵活性就越高。在这里主要是指创造性思维，它无章可循，所以它涉及的方式、方法、途径等都不固定。为此进行创造性思维活动的学生可以在知识的海洋里纵横驰骋，可以在想象的天空中自由翱翔，可以从一种意境进入另一种意境，尽可能多层次、多方位地探寻解决问题的方法。当发现自己的思路错误时，他能够随机应变或者很快地进行纠正，以及改变自己的原有看法，调整自己先前的认识，从而获得创造性的成功。

5. 发散性

发散性指的是针对一个问题尽可能多地挖掘其可能性，从一个点向四周发散，以寻求各种不同的知识和答案。在教育中，特别是在学生创造力的发展过程中，可以尝试使用一些学习方法进行发散。

材料发散法——以某个学习用品为例，发现其尽可能多的"材料"，以其为发散点，设想它的多种用途。

方法发散法——以某种方法为发散点，尽可能地充分利用方法的各种可能性。

因果发散法——以某个事物发展的结果为发散点，倒推造成该结果的尽可能多的原因（逆推法），或者由原因推测出可能产生的尽可能多的结果（顺推法）。

功能发散法——从某事物的功能出发，尽可能地设想出能够获取该功能的可能性。

结构发散法——以某事物的结构为发散点，设想出能够利用该结构的尽可能多的可能性。

形态发散法——以事物的形态为发散点，设想出能够利用某种形态的尽可能多的可能性。

组合发散法——以某事物为发散点，尽可能多地把它与其他事物组合成新事物。

6. 综合性

综合性通常是指将不同部分、不同事物的属性合并成为一个整体来分析。学生创造力的发展本身就是一个综合性的发展过程，是对多种思维方法和逻辑模式等的综合运用，它强调的是各种因素与方法之间的整合。换句话说，由于创造性思维的多维性是指思维主体善于从不同的角度和层次出发思考问题，它在认识客体面前，既是纵向思维和横向思维的融合，又是发散思维与收敛思维等多种方式的交织和统一。

(二) 知识的特征

关于知识的特征，可以从其内涵以及研究总体状况中凝练出以下五个方面：客观性、主观性、主体性、发展性和生成性。

1. 客观性

知识作为主体对客观世界中存在的以及可能存在的相互作用和关系的反映，既有客观的因素，也有主观的因素，但就客观世界中存在的或可能存在的相互作用和关系来说，它是客观的，且不以人的主观意志为转移。知识的客观性来源于认识的社会性，具体是指来源于认识工具以及交往活动的社会性，而认识的社会性最终来源于实践。知识的客观性特点主要是以理性主义为代表，比如数学主要是通过数量关系和空间范围等反映现实世界，它源于客观现实，而数、量以及图形等都依赖于客观现实，因此是客观的。

我们从以下几个方面分析知识的客观性特点。首先从知识的发生与发展过程来看，知识具有客观实在性，这与人工自然或人化自然的发展具有相似性；其次从知识的研究过程和研究方法来看，知识具有客观性，这是由于物质世界的研究过程与方法是客观的；最后从知识与物质世界的相互作用来看，知识具有客观实在性，物质的客观实在性是通过物质之间的相互作用表现出来的。[1]

---

[1] 吴国林：《论知识的客观性》，《科学学与科学技术管理》2000年第6期，第37~39页。

2. 主观性

知识本身也具有主观性，它主要是以社会建构主义为代表。当知识作为主体时，它的主观性体现在它使用主观形式的概念、范畴和命题反映客观现实中存在的或者可能发生的相互作用、相互关系等。进一步分析，主体在与客观现实的相互作用、相互关系中，业已形成的概念、范畴和命题在下一个认识客观现实的实践阶段中，将前一个阶段所形成的概念、范畴和命题作为一种认识工具，以便提高认识的效率。其中，这些已经形成的概念、范畴和命题由于早已根植于主体之中，并且已经成为人们认识客观世界的先前条件，所以呈现出主观性特点。为此，所谓知识的主观性应是指主体运用业已形成的概念、范畴和命题等主观形式对客观世界所产生的结果的一种性质的反映。

3. 主体性

关于知识的主体性特征，需要先分清主观性和自主性两个概念，然后再进行特征的阐释，它们之间是有着本质区别的，关于主观性在前面已有相关阐述，在此仅阐述自主性，即在知识建构过程中，学生依据一定的知识目标或者任务要求，积极主动地调整自己的知识建构策略和努力程度的过程。而所谓主体是指在普遍联系的客观世界中两个或者两个以上事物相互作用并占支配地位的一方，在这一过程中被支配一方即是客体。所以知识的主体性是指主体和客观世界相互作用、相互关系，依据客观世界的性质、特点及其相互作用产生的性质、特点调适自己的认识领域的实践活动，最终产生一种不仅符合主体需要更符合客观现实需要的认识结果。其中，知识呈现的这种性质、特点等就是其主体性。需要进一步说明的是，这种知识具有与主体不可分离的一种特性，离开了这种特定主体的知识是毫无实际意义的。所以它不是简单的客观性，也不是简单的主观性，而是主客观辩证统一所具有的价值和意义的一种主体性形式的存在。

4. 发展性

知识具有发展性，是指知识永远是一个创造的过程，始终处于不断发展与完善之中。通常把知识认为是一种不断发展的过程，表明知识具有开放性的特点，这基本上在学界和业界达成了一种共识，有诸多人士意识到了这一点。诚如罗素从说明知识具有不确定性出发，认为我们对知识的认识是一个不断接近的过程；培根早已对有些人把知识当成一成不变的终极认识进行批评。知识是随着人类的实践活动范围的不断扩大而增多，随着人类社会实践内容的不断转移而转移。在此所强调的是关于知识的人性发展内涵，并不是要否定知识本有的客观性，而是在知识的客观性基础上实现人性的全面发展。

5. 生成性

所谓知识的生成性，主要是指知识与人的价值的关系。知识与人的价值关系衍生出两种关系：一是知识与人的所需物质资料的关系，这种关系不仅有助于人的自然生命所需的基本生活材料的获取，还有助于规避自然危险对生命造成的伤害；二是知识与人的精神资料的关系，这种关系在第一种关系的基础上可以帮助人生成生存的价值意义。我们可以比较清晰地将前者称为"功利性意义生成"；后者称为"超功利性意义生成"。在这两种意义生成中，后者将是人性的根本意义，即知识的意义生成性。

三 创造力发展与知识自主建构的关系

近年来，我国越来越重视学生创造力发展，创造力教育已成为我国新时代教育改革的主旋律。然而在学生创造力发展过程中，我们关注较多的是创造力是什么，如何教育、怎样培育的问题，却对创造力发展与知识或知识自主建构有何联系、怎样进行知识自主建构才能促进学生创造力发展等问题不甚明了，致使相关的理论与实践的研究效果并不理想。本部分从创造力和知识的特征视角看创造力发展与知识的关系，即从创造性思维、知识基础和自主性等三方面进行总体分析，其中，创造性思维贯穿两者关系的始终，知识基础和自主性是两者关系的前提。然后从知识数量、知识分类及知识运用的视角分别阐释学生创造力发展与知识自主建构的关系。

（一）从创造力和知识的特征视角看创造力发展与知识的关系

影响学生创造力发展的因素是相当复杂的，它们与发展的结果是一种系统因果关系，但不符合所谓的线性因果律。① 故而影响学生创造力发展和知识的关系的因素也有很多，结合研究主题"初中生创造力发展与知识自主建构"，从创造力和知识的特征中提炼出三种主要影响因素：创造性思维、知识基础、自主性，以此从这三个方面对创造力发展和知识的关系进行总体分析，以期表明创造力发展与知识之间存在着重要关系。

1. 创造性思维

创造性思维贯穿于创造力发展与知识的关系中，创造性思维是相对于常规性思维而提出来的。常规性思维，主要是指对于客体只要求重用过去在类似情况中所用过的办法即可解决的一种思维活动。② 什么是创造性思维呢？以及创造性思维的主要特征是什么？创造性思维是指新的思维、与众不同的思维，它是产生创造力的源泉。③ 为此该概念实际上已经反映出创造性思维的主要特征，但是我们在进一步阐述创造性思维的主要特征时，仅仅依据这样高度概括的定义是远远不够的，我们必须认识到思维的创造样式具有复杂多样性。与常规思维相比，创造性思维是人脑的一种特殊机能，是一个由多种思维要素和思维能力互相作用、协同进行的系统化的整体性思维过程④，即创造新事物或新形象的思维形式。它主要表现为：有积极的求异性、创造性的想象、敏锐的洞察力、活跃的灵感和新颖性的表述等。为此，学生需要冲破以往创造性思维的概念和内涵及所属范畴的常规认识圈，进行创造性思维的多维结构、运行模式和多种方法的转变与训练，提升创造性思维。

（1）创造性思维的多维结构

创造性思维主要是建立在传统心理学和脑神经科学基础之上的理论，当今的创造性思维研究方兴未艾，但是不容忽视的一个事实是：思维的创造性样式在不同人的身上表现的程度和方式都是不同的，思维的多维结构

---

① 宫秀丽：《中学生创造力发展的影响因素》，《当代教育科学》2003年第7期，第51~52页。
② 邱章乐、鲁峰、汪明主编《创造心理学》，合肥工业大学出版社，2011年，第81页。
③ 钱颖一：《批判性思维与创造性思维教育：理念与实践》，《清华大学教育研究》2018年第4期，第1~16页。
④ 邱章乐、鲁峰、汪明主编《创造心理学》，合肥工业大学出版社，2011年，第80~81页。

是一个多侧面的结构,而不是也不可能是一个可以确定的单一的结构。①在大多数情况下,创造性思维就是要打破常规的自我固有的思维模式,而不是重新建构一种思维定式的模式,它们共存于同一思维过程之中,每一种思维都有其长短,在思维的不同层面上,不断地分分合合,在功能上互相补充,促使新思维不断产生。因为依据唯物辩证法的矛盾规律,发散与聚合、求同与求异、横向与纵向是对立统一的关系,为此,适切地处理好这些关系,对处理创造力发展与知识的关系能发挥积极作用。

①发散与聚合思维

美国心理学家吉尔福特在"三维智力结构理论"中提出关于创造力研究使用最为广泛的是发散思维与聚合思维。② 发散思维又称"扩散思维"或"辐射思维",它是从同一来源材料开始产生众多且趋向不一的输出信息(知识)的一种思维方式。在学生创造力发展过程中,仅仅有发散思维活动并不能够有效地获得所需要的信息(知识)目标,因为创造性活动在最终只需要仅有的少数思维,因此,学生通常在发散思维之后需要进行聚合。所谓聚合,就是将众多的信息(知识)逐步引导到具有条理化的逻辑中去,以便能够得出一个合乎思维逻辑的结果。为此,学生在创造思维过程中,为了追求或者获得新结论,首先应从原始信息(已有知识结构)出发,经过多向思维得到诸多的相关新知识,然后再依据创造目的对信息(知识)进行精炼,也就是通过聚合思维去获取所需的结果。这种思维的全过程如图3-2所示。

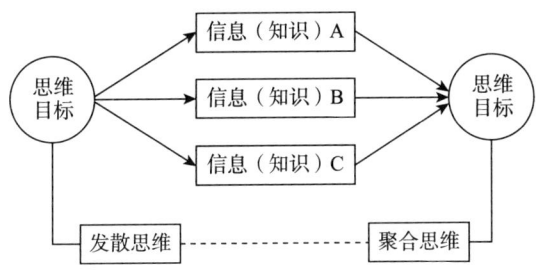

图3-2 发散与聚合思维模式

---

① 邱章乐、鲁峰、汪明主编《创造心理学》,合肥工业大学出版社,2011年,第83页。
② 胡灵敏:《从智力结构理论看个体创造力的培养》,《中国成人教育》2012年第9期,第131~133页。

此外，人们在对创造性思维的理解上，最容易产生一种曲解，或者大部分人认为只有发散思维才可以称为创造性思维，所以在现实中，片面强调发散思维而忽视了对聚合思维的培养。如上所述，创造性思维是发散思维与聚合思维的辩证统一。虽然发散思维相较于聚合思维，确实表现出巨大创造性的一面，但是作为一个完整的创造性思维过程，创造性思维需要聚合思维发挥作用。因为聚合思维是发散思维的根基，学生头脑中的每一种信息（知识），可以说最终都是经过聚合思维获得的。当遇到一个新问题时，如果离开了已有的知识结构，发散思维就脱离了出发点。同时，充分利用发散思维即可以获得多种结果和知识，其中，这些结果中的知识结构哪一个相对最优，这就需要利用聚合思维将各种假设变为解决问题的现实方案。

总而言之，发散思维和聚合思维如同创造性思维的两翼，缺一不可，他们的主要区别是各自所处的位置及所起的作用不同。如果脱离发散思维，就很难得到可供比较、抉择的多种假设或者路径，其思维也就只能朝着一个方向趋进，结果可能出现"思路阻滞"致使最终结果的创造力不足；抑或是假如离开了聚合思维，思维就会肆意散射，虽然其中有正确的、新颖的知识，但也会由于缺乏集中而不能探寻出最优方案。所以说，在创造性思维过程中，发散思维和聚合思维两者是相互促进、互为前提、互相转化的辩证统一关系，且都具有新颖性，两者皆是创造性思维的必要前提。

②求同与求异思维

在解决实际问题过程中，依据思维活动的方向和思维成果的特点，将创造性思维分为求同与求异两种思维。求同思维是指学生充分利用已有知识结构，朝一个方向去努力思考，能够得出一个最优的结论的思维。求同思维通过排除其他途径而选择一条路径，这条路径是一种有逻辑条理的思维活动，例如：$A < B$，$B < C$，$C < D$，逻辑推理出 $A < D$。求异思维是指学生顺着不同方向进行思考，最终得出大量的不同结论的思维。所以说求异思维的内核是"敏于生疑——敢于存疑——勇于质疑——会于释疑"，以此反复地、源源不断地产生新奇、多元、创造性的新思维，从而可以打破思维的固守化和单一化的弊端，将思维完全从一种已有信息（知识）固化

的体系中解放出来进入一种新的思维（创造性思维）之中。

求同与求异既有联系又有区别，两者是截然不同的两种思维过程。学生在求异思维中可以生成新观念和新方法，而求同思维可以发展这些观念与方法。求异思维可以为求同思维提供更多的可供选择的对象，可以提高一定的效用；同时求同思维充分利用求异思维产生的观念，在一定程度上可以为求异思维成倍增加效用。需要注意的是，学生在大部分的学习时间里，抑或是在知识自主建构过程中，不管求同思维多么的好，也不可能代替求异思维。问题不在于哪一种效用更高，因为两种思维在实际知识自主建构过程中都是必要存在的思维样式。关键的问题在于学生必须厘清两者的关系与区别，以便更好地且有效地运用它们，从而使创造性思维在创造力发展和知识的关系中发挥积极作用。

③横向和纵向思维

在创造性思维过程中，对信息（知识）的挖掘和开拓还有两种基本方式：横向思维和纵向思维。横向思维是建立在已有知识结构或经验基础上的对待问题的根深蒂固的方式，在整个思维过程中起到了决定和支配作用。很明显这种思维存在优势想法的同时也伴随着阻滞学生创造思维的产生。所谓纵向思维是在一种结构范围中，遵循一定的顺序或者程序（由低到高、由浅到深、由上到下、由前到后）所进行的思维方式，其包含上下方向的挖掘。向下挖掘是通过对当前某一层次的某个关键因素，综合运用发散思维等，依照新的观点、新的方向或者新的角度进行分析与综合，以此发现与该因素有关的新属性，并挖掘出新的关系。向上挖掘则是通过对当前某一层次中若干同现因素的已知属性依照新的观点、新的方向或者新的角度进行抽象与凝练，以此提炼出与这些若干因素相关的新函数关系，相较于第一层次的最初目标而言，函数的复合则退到了上一个层次。[①]

(2) 创造性思维的运行模式

创造性思维的运行模式即指创造性思维的路径，创造性思维活动必然会按照一定的方向和路径前进，从一个阶段或者环节过渡到另一个阶段或者环节，形成一种有序的流向。创造性思维的多维结构与创造性思维的运

---

① 邱章乐、鲁峰、汪明主编《创造心理学》，合肥工业大学出版社，2011年，第90~91页。

行模式是密切联系的。换句话说,创造性思维运行模式是其思维结构的一种动态表现。通常情况下,人的运行模式是比较复杂的,但是概括起来包括:顺向思维、逆向思维和迂回思维。合理运用这些创造性思维的运行模式,可以在思维的运行模式上调和创造力发展和知识的相互作用关系。

①顺向思维

顺向思维是指在学生自主或者在教师的指导下,顺着事物的发展方向去思考、探索和解决问题的一种理性思维。其遵循事物发展的客观规律:从前到后,从上到下,从左到右,从近到远等。在知识自主建构过程中,其很容易被大多数学生掌握,并使学生很快形成解决问题的思路。当学生每解决一次问题时,所运用的思维方式或者方法就在大脑中烙印一次。学生在不断进行自主建构的过程中,一次又一次重复着这样的思维方式,这样的思维方式就逐渐成为一种习惯而被固定下来。至此,在之后的不断自主建构过程中,自然而然地或者自觉地沿袭着先前的思维方式思考与解决问题,这就是如前所述的常规思维,亦称顺向思维。在日常生活中,不难发现,顺向思维有积极的一面,也有消极的一面,对于学生的知识自主建构来说,也是如此。在学习常规问题时,顺向思维可以使学生很快地形成解决思路,同时也可以节省时间和提高效率。但是要是面临新的知识或者新的问题时,原有的顺向思维就往往将学生引入了既定的思维胡同之中,阻滞其思维,致使学生的创造力逐渐被削弱,从这方面来说,顺向思维又是不可取的。

②逆向思维

与顺向思维相对应的是逆向思维,亦称为反向思维。所谓逆向思维是与一般的顺向思维相反,与日常的或是习惯的思维方向相反的一种思维。需要注意的是,逆向思维是从相反的方向去思考,避免单向度的认识过程的机械性的思维,例如:正——反,上——下,前——后,左——右,这也是我们常常所说的一种换位思考。

逆向思维不是人为杜撰或者是人脑空想出来的,而是依据一定的客观事实。首先,事物之间的顺序是相对而言的;其次,事物之间的关系往往又是可以互相转换的,否极泰来,泰极否至;最后,在事物的两种极端情况下,产生了相同结果,例如水至清和水过浊则无鱼。这些足以证明逆向思维存在的必然性和必要性。但并不是所有的逆向思维都是创造性的思维方法,例如:反人类、反人性、反道德等,这些逆向思维都不是笔者研究的创造性思维所涉及的内容。同时仅仅是线性的逆向思维,属于常规思维,也不是创造性思维,也不能促进创造力发展。只有在积极的思维指导下,学生充分调动已有的全部资源,思维朝着相反的方向发散,探寻问题的解决之道,才是创造性思维。历史上有很多逆势变通之典故,例如"欲擒故纵""声东击西""砸缸救人",无不是利用逆向变通之思维,运用顺向思维意想不到的或者是被忽略的问题,进而产生新的突破、新的创造。

锗的提纯与掺杂[①]

20世纪60年代中期,全世界都在研究制造晶体管的原料——锗,大家认为最大的问题是如何将锗提炼得更纯。索尼公司的江崎研究所也全力投入一种新型的电子管研究中。为了研究出高灵敏度的电子管,人们一直在提高锗的纯度上下功夫。当时,锗的纯度已达到了相当高的程度,如果想要再提高一步,真是比登天还难。

这时,有一个刚毕业的黑田由里子小姐,被分配到江崎研究所工作,担任提高锗纯度的助理研究员。这位小姐初出茅庐,很难适应这样艰苦的研究工作,在实验中屡屡出错,总是受到江崎博士的批评。后来,黑田小姐发牢骚说:"看来,我才疏学浅,难以胜任这提纯的研究工作,如果让我往锗里掺杂质,我可能会干得好一些。"不料,黑田小姐的话提醒了江崎博士,如果一点一点地往锗里掺入其他物质,不知会有什么样的结果。于是江崎博士让黑田小姐每天都朝相反的方向做实验。当黑田把杂质增加到一千倍的时候(锗的纯度降到了原来的二分之一),测定仪器上出现了一个大弧度的曲线,几乎使人认为是测定仪出现了故障。黑田小姐马上向江崎博士报告了这一结果。江崎博士又重复多次这种掺杂试验,终于发现了鲜为人知的电晶体现象。并在此基础上,又发明了震动电子技术领域的新型元件,使用这种电子晶体技术,电子计算机的体积缩小到原来的十分之一,运

[①] 肖云龙主编《创造学基础教程》,中南大学出版社,2004,第101~102页。

行速度提高了十多倍。此项发明一举轰动世界，江崎博士和黑田小姐均获得了诺贝尔物理学奖。

人的思维往往有一种难以克服的现象，就是习惯于顺向思维的"定式"，新晶体的发明，就在于江崎博士和黑田小姐打破了这种思维定式，从完全相反的方向寻求研究突破口，从而取得了巨大的成功。学生在知识自主建构过程中若从逆向去想问题，就有可能得出具有创造性的设想，如图3-3所示。

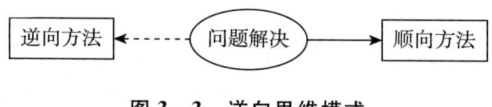

图3-3 逆向思维模式

逆向变通通常有三种模式：时间关系逆向、空间关系逆向和因果关系逆向。首先，时间关系逆向也称为"时间逆反"。时间思维形式是对"时间顺序特性"即事物处于一种显著的变动状态的本质属性所做出的概括性和间接性的反应，因此，我们可以发现这种思维的基本特点是：从单维线性的时间轴去把握事物运动过程的本质属性，而建立在语言基础上的逻辑思维恰好适合这样的需求。[①] 时间逆反思维主要表现在事物的程序逆向变化上，顺序是事物的时间特性，显示事物的某种发展趋势，当事物的发展顺序发生颠倒时，其性质和趋向也会随之发生偏移。进一步阐释顺序颠倒的目的是探寻一种更为方便、更为简约的路径，而思维路径往往是沿袭着已有程序向相反的方向前行。其过程可以是全程性的，亦可是阶段性的。此外，顺序颠倒会对学生的大脑进行反作用，引发一些奇思妙想。其次，空间关系逆反也称为"空间结构思维"。空间思维形式是对"空间结构特性"即事物处于相对静止状态的本质属性与事物内在规律所做出的概括性和间接性的反应，以此可以归纳出其基本特点是：不仅可以在整体上把握事物空间存在形式与性质，还可以通过反映事物之间结构关系的空间视觉关系表象加以把握。[②] 最后，因果关系逆反，是对具有因果关系的事物采取

---

① 邱章乐、鲁峰、汪明主编《创造心理学》，合肥工业大学出版社，2011年，第98页。
② 邱章乐、鲁峰、汪明主编《创造心理学》，合肥工业大学出版社，2011年，第99页。

反向思维策略，通常情况下只要有坚毅的恒心就可以探寻出潜在的思维突破口。在现实社会中干扰因素很多，通常运用常规思维很难有所突破，这就需要从事物的结果的反向出发，发现和分析事物的起因。

③迂回思维

迂回思维也是变通思维，主要是建立在顺向变通和逆向变通的基础上，明确主客观条件，当不适宜单独运用正面或者逆反策略时，学生就需要及时适应对方与外部的多重关系，这时就可以运用迂回思维策略。此外，客观事物的发展，基本上是由低级到高级，由简单到复杂的过程，是一个不断前进、发展与上升的过程。其中，在事物的发展过程中，有些阶段可能会出现倒退和下降的现象，这也说明了事物的发展具有曲折性和复杂性的特点。迂回思维具有两种基本模式：先顺后逆和先逆后顺。首先，先顺后逆，即先顺势促进，等待时机，再图发展，例如历史上越王勾践的"卧薪尝胆"。其次，先逆后顺，即蓄势待发，再寻求成功之径。

回溯创造性思维的三种运行模式，它们之间存在互为转化和互为前提的特殊关系。顺向思维与逆向思维是相对的，如果没有顺向思维，也就无所谓逆向思维。在某种情况下是顺向思维，而在另外一种特殊情况下就可能是逆向思维，即逆向思维在极大程度上可能是其他方向上的一种顺向思维。总之，不以一定的顺向思维为基础，是很难产生逆向思维的，即逆向思维的运用常常是建立在一定的顺向思维基础之上。

（3）创造性思维的多种方法

"思维"是地球上最美的花朵，在一切令人不可思议的事物中，最令人惊奇与不可思议的就是人的创造性思维方法。创造性思维方法是学生为了实现创造目的所运用的工具、手段和方法。创造性思维方法有很多，这里主要阐述四种：类比思维法、关联思维法、整合思维法和多元思维法。综合运用这些思维方法，可以调和创造力发展与知识之间的作用关系。

①类比思维法

类比思维方法，是学生在日常的学习过程中经常运用的方法。它依据不同的类比形式可分为多种，下面主要介绍在创造过程中主要运用的两种类比形式。

第一，直接类比。基本内涵是从自然界的现象之中或者人类社会已有的发明成果之中探寻与创造对象类似的现象或者事物，并通过比较获得创造性预设的一种方法。第二，间接类比。在学生的现实学习过程中，有些创造缺乏可以比较的同类对象，这时就可以将间接类比运用其中。

②关联思维法

关联思维方法是指此事物、现象、观念与彼事物、现象、观念之间，抑或是事物、现象、观念的各个方面之间，存在着某些联结在一起的基本关系，是对这些存在关系的本质的一种反映。抓住事物的本质和特征，以此推及其他事物发展情况来解决问题。

在解决实际问题中，关联思维法的选择犹如一个过滤器或者筛子，从纷繁复杂的知识材料、多元化的思路和多种方案中甄选与其相关的认识思路和方案等，排除与其不相关的认识思路和方案，从而使问题得到解决。关联无处不在，关联的思维方式可以分为不同种类，依据创造发明与解决问题的关联的呈现状态，可以分为：侧面关联、逆向关联、系统关联、中介关联等。

③整合思维法

任意的、各种各样的事物要素都可以进行整合。所以整合思维方法是依据不同需要，将同一事物或者不同事物的内部要素重新甄选与融合，优势互补，从而创造出新事物的过程。整合方法具有多种形式，例如：成对整合、自由整合、分离整合、功能整合、辐射整合等。在此主要阐述功能整合，按照事物的功能性质进行整合不是简单的"$1+1=2$"，而是要达到"$1+1>2$"的倍增效益的目的。功能整合首先要考虑的是事物之间不同的功能性互补，只有进行互相补充才能发挥其功效。在学习过程中，尤其是知识自主建构的创造性学习过程中，追求多功能是培育学生创造力的捷径，它在大多数情况下是由事物的功能缺漏引发的，但更为重要的是功能整合可以激发出学生多样化的变通路径。

④多元思维法

多元思维法具体是指通过对多个相关因素的离散整合，分别进行操作，联动解决问题的创造方法。多元思维法通常包含两个基本特征：系统性和离合性。首先，系统性思维是指在探析系统问题时，应遵循整体与部分之间的联系以及局部功能服从整体功能的原则。需要明白，在探寻某一具体问题的解决路径之时,需要将某一要素、某一组单元当作一个有机关联的系统进行全面考量,而不是将此孤立、分割开来。其次,离合性思维,顾名思义,离即分开,合即整合,在思维活动中通常具有三个过程环节:一是母系统分离解体,致使整体结构产生离散运用,形成一种策动效应;二是母系统以监督控制为主,同时诸多子系统独立进行运作;三是子系统回归母系统,经过整合运作,最终促使母系统的整个功能产生变化。

2. 知识基础

知识是创造的基础和原材料。如果没有及时的、准确的和全面的知识,没有形成自己的知识结构以及知识的运用等能力欠缺,就不可能促使学生创造力得到长足的发展。很难想象,一个对光电知识一无所知的人能发明出新型的电灯,一个对乐理知识一窍不通的人能够创作出优美动听的曲子,一个对词句都很难把握的初中生能够写出非常出彩的作文。不了解前辈已取得的成果、知识匮乏、眼界狭窄是很难取得创造成果的,更别说是取得重大理论发现与技术发明。知识的学习与掌握,重要的是将学习和积累的知识进行自主建构,这不仅决定着一个人的认知能力、解决实际问题的能力,还决定着一个人的创造力发展水平。下面围绕学生的最优化的知识结构、新知识的获取、知识的运用和知识的评价等方面阐述其影响因素。

(1) 最优化的知识结构

学生创造力发展需要一定的知识基础,不仅要有数量上的支撑,还需要有质量上的保障,这也是目前已经达成的共识。在拥有一定知识基础上,需要建立一个最优化的知识结构,这对学生的创造力发展更是一项重要的内在影响因素。为此,建立学生自身的最优化的知识结构,主要体现在以下几个方面。

①基础性

学生创造力发展必须基于一定的基础知识,这是因为基础知识是知识结构中的基础层次,它在知识结构之中起着制约、选择、吸收和同化等有关其他知识材料的关键作用。学生的创造力发展建立在基础知识层面上,如果没有丰富的基础知识做支撑,学生的创造力就难以得到发展。为此,学生首先应该掌握丰富的、扎实的、全面的基础知识,这样学生才有可能进行思维创造力活动，形成最优化的知识结构，使其发挥基础性作用。

②专业主体性

在学生的最优化的知识结构中，必须拥有一个专业化知识的主体层次。它是知识结构的核心层次，通常与主体特定的思维创造活动领域有着直接且密切的关系。它意味着主体思维创造活动的深刻性、集中性和方向的明确性。① 在现实生活中，许多拥有一定成就之人，往往都是在本专业领域中拥有丰富知识的人，是学有所长、专有所长之人。学生创造力发展也是如此。学生虽然处于广泛学习各科基础知识、打好基础的重要阶段，但是也必须有意识地逐步建立主体知识层次，要重点掌握与自己特定思维创造活动有关的专门知识或者专业知识，应该尽早培育自己的专业主体性意识。

③融合性

最优化的知识结构并不是一种封闭静止的僵化状态，而是处于不断开放与融合之中。它是随着学生认识的发展而不断地接受新的知识与信息，并以此赋予自身结构不断自我更新、自我吸收、自我完善发展的特质。只有不断地更新已有的知识结构，才能不断地激活学生思维的创造活力，促使学生创造力得到发展。

（2）新知识的获取

学习新知识总是需要一定的知识基础，这是每个教育工作者和研究者以及学生都达成的一个基本共识。然而，影响学生创造力发展的因素除了已有知识结构外，还包括新知识获取的知识背景。

其一，学生在学习新知识时所需要的直接知识也包括相关领域的知识及知识经验。这在教学中也称为"准备性知识"，即在确定学习目标和对学习任务进行分类时，需寻找和发现知识点的前提和基础，知识基础所发挥的作用就蕴含其中。除了这些直接的知识基础会影响或作用于学生创造力发展外，学生在相关领域的知识和日常的知识经验等也会对其产生一定的影响。例如：学生学习语文阅读理解的经验可能会影响到他们对数学应

---

① 周月朗：《青少年创造性思维教育——原理与策略》，电子科技大学出版社，2006，第55页。

用题的理解，学生的日常生活经验以及各门学科知识也都会影响到他们对数学应用题的解答。

其二，上述提到的新知识获取的知识背景包括两个方面：具体领域的知识和学生的学习信念。学生不仅对具体的事物有一定的认识，而且逐渐对自己的知识自主建构和创造力发展具有一定的基本信念，这种信念会促使学生获取新知识。这种基本信念包括两种：一是形而上学的信念，诚如国外学者阐述的"形而上学的信念"[1]；二是认识论的信念，这种信念主要是指学生对知识和学习的一种看法。这样的知识观及学习观主要是指学生对学习进行自我调节的观念基础，会影响到他们对知识的加工与理解以及学习的效果。[2]

其三，知识背景还包括直接以现实的表征方式内化于学习记忆之中的知识经验及某些潜在的观念。学生在学习过程中，有些知识问题也许是学生听到过的，或是思考过的，这些观念已经内化于学生的学习记忆之中；还有某些问题是学生从未接触过的，这在学习过程中是常见之事。但是当学生在面临这样的问题时，他们便可以以自身的知识经验为背景，通过知识自主建构，对当前面临的问题形成自己的假设和理解。需要进一步说明的是，这一假设是学生从自己的经验背景中得出的合乎逻辑的推论，并不是一种毫无根据的猜测。

（3）知识的运用

知识虽然是学生创造力发展的必要条件，但并不是唯一条件。如前所述，学生创造力发展是一个受多方面因素影响和作用而形成的极为复杂的、动态的综合过程。实践证明，学生掌握的知识越多，学生的创造力并不一定就越高。一个学生尽管读了许多书，积累了丰富的知识，但若仅仅是死记硬背，不善于自主建构，不能够进行有效的知识运用的话，充其量也就是个"书呆子"，更别说创造力发展了。

---

[1] Posner, G. J., Strike, K. A., Hewson, P. W. & Gertzog, W. A., "Accommodation of a Scientific Conception: Toward a Theory of Conceptual Change", *Science Education* (66), 1982, pp. 211–227.

[2] 张建伟、孙燕青：《初中学生的知识观与学习观的初步研究》，《心理发展与教育》1997年第4期，第12~17页。

知识的运用即是知识的策略化。策略化是指学生获得了关于如何学习，如何思考的策略性知识，并能运用策略化知识来监控自己的学习与思维等认知过程。在学习和思考时，学生的注意力经常在较高层次的策略性知识与低层次的陈述性知识、程序性知识之间互相转换。学生不仅要意识到自己的知识运用的材料，还要意识到这其中运用的建构方法，不断地反省自己的策略是否得当，进而优化自己的知识运用全过程。

（4）知识的评价

知识基础是影响学生创造力发展的重要因素之一，知识基础不仅包括最优化的知识结构、新知识的获取和知识的运用，还包括学生对自我获取知识的评价环节，即在思维上，采取审辨性方法；在知识建构过程上，进行自主评价。这一环节应以自主的过程性评价为主，然后才是教师和学校等外在群体对学生获取的知识进行评价。评价的关键内容主要涉及已有的知识结构、自主学习、知识的运用等。

3. 自主性

自主性（Autonomy），也可被称为自律（Self-Discipline）和自治（Self-Government/Self-Governance）。自主性主要是涉及人的精神与行为状态的伦理学基本概念之一。一般对于学生而言，自主被理解为学生个体根据自己的动机、欲望和理智推理自己想要的学习的能力，而这些内在的动机、欲望和理智推理皆不是被外部力量所能操控和歪曲的。[①] 各种人文社会科学皆将自主性作为基本的理论假设，在伦理学中，一旦涉及"自我决定"、"自我选择"或者"独立性"的相关问题时，自主性就成为研究的起点和基础。在政治学中，自主性的主体被认为是政治民主的一项必要条件，目的是阻滞家长主义力量的泛滥。在教育学之中，培养学生自主性的知识建构能力是教育教学的目标之一。笔者接下来主要阐述自主与自由、基础自主和理想自主、积极自主和消极自主、自主主体和自主行为。这些不仅在很多语境中经常被混淆，在学生的创造力发展和知识建构之中，也被混为一谈，所以有必要对其做出阐释，这有利于正确处理创造力发展与知识的关系。

[①] 王晓梅：《自主概念的理论研究》，光明日报出版社，2016。

第三章 创造力发展与知识自主建构的理论分析

(1) 自主与自由

关于自主和自由,在现实中两者存在界限模糊的现象,更进一步说,现实中存在一些可以与自主相关概念等同的积极自由的概念。诚如柏林(I. Berlin)在他的著作中提及的积极自由的概念①。他对自由的探讨始于对人的强制问题的讨论。积极自由关注的焦点是:什么样的人或者什么样的东西是决定着某人从事这个而不是那个,成为这样的而不是成为那样的强制的根源?积极的自由是一种"我希望我的生活和学习取决于我自己,而不是外在的力量强加于我进行选择。"那么,消极的自由所关注的问题是"个人或者群体被允许或者是必须被允许免于受到外在的干涉,做自己力所能及的事情,成为他愿意成为的一种生活状态和学习状态之人。"简而言之,就是免于遭受什么样的人或者什么样的东西的干预的自由。

自主关注的是那些第一时间驱使主体行动的欲望(包括情感和价值等)的独立性和诚实性。② 显然,关注第一时间驱使主体行动的欲望的独立性和诚实性,显得过于狭隘,关注了主体的内在性,却忽视了主体是社会人。不过也有学者持有不同的见解,自由概念关注的是具体行为,而自主概念则关注的是个体的状态,是一个较为广泛意义上的概念。③

(2) 基础自主和理想自主

基础自主是指个体基本可以独立承担及发表自己的意见和观点。而理想自主多指存在一个渴望能够实现的目标,依据这个目标个体可以以"真实以及免于控制、自我的扭曲等影响"的一种状态最大可能地实现这个目标。为此,我们将这种基础自主概念尽可能解析得能够包括更多的年轻人,在这里主要是指中学阶段的初中生。例如:一些人将自主与法律和道德责任联系起来,这时候自主就被赋予了一定的政治色彩。缘由是站在政治平等的角度上看,自主的主体被认为是一个必要条件,随着其自主程度的提高,其地位也随之提高。有时初中生缺乏自主性,在一定程度上可能

---

① Berlin, I., *Two Concepts of Liberty*, in *Four Essays on Liberty* (London: Oxford University Press, 1969), pp. 131–134.
② 王晓梅:《自主概念的理论研究》,光明日报出版社,2016,第15页。
③ Dworkin, G., *The Theory and Practice of Autonomy* (New York: Cambridge University Press, 1988), pp. 13–20.

就使同情或者迁就等有机可乘，这也正如有学者所阐述的"自主无论是在非正式领域内，还是在法律领域内，都要防止家长主义泛滥的力量。"① 为此，对具体自主概念进行评估时坚持的指导原则是它本身与其他相关辅助性条件之间具有的联系。

（3）积极自主和消极自主

通过各界及各领域对自主概念的阐释可知，目前自主存在两种基本方式：积极自主和消极自主。在有些情况下，尽管意识到了这两种方式的存在，但是它们的这种关系仍然是含糊不清的。自主的个体不被他人控制称为消极自主，也可以理解为是一种实然状态。这种消极自主相当于自由（Liberty）的状态，可以在某种程度上称为具有社会属性的概念。自主的个体积极主动地进行自我控制称为积极自主。这种积极自主相当于无拘束（Freedom）的一种状态，也可以在某种程度上称为具有自然属性的概念，也可理解为是一种应然状态。需要明白的是，这种划分是相对而言的，因此可以给予我们重要的启示：在进行知识自主建构的时候，需要从内在的和外在的视角去探讨"自主性"的相关问题。

（4）自主主体和自主行为

通常情况下，当一个行动者是一个自主主体之时，其实主体已经具备了某些自主能力的条件。例如：主体具备了自我理性、自我控制以及免遭危险的冲击等。自主行为即是全心全意的行为，而全心全意是个体自主的一个充分条件。如果一个学生是全心全意地认同某些建议或者具有实施的动机，那么这就标志着他的动机行为是自主的。此外，学生的自主过程存在着四种情况：一是自主的学生实施了自主行为；二是自主的学生实施了不自主行为；三是不自主的学生实施了自主的行为；四是不自主的学生实施了不自主的行为。例如：初中学校的个别学生沉溺于游戏不能自拔，对于这样的沉溺于游戏的行为来说，他们已经失去了自主行为的能力。

（二）从知识数量视角看创造力发展与知识自主建构的关系

知识与创造力之间的关系是研究者们长期争论的问题之一，对两者的

---

① Feinberg, J., *Harm to Self*: *The Moral Limits of the Criminal Law* (Volume 3) (Oxford: Oxford University Press, 1986), pp. 55 – 58.

关系研究主要可以归纳为两种：张力观和基础观，下面基于这两种基本观阐释学生创造力发展与知识自主建构的关系。

1. 学生创造力发展与知识自主建构的张力观

张力观认为，学生创造力发展与知识自主建构之间应保持一种适度的张力。在分析学生创造力发展与知识自主建构的倒"U"形关系基础上，结合现状及一些实证研究分析学生知识自主建构对创造力发展的阻碍因素。

（1）学生创造力发展与知识自主建构的倒"U"形关系

学生创造力发展与知识自主建构之间存在什么样的关系呢？首先，知识自主建构是创造力发展的基础，如果学生想在某一学科中出类拔萃，那么他就需要具备与该学科领域相关的知识自主建构的能力；其次，如果学生拥有很强的知识自主建构的能力，就可能会使学生囿于知识经验，阻滞其创造力发展。因此，当学生在某一个学科领域里的知识自主建构的能力水平达到中等程度时较为适切。① 两者的关系也就呈现倒"U"形。所以相对于学生创造力发展而言，并不是知识的储备越多越好以及知识自主建构的能力越强越好。

张力观的关键之处在于，在学生创造力发展与知识自主建构的关系上，绝不是知识越多，知识自主建构能力就越强，相反这会限制学生的创造性思维。有的研究者认为已有的知识结构有害无益，学生只有打破已有知识结构的固化，才可以促使其创造力得到发展。

（2）学生知识自主建构对于创造力发展的阻碍

关于知识和创造力之间的张力观的代表人物主要有詹姆斯（James）、吉尔福特、卡贝尔（Campbell）。詹姆斯认为知识与真正的创造力之间的关系应该是最不密切的，知识以及知识自主建构等很有可能会阻碍学生创造力发展。吉尔福特对此主要强调的是打破已有的知识结构或者经验的重要性，他在创造性思维分析中非常重视发散思维所起的作用，进一步深入分析并认为发散思维能够给学生带来新思路、新思想，同时也可能会限制学生的创造力，缘由是学生可能十分熟悉事情是什么样的，很难对原有知识

---

① 周治金、杨文娇：《论知识与创造力的关系》，《高等教育研究》2007年第10期，第75~79页。

及知识建构有所突破,更别说是产生新的观点或者观念了。卡贝尔认为正如自然选择的发生所依赖的一样,学生创造性观念也是如此,他具体指出:"部分现代病毒研究者和物理学专家们获取了丰富的关于环境的知识,其中含有许多对已有知识结构的突破,但是假如这些突破是以往所预期到的,那么它们也只能说是对已有知识的进一步深化,反之真正的有所获取则是超越预期的局限性,从这个意义上来讲,它是无法预料的,而是在真正的有获取的例子中,从其产生来看,成功的突破和那些失败的突破一样皆是无法预测的。"[①] 对以上三位代表人物及其观点进行评述可知,知识越多而学生创造力并不是越强,在有些情况之下,已有的知识结构或者经验反而会阻滞学生的创造性思维,为此一定要突破或者解构这些阻滞因素,才可以获取更多的创造性思维,进而才可以促进学生创造力的发展。

关于两者的张力观还得到了一些实验研究的验证与支持。首先,关于"取水问题"的实验:使用三个容积不等的水壶装满某一数量体积的水。陆钦斯(Luchins)对此进行研究并发现,如果被试者一旦寻找到了某种成功的取水方法以后,他们很容易形成固定取水思维,在以后取水中延续使用这种方法;即便是有更容易或更简单的取水方法,被试者也很难发现,更别说是更换新方法了。此外,在该研究中还发现,没有参与该种取水方法的被试者,却很容易发现并使用较简单的方法。为此,我们不得不对此进行反思,延伸到学生知识自主建构对创造力发展的阻碍这一主题上,可以得出:已有知识自主建构的经验在某种程度上会影响甚至限制学生思维的灵活性,容易使学生运用惯性思维。其次,关于罗马数字方程的变化等顿悟问题,在解决这些顿悟问题时所参与的被试者,都被要求消解已有的知识或者经验所自主形成的结构,破除定式思维,从而重新进行知识自主建构形成新的知识结构或者组块,这样才可能促进学生创造力的发展。

依据前人所进行的实验研究,可以得出知识自主建构在某种程度上也会阻碍学生创造力发展,原因有两个。其一,通过知识自主建构形成的已有知识结构,可以帮助学生快速解决常规学习遇到的问题。如果需要解决的问

---

① Campbell, D. T., "Blind Variation and Selective Retentions in Creative Thought as in Other Knowledge Processes", *Psychological Review* 67 (6), 1960, pp. 380 – 400.

题的性质以及结构发生巨大变化时,那么学生的已有知识结构在一定程度上可能阻滞其创造性思维。学生要想破解存在的阻滞因素,就需要重新进行知识自主建构,才能创造性地解决这一阻滞难题。如前所述,知识自主建构并不是一种举手可得的能力。其二,学生在知识自主建构过程中,伴随着适应力和创造力的相继消减,最终也就很难解决一些具有挑战性的问题了。

2. 学生创造力发展与知识自主建构的基础观

基础观和张力观是两种截然不同的观念,持有基础观的研究者认为学生创造力发展与知识自主建构两者之间存在正向关系。笔者在分析这种关系的基础上,进一步探析学生知识自主建构对创造力发展的价值。

(1) 学生创造力发展与知识自主建构的正向关系

学生创造力发展与知识自主建构之间的关系就如同大楼与地基一样,知识自主建构中的自主性发挥得越适切、充分,学生的创造力就会越高。一个学生不仅要积累足够的知识,还要充分进行知识自主建构,这样才会有所创造,才可能促进学生创造力的发展。知识自主建构就如同大楼的地基一样,知识自主建构越适当、充分,地基就越稳固,拔地而起的高楼大厦就越牢固。因此,知识是创造力的基础,学生创造力发展与知识自主建构之间呈正向关系,同时也不排斥其他因素对学生创造力发展的影响。

(2) 学生知识自主建构对创造力发展的价值

支持学生创造力发展与知识自主建构的正向关系的代表人物及其观点很多,其中,积极支持地基观的研究者如韦斯伯格(Weisberg)和奇凯岑特米哈依等人对一些需要创造力发展的领域进行了相关研究,并依据研究结果提出了创造力发展的"十年定律",这也成为地基观的主要证据来源。需要说明的是,这里所说的10年并不是实指数,并不能说明某个人在取得成功之前具体需要多长时间的前期准备,而主要是指某个人要想在某个领域内取得成功,就需要投入足够的时间,绝不是仅仅了解或者浅层次地研究该领域所需要花费的时间。海斯(Hayes)对几个创作领域(音乐、诗歌和绘画等)中的一些名人进行了研究,也得到了类似的研究结果。[①]

---

① Hayes, J. R., *Cognitive Processes in Creativity*, *Handbook of Creativity* (New York: Plenum Press, 1989), pp. 135-145.

同时关于"十年定律"也受到了一些个案研究的有力支持。其中以格鲁伯（Gruber）对达尔文（Darwin）的生物进化论的由来和发展为研究个案为代表，他发现达尔文所发展的整体模式对多年专心致力于某领域的研究给予了有力支持。[①] 还有加德纳研究了各个领域的代表人物，如：艾略特（语言学）、弗洛伊德（精神分析）、甘地（人际关系）、斯特拉文斯基（音乐）、毕加索（绘画）以及爱因斯坦（逻辑数学），认为他们在各自领域内充分发挥了自己的创造力。其中研究的主要结论是个人在取得成功之前要在该领域内有较长的发展期，需要进行知识积累及自主建构，这些各个领域的代表人物的职业生涯发展均符合"十年定律"。初中学生也同样需要知识的积累，并进行知识的自主建构，同样也可以在创造力发展方面有所突破。

上文我们对学生创造力发展与知识自主建构的张力观和基础观进行了阐释，那么学生创造力发展与知识自主建构的关系究竟应该如何阐释呢？笔者认为，张力观具有一定的道理，但是依据已有研究者的实证及理论成果，笔者倾向于基础观。学生知识自主建构是创造力发展的重要条件或者是重要途径之一。学生创造力发展离不开知识自主建构，知识自主建构是学生创造力发展的前提和基础，学生需要拥有丰富的知识，包括具有一定的理论知识，同时也包括具有较深厚的专业知识，具有在广泛的相关学科领域的实践中积累的关于"怎么做"的潜在的、隐性的知识，学生在获取这些知识的同时需要不断地进行知识自主建构，才有可能促进创造力的发展。

（三）从知识分类视角看创造力发展与知识自主建构的关系

如前所述，知识是人对事物属性与联系的能动性反映，是通过人与客观事物的相互作用最终形成的。人通过与外界的现实活动相互作用，获得来自客体的各种知识，同时进行自主建构，形成对事物的深层次理解，将知识内化于自身，并提升创造力。知识是丰富多彩的，为此对知识进行分类不仅有助于学生理解和区分不同知识的特点，还有利于从知识分类视角

[①] Gruber, H. E., "On the Relation between Aha Experiences and the Construction of Ideas in Innovation and Continuity in Science", *History of Science*19（1），1981, pp. 41 – 59.

厘清创造力发展与知识自主建构的关系。下面将介绍几种常用的知识分类。

依据获得知识的方式可以将知识划分为直接知识和间接知识。所谓直接知识，具体是指那些来自个体亲身经历的知识，例如触摸了冰之后，就可以获取一些关于冰的知识，冰是冷的，随着温度的升高冰会逐渐融化成水；所谓间接知识，具体是指那些通过他人讲述、书本或者媒介得到的知识，例如学生在课堂上的学习，就是从书本或者教师那里获取有关间接知识的过程。① 依据学科领域可以将知识划分为感性知识和理性知识。所谓感性知识是对事物的外表特征和外部联系的一种反映，即人们从事物的一些外在的属性之中获取的知识；所谓理性知识反映的是事物的本质特征和内在的关系，例如学生在学习之中，经过分析、综合和逻辑推理获取的知识。② 依据知识的状态和表现方式可以将其划分为陈述性知识和程序性知识。所谓陈述性知识，具体是指对事物的事实、定义、规则和原理等进行阐述，是关于"是什么"的知识，通常是指概念性知识；所谓程序性知识，具体是指如何进行推理、决策或者解决某类问题等，是关于"做什么（What to do）"和"如何做（How to do）"的知识，通常是指可以进行操作和实践的知识。③ 依据知识与言语的关系可以将知识划分为显性知识（Explicit Knowledge）和隐性知识（Implicit Knowledge）。所谓显性知识，具体是指使用书面文字、图表和数学表述的知识，又可称为"言明的知识"（Articulate Knowledge）或者"明了的知识"等；隐性知识是指尚未被言语或者其他形式所表述的知识，即"尚未言明的知识"或者"难以言传的知识"。波兰尼认为隐性知识是存在于个人头脑中的、存在于某个特定环境下的、难以正规化、难以沟通的知识，是知识自主建构的重要部分。④ 例如：在对散文的深度阅读过程中，学生能够切身体验到当时作者身处的意境，但是在通常情况下，学生很难用语言或者文字将其全部表述出来。

---

① 周治金、谷传华：《创造心理学》，中国社会科学出版社，2015，第171~172页。
② 周治金、谷传华：《创造心理学》，中国社会科学出版社，2015，第172页。
③ 张丽升：《数学活动情境中的陈述性知识与程序性知识的整合》，《前沿》2013年第23期，第124~126页。
④ 黄荣怀、郑兰琴：《隐性知识论》，湖南师范大学出版社，2007，第34页。

以上四种知识类型的划分实际上存在重叠的关系。在教育学、知识学和心理学等学科之中，比较稳定且具有一定研究依据的知识分类有：从信息加工的角度将知识分为陈述性知识和程序性知识；波兰尼提出来的显性知识和隐性知识的分类。①

1. 陈述性知识和程序性知识

认知心理学家把知识从广义上分为陈述性知识和程序性知识，前者指事实性知识，后者指操作性知识。② 首先对陈述性知识和程序性知识两者的区别进行阐述；其次阐述陈述性知识的自主建构对创造力发展起基础性作用，以及程序性知识的自主建构对创造力发展起方法上的指引作用。

（1）陈述性知识和程序性知识的区别

陈述性知识是有关"是什么（What）""为什么（Why）""怎么样（How）"的知识，是对事实、定义、规则和原理等的一种描述。为此陈述性知识又可以阐述为主要是通过人的直接陈述去阐释并加以理解自然规律和人类社会，故而陈述性知识往往又称为言语信息。同时它主要描述的是一个事实，例如上海是国际性大都市；或者主要陈述的是一种观点，例如知识就是力量，因此也可以称为描述性知识。

程序性知识在本质上是一种技能或能力。技能表现为通过知识练习和运用能达到相对自主化程度，这种技能的形成很少或者不需要受到意识上的控制；能力表现为受学生个体意识的控制，即使通过知识的运用也难以达到自主化程度。程序性知识主要是说明"做什么（What to do）""如何做（How to do）"，是一种实践性知识，主要运用于实践操作方面，因此称为操作性知识。另外，它还涉及学习的策略和方式方法，因而也被称为策略性知识，例如如何分析与解答一道数学应用题以及如何收集素材撰写一篇作文等。

陈述性知识有别于程序性知识，首先从功能上来看，前者主要是说明事物的状况、关系和特点等，回答的是"是什么（What）""为什么（Why）"

---

① Michael, P., *The Study of Man* (Chicago: The University of Chicago Press, 1958), p. 12.
② Anderson, J. R., *Cognitive Psychology and It's Implications* (New York, Freeman, 1985), p. 134.

"怎么样（How）"的问题；而后者主要是用于发生行为的指向，目标是对某些信息进行甄别与转化，解决"做什么（What to do）""如何做（How to do）"的问题。其次从心理表征上看，前者是以命题、命题网络以及图式等来表征；而后者则是用产生或者产生式来表征。再次从知识测量程度来看，前者是通过"陈述"方式进行测量；后者则是通过观察（人的行为）间接测量。最后从知识的激活速度来看，前者速度慢于后者，但是两者可以互相激活。

（2）陈述性知识的自主建构对创造力发展起基础性作用

关于陈述性知识的内涵上文已做了相应阐述，在此主要对其进行表征分析：一是命题和理论，命题是表达判断的语言形式，理论是指由若干命题共同组成的一个命题网络；二是图式理论，即在人的头脑中涉猎普通事件、客体与情景形成的知识结构。本研究关于图式理论涉及了皮亚杰的同化与顺应理论，该理论强调不仅要充分利用客观事实和逻辑的力量，引导学生运用逻辑思维进行观察、审思和研讨，促使新知识在学生知识建构中落地生根，即促进知识建构的自主性顺应，还要注意引导学生通过分析、比较、归纳和类比等思维方式，将新知识整合到已有知识结构中，即促进知识建构的自主性同化。

陈述性知识自主建构的条件包含外部条件（内容呈现、教师水平）和内部条件（学习者已有的知识结构、学习的自主加工过程）。进行陈述性知识自主建构的内、外部条件为学生创造力的发展提供保障，以此可以加速学生陈述性知识学习的内化过程。

（3）程序性知识的自主建构对创造力发展起方法上的指引作用

如前所述，程序性知识主要是指那些关于"做什么（What to do）"和"如何做（How to do）"的知识，例如：在课程学习上，学生如何进行逻辑推理、选择或者解决遇到的问题。进一步分析，依据迈耶等人的理论观点，笔者将程序性知识分为两大类：运用于具体情境中的"程序性知识"和相关的学习、记忆、问题解决需运用的一般策略的条件性知识。前者主要是依据不同的情境进行的知识自主建构；而后者则是确定"何时""为何"要运用陈述性知识和程序性知识，主要解决的是"什么时候（When）"和"为什么（Why）"的问题。基于此，以问题解决为切入点，对程序性知识进行自主建构，试图能对创造力发展起方法上的指引作用。

①程序性知识的自主建构与问题解决

程序性知识的自主建构对问题解决具有促进作用，在数学、物理、化学等课程方面强调较多。程序性知识最为常见的是算术、计算等方面的知识，其中练习就成为教授数学运算等最为常用的方法，同时在练习的过程中需要给予一定的反馈。例如：安德森等人开发了运用计算机教学的一些系统，学生主要是通过不断的练习与反馈，提高自身在数学、地理等学科领域的技能，这个系统主要是建立在"高水平能力只能通过额外的练习而获得"的假设基础之上。学生可以通过该系统进行练习，促使他们的程序性知识得到提升，而自主化建构的程序将会有助于学生对问题的解决。在问题的解决过程中，本研究强调的是方法的运用，即将有限的认知资源采取适切的方法分配到高水平的认知活动上，不是低层次地重复或复现知识。

②专门习得和社会实践的帮助

"专门习得"是专门为提升学生创造力而设计的一系列活动课程，具体包括：设置专门的创造力训练课程并渗透于诸多学科之中。此创造力训练课程的结构要素主要有四大部分：学习目标、学习内容、学习方式和学习评价[①]。这是为了给学生实践创造力发展提供场域，不断地给学生留有适切的时间和空间让其参与到知识学习的情境中或者留意建构中的关键方面，以及留意自主建构的结构化方法的运用等。有学者对此提出，专门练习是学生个体获得成就的一个重要因素，一个学生个体在某一学科或者某一方面之所以特别突出是因为他（她）从事了大量的专门习得（练习）活动。[②]

除了学习专业知识之外，要想通过程序性知识的自主建构对创造力发展起方法上的指引作用，还得需要一定的学习实践，将专门习得运用到社会实践中，去实践中探索与积累方法。为此有研究在一定程度上也表明了这样的观点，将创造力水平高和创造力水平低的科学家进行对比，最终发现，在一般领域内存在多重事件有利于达到职业成就，如教育、困境、竞

[①] 丁念金、冯震：《创造力训练课程开发的基本思路》，《课程·教材·教法》2015 年第 6 期，第 13~18 页。

[②] 周治金、谷传华：《创造心理学》，中国社会科学出版社，2015，第 187 页。

争与合作等事件对于挖掘不同领域的科学家的创造潜力具有重要作用。①所以在社会实践中，阅历越丰富的人往往创造力就越高。对学生来说也是如此，他们不仅要对各门学科知识进行自主建构，还应该与一定的社会实践活动相结合，这样有助于学生创造力的发挥。

2. 显性知识和隐性知识

依据知识与言语的关系以及波兰尼的理解，本研究将知识划分为显性知识和隐性知识两大类，为此学生如何进行知识自主建构，并促进创造力发展成为该部分研究的主要议题。

（1）显性知识和隐性知识的区别

前文从知识数量视角看创造力发展与知识自主建构的关系，提出了关于支持张力观与地基观的观点等，里面就蕴含了显性知识和隐性知识。在此，笔者从本质、形式化、形成过程、存储地方、转化过程、信息技术支持、支撑媒介等方面对显性知识和隐性知识做了一定区别，如表3-1所示。

表3-1　显性知识和隐性知识的区别

特性	显性知识	隐性知识
本质	可以编码和显性化	个人的，特定语境的
形式化	可以编码，可以使用语言和文字进行口头或者书面表达	难以形式化，难以记录，难以编码，难以运用语言进行表达
形成过程	产生于对隐性知识的说明和对信息的解释	在实践中摸索，在错误中尝试
存储地方	存储于文件、数据库、网页、电子邮件、图表、书籍等介质中	存储于人脑之中
转化过程	通过理解、消化、吸收，将显性知识转化成隐性知识	通过比喻和类推的形象化的方法将隐性知识转化为显性知识
信息技术支持	可以运用现有的信息技术支持	难以运用信息技术进行管理、共享和支持
支撑媒介	可以通过常规电子渠道进行传递	需要丰富的、多媒介的渠道进行沟通和传递

资料来源：〔美〕Amrit Tiwana：《知识管理十步走——整合信息技术、策略与知识平台》（第二版），董小英等译，电子工业出版社，2004，第39页。表中有些地方进行了变动。

---

① 周治金、谷传华：《创造心理学》，中国社会科学出版社，2015，第187页。

(2) 显性知识的自主建构对创造力发展起展现性作用

在茫茫的知识海洋中，人类的显性知识仅是冰山一角，相对于学生来讲，可将显性知识称为"正式的学业知识"，是具有学业智力的人通常所具有的，在某种程度上可以通过智力测验或者类似于学业成绩测验获得。如在初中阶段的期中和期末的考试成绩就是显性知识的一种呈现形式。以上成绩仅是显性知识的终结性呈现，反观在这之前显性知识以什么样的形式或者状态呈现，显性知识的自主建构对创造力发展如何起展现性作用？笔者从显性知识的优点入手进行剖析。显性知识的优点为：一是可以像图片、电子文件和模型等一样清楚地表达；二是便于复制与扩散传播；三是可以自动进行存储及处理；四是可以分享及提供价值与模仿功能。基于以上内容的分析，显性知识的自主建构是通过教师或者学生对学材（教材、书籍或者电子材料等形式）的教或者学（知识自主建构）呈现的。显然，学材就成为学生知识自主建构对创造力发展起展现性作用的重要媒介，学材开发应遵循一定的基本理念，这将有利于显性知识的自主建构并对学生创造力发展起展现性作用。

①以学习为中心

回溯古代整个教育是以学习为中心的，但是到了近现代，主流教育开始由以学为中心向以教为中心转变。当前，教育又重新向以学为中心转变，这在当前的一些西方国家已经很普遍和深入，而且未来必会更加普遍和深入，在中国也已经达到较高的程度。[①] 教育包含着四个基本环节：教育构建、教育过程、教育评价和教育改进，学材作为教育构建环节的一个重要方面，是对整个学习的系统化预设，服务的对象是学习者（学生），因此应该以学生的学为中心，而不是以教师的教为中心。学材本身也应该体现以学生的学为中心的基本理念，学材开发应该以此为基本规律，遵循学习的思路。

②学习自主化

每个人都是独立的个体，都有自主的意愿和需要，学生的学习更是一

[①] 丁念金、冯震：《创造力训练课程开发的基本思路》，《课程·教材·教法》2015年第6期，第13~18页。

个高度自主化的学习过程。所谓自主，即自己做主、自己主导，表现为自己有知识自主建构的强烈意愿、自主地确立自己的建构目标和计划、在整个知识自主建构中进行自我监控、自主地探寻其建构的有效策略、自主地通过知识自主建构促进创造力发展并进行自评等一系列过程。诚如有学者提出："学材需要符合自主化学习的特点，学材应该是能够自我教育的，编写时要以一种激励的风格来设计、编写；使学材被学生使用；结构清楚，一目了然。"[1] 这种理念日益受到广泛的重视，我国的学材编写尤其应该体现这一基本的理念，使学材真正适合学生自主学习，并能够有效地指导学生自主学习。

③学习个性化

在古代教育中，无论是在西方国家还是在我国，学习都是高度个性化的。每个人都是独特的个体，每个人的学习也应该是个性化的。目前，个性化学习已成为东西方国家共同追寻的主流学习方式。事实和研究也同样表明，个性化学习不仅是必要的，而且是可能的。[2] 如果在学材开发时就充分而适切地将学生个性化学习预设进去，那么学生个性化学习将会进行得更加顺利且高效。个性化的学材主要表现在：每个学生的学习目标、学习内容、学习方式、学习策略、学习进度、学习评价等都应该是独特的，切不可整齐划一、千篇一律。

④在完整的知识建构中强调学生创造性学习经验

创造的过程涉及人的全面的素质和活动，学生创造力的形成与发展过程不是孤立的，要通过完整的知识建构才能有效地实现。完整的知识建构特别注重：接受知识与创造性学习的统一；将认知（即认识世界）、体验（即运用自己的已有知识自主建构的经验和价值体系去体验）、建构（即建构自己的知识结构）和创造等创造性学习的经验整合起来，在这种整合过程中要特别注重引导学生进行创造性学习，并运用独特的方式和进程开展知识自主建构，促使学生创造力得到发展。

---

[1] 〔英〕安东尼·凯、〔英〕格伦维尔·鲁姆勃尔：《远距离高等教育》，王遵华、丁兴富等译，中央广播电视大学出版社，1987。
[2] 丁念金：《当前教学中的个性化学习如何可能》，《课程教学研究》2013年第4期，第5~9页。

⑤体现创造性学习文化

人是文化的产物,人的一切活动会受到文化潜移默化的影响,人的一切活动和发展都是在文化中得以进行并最终实现的。为了使学生自主地进行知识建构,并有效地发展自己的创造力,就需要营造一种创造性的学习文化氛围,这种文化氛围将创造作为学生的重要价值追求,并展现出各种各样的形式。所谓创造性学习文化,就是积淀了人类丰富多样的文化精神的学习活动、学习形式和学习域景。学材的开发要与整个创造性学习文化的氛围相协同。特别需要说明的是,学材的开发,不仅要体现出创造性学习文化,还要致力于促进学生创造性学习文化的发展。

(3) 隐性知识的自主建构是创造力发展之源泉

隐性知识对创造力的作用,往往是通过酝酿效应、直觉、顿悟和灵感等现象表现出来的。[①] 这些创造性的认知在加工过程中,需要充分利用已有的大量的隐性知识。如前所述,知识自主建构其实就是一种显性知识向隐性知识的转化,形成的这种隐性知识表征更显得抽象、储量更大以及更加灵活便捷。这种转化可以在一定程度上减少认知加工所消耗的心理成分,这样就可以有充足的能量进行最大程度的知识自主建构,有利于学生创造力的发展。此外,智力的形成是学生在适应环境的过程中经过长期的知识自主建构的结果,具有高度的自主性和灵活性,能够将隐性知识存贮在长时记忆之中,在适切的条件下为创造性思维自动抽取或者提供信息源。基于以上分析,隐性知识的自主建构是创造力发展之源泉,如何获得隐性知识将是关键之所在。

①隐性知识获得的阶段论

关于隐性知识获得的阶段论在学界主要有两种:艾拉特(Eraut)的两阶段论和德里菲斯(Dreyfus)的五阶段论。

首先,艾拉特提出了获得隐性知识的两阶段论:经验学习和日常化。一是经验学习。它主要强调的是从日常生活中所积累的经验中学习,在这里经验主要是指体验与实践两方面。同时经验学习可以分为三种表现形

[①] 周治金、杨文娇:《隐性知识、内隐认知与科学创造》,《华中科技大学学报》(社会科学版) 2007年第2期,第106~110页。

式：从自己已有的经验中学习、从他人的经验中学习、从书本和电子媒介中学习。D. A. Kolb 与 R. Fry 阐释了学习经验的四大要素：具体的经验、反思与总结、形成抽象概念、在新的情境中检验。[1] 这四大要素构成了一个经验学习模型，整个过程是一个连续不断的循环系统，其中任何一点都可以作为起点，如图 3-4 所示。二是日常化。它是通过不断地重复，将显性知识转化为隐性知识。

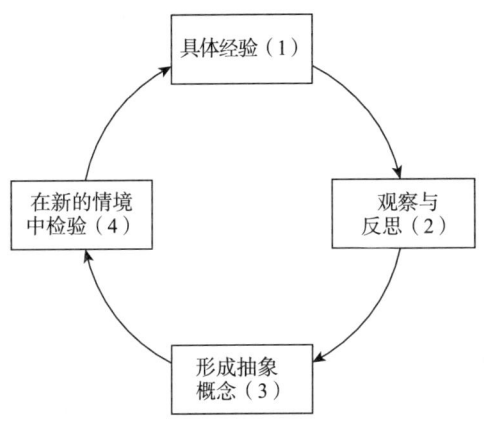

图 3-4　D. A. Kolb 与 R. Fry 的经验学习模型

其次，德里菲斯提出了获得隐性知识的五阶段论：新手、高级新手、合格者、熟练者和专家，如表 3-2 所示。在前期和中间几个阶段，学生能够运用已有的知识结构和认知能力处理一些复杂的情境。后面的阶段就不太需要那些显性的规则了，这时表明学生的自主化已经形成。在能够胜任阶段，学生的认知能力已经达到最高水平，通常情况下不需要再进行分析，到了最后也是最高级的专家阶段更是如此，专家所具有的知识大部分是隐性的，而且完全与行动融合。

表 3-2　德里菲斯的隐性知识获得的五阶段论

阶段	水平	内容
第一阶段	新手	严格按照学习规则和计划，缺乏情境认知力和判断力

---

[1] 黄荣怀、郑兰琴：《隐性知识论》，湖南师范大学出版社，2007，第 64~65 页。

续表

阶段	水平	内容
第二阶段	高级新手	依据问题的特征和全面性行动,情境认知力仍然较局限,所有的特征和问题的各个方面都同样重要,但需要进行严格分开
第三阶段	合格者	具有良好的处世能力,能从长远目标来执行行动,具有详尽的计划,按照规章制度行事
第四阶段	熟练者	具有全局观,发现重点,可以在正常事件中发现异常,能够及时、准确地做出抉择,并采取相应的、适切的策略
第五阶段	专家	不再依靠规则或者定理等,而依靠隐性理解直觉地抓住事物的本质,同时遇到新事物或者需要做出抉择的时候具有预测力

资料来源:黄荣怀、郑兰琴:《隐性知识论》,湖南师范大学出版社,2007,第66页。其中部分内容稍微有变动。

②内隐学习

内隐学习(Implicit Learning)具体是指学生在学习过程中,缺乏明确的意识,因而该学习表现出自动性和模糊性。[①] 另外,罗伯(A. S. Reber)认为内隐学习是指学生在不依赖于意识的情况下去学习与自主建构,对自己所学的显性知识事先并不清楚,没有意识到自己处于学习状态之中,更别说是意识到自己学习的状态了。[②] 个体把特定场域下的事件无形地存储于情节记忆中,伴随着时间的推移,逐步形成了语义结构中的知识结构。为此,情节记忆中发生的事件将会对学生的学习行为发生作用,通过内隐学习获取的隐性知识在某种程度上是可以从外显的行为本质中推论出来的。

③顿悟

隐性知识可以通过顿悟获取。在日常学习过程中,大部分学生可能都有这样的经历,当遇到某个难题时,苦思冥想却一直解决不了,但是当把这一难题放一放,思考或者解决后面的问题,然后再返回重新解决这一难题,这时就会有一种"柳暗花明又一村"的感觉——这就是顿悟。顿悟主

[①] 刘耀中:《内隐学习与学习理论的构建》,《教育研究》2001年第8期,第50~53页。

[②] Eraut, M., "Non-formal Learning and Tacit Knowledge in Professional Work", *British Journal of Educational Psychology*, 2000, pp. 50–53.

第三章 创造力发展与知识自主建构的理论分析

要是来阐释问题的破解者,对遇到问题的解决策略从不知道状态骤然转变为知道状态的过程。戴维森对此提出了一个操作性的定义,即顿悟是在问题解决过程中预热感的突然变化。[1] 斯滕伯格从心理学的视角阐释顿悟的认识过程主要包括三部分:选择性编码、选择性组合以及选择性比较。[2] 在此笔者主要阐述傅小兰教授总结的关于顿悟现象的六个特点。一是在问题解决之前,通常会出现一个困惑或者停顿的时期,在这一阶段解决者表现出犹豫不决,停滞不前,此状况称为"潜伏期"。二是从问题解决前到问题解决之间的过渡阶段是一种具有突发性质的质变,这种突发性的质变可能有两种情况:可能是问题的解决方案,也可能是解决方案出现的前奏。三是在问题解决阶段,行为的操作是一个不间断的、连续的完整过程,此过程中较少出现错误。四是顿悟通常是在一定的情境之中,当问题的解决方法与当前的情境之间的关系相对容易察觉时,顿悟也就产生了。五是顿悟产生的解决问题的方法在记忆中能够保持较长时间。六是在一种情境之中所产生的顿悟往往可以迁移到新的场域之中。[3]

④隐喻、讲故事、深度讨论

最大限度地把隐性知识情境化将有利于隐性知识的获取,而隐喻、讲故事和深度讨论等就是一些获取隐性知识的有效方法。

其一,隐喻是一种非常重要的比喻性语言,也是一种独特的领悟方法。隐喻可以将两种相差较大的经验领域融合到一起,形成一种符号或者形象等。我们通常可以用("隐喻""类比""模型")三种方法将隐性知识转化为显性知识。首先,相互矛盾的事情可以运用隐喻进行连接;其次,运用类比可以化解这些矛盾;最后,运用新概念建构模型,让学生都能够学习这些明确化的知识。[4] 学生通过隐喻,将自己所学的知识运用新

---

[1] Davidson, J. E., *The Suddenness of Insight. The Nature of Insight* (Cambridge Mass.: MIT Press, 1995), pp. 125 – 155.

[2] 〔美〕R. J. 斯滕伯格:《超越 IQ:人类智力的三元理论》,俞晓林等译,华东师范大学出版社,2000,第 277~278 页。

[3] 傅小兰:《探讨顿悟的心理过程与大脑机制——评罗劲的"顿悟的大脑机制"》,《心理学报》2004 年第 2 期,第 234~237 页。

[4] 〔美〕彼得·F. 德鲁克等:《知识管理》,杨开峰译,中国人民大学出版社和哈佛商学院出版社,1999,第 29~30 页。

的方式方法汇集起来，可以表达那些"只可意会不可言传"的知识，可以将两件或者两件以上的不相关的事物联系起来。需要说明的是，隐喻大部分情况下是受到直觉的驱使，可以将看似毫无关系的知识联系起来。以此可以将已有知识结构与新获取的知识建立联系，重构自己的知识结构，为学生创造力发展奠定基础。其二，讲故事是一种很有效的交流工具，可以将一些复杂的事物予以描述和解释，师生和生生之间可以互相交流所学知识。毫无疑问，讲故事是学生获取隐性知识的有效途径之一。其三，深度探讨是一个古老而常用的观念。在教学实践活动过程中，师生、生生之间进行深度探讨时，彼此之间秉持开放的心胸，自由和有创造性地探究复杂而重要的议题，需要先保留个人的主观思维，彼此互相倾听。在深度探讨过程中，还需要所有参与的师生都会讲出心中的所有假设，坦诚交流，以此挖掘出他人的隐性知识，学习其思维模式和方法等。这样可以使学生头脑中的经验通过讲故事和深度探讨等途径展现出来，引起思想的火花，然后将此"沉淀"起来形成可见、可读和可听的显性知识。

⑤师徒授受

波兰尼认为通过师傅带徒弟的方式可以有效地传递隐性知识。[①] 在这里的师徒授受主要是指非正式地学习师傅的思维方式、工作标准、倾向性态度、行为示范等，但是正式的学习也是可以获得隐性知识的。

从师傅那里主要学到了什么？根据朱克曼（Zuckerman）的调查研究，他们主要学到的不是显性知识，而是隐性知识，例如：工作标准和思维模式等在更大程度或者范围上的倾向性态度，以及不能撰写的思维与工作方法等。[②] 对于在校的初中生，可以通过观察自己的任课教师等，可以在不知不觉中习得一些方法和技巧，甚至习得有时连老师自己也可能没有意识到或者不能够陈述清楚的知识等，同时这种隐性知识的获得往往是靠一个学生对一个老师的观察、模仿及顿悟等才能内化。由此可见，这种形式的学习是有助于学生创造力发展的。

[①] 黄荣怀、郑兰琴：《隐性知识论》，湖南师范大学出版社，2007，第59~60页。
[②] 肖广岭：《隐性知识、隐性认识和科学研究》，《自然辩证法研究》1999年第8期，第20~23、34页。

综上所述，隐性知识有时又会阻滞学生创造力发展，这可能是由于学生所形成的隐性知识与内隐认知（内隐认知是指无意识的参与、自主发挥作用的一种认知机制①）显然是不易受主观意识控制的。当学生的隐性知识与当前问题情境不相容时，或者内隐认知受到来自情绪信息的影响时，学生在理解问题的本质时就会出现偏差，这时就会呈现隐性知识与显性知识的不一致现象，会出现内隐认知与外显认知发生冲突的现象。此时，隐性知识与内隐认知在一定程度上就会阻碍学生的创造活动。当然，显性知识和外显认知并不是一直有利于学生创造力发展，在大部分情况下，外显认知在自主意识控制下，元认知在其中能够发挥监控和调节作用，使学生创造性思维过程更合乎逻辑性，以及对策略的运用更有效。但是，当学生的外显认知出现错误时，其也会阻碍创造力发展，为此需要及时发现和调整它，尽可能消减其产生的负面影响。进一步阐释，显性知识诚如前面所述具有诸多的优点，所以当显性知识发生错误时，相对比较容易被发现和更正。

（四）从知识运用视角看创造力发展与知识自主建构的关系

从小学升入到初中，学生知识经验的不断累积，知识运用方式方法的改变，对知识处理和加工效率的提高，这些都为学生个体的创造奠定了基础。这里笔者试图从知识的程序化和自主性、广泛性和多元化、有效性和策略化三个方面对创造力发展与知识自主建构的关系进行阐释。

1. 知识的程序化和自主性

知识的程序化和自主性，即是一种由静态走向动态的过程及结果。其中，自主意味着一种积极自主、理性思考的能力（理性自决）。②

（1）知识的程序化

知识的程序化是基于程序性知识的"怎么办"和"如何做"问题的进一步转化。"专家"的知识运用，往往是依赖于陈述性知识并通过认知、加工转化成并依赖于程序性知识。如前所述，陈述性知识是可以表达的命

---

① 郭睿：《内隐认知：沉浸式语言教学的主要认知机制》，《语言教学与研究》2015年第5期，第12～21页。
② 王晓梅：《自主概念的理论研究》，光明日报出版社，2016，第22页。

题或者概念,是关于描述"是什么"或者阐释"为什么"的问题,明显是一种显性知识,但是这种知识又处于学生个体能够自主掌控的范围之内;那么程序性知识是关于"怎么做"或者"如何做"的知识,侧重的是一种默会知识或者叫内隐知识。例如在现实的物理或者化学教学过程中,学生学习了很多相关知识,但是回归于现实中却不会运用所学知识解决实际问题。同时他们在学校学习了一些实验方法,也相应地做过一些实验操作,但是由于在实验过程中内化不足,知识的程序化便没有达成。可见,这两种知识自主建构程度比较低,学生创造力发展也就会受到相应的阻滞。这是因为学生的知识运用还没有达到程序化。如何才能使其达到知识的程序化呢?

首先,知识的外化。外化是对隐性知识的清楚表达,是隐性知识转化为显性知识,知识的外化是由反思、表达与交流等行为引发的。[①] 学生可以使用语言进行直接表达,同时也可以借助箴言、假设和隐喻等多种形式进行类比,在日常学习过程中,学生将自己所学的知识进行总结,这就是学生对隐性知识的一种显性化。学生的知识自主建构,师生、生生之间的探讨与交流可以使学生的隐性知识更加清晰明了,使隐性知识理性化和显性化。

其次,知识的组合化,也可称为"知识的程序化"。学生知识的组合化,是将碎片化的或者杂乱的显性知识进一步地系统化和程序化,是将无序的显性知识转化成有序的显性知识。从无序的显性知识到有序的显性知识的转化需要学生对知识不断地积累,同时需要一定的知识组合方法,例如:知识网络、思维导图等,将杂乱无序的显性知识加以组合形成有序和程序化的显性知识。

(2) 知识的自主性

知识的自主性是指知识的传递、内化、转化和生成的动态的、递进的螺旋运动。在此主要阐述"显性知识与隐性知识"的内化与转化,同时再简略阐述"陈述性知识和程序性知识"的转化模式。

内化是指学生通过同化与顺应,把各种显性知识内化于自己的大脑之

---

① 陈振华:《教育知识建构论》,山西教育出版社,2010,第179页。

内。为此，学生可以将获取和学习的显性知识转化为隐性知识。学生在学习与实践中，经常会把一些理论知识与实践知识等显性知识内化成一套自己可以操作的学习方式，同时会潜移默化地影响和指引着自己的知识自主化建构路径。其中，学生的学习行为就是一种受显性知识影响的表现行为，换句话说，这样的表现行为中蕴含着一些理论知识和实践知识。我们通过深度分析可知，理论知识和实践知识内化为学生知识的过程中，学生将已有的知识结构（显性知识）逐渐模糊化了，事实上显性知识却是以隐性知识的方式存在着。例如：学生通过学习小组、读书会等方式，在合作学习中，就可以实现知识的自主化与创新，同时也可以将外在相关的知识内化于己并不断地进行知识自主建构，学生创造力会随着知识的螺旋运动而不断得到发展。

学生在获得陈述性知识和程序性知识的同时，更需要的是两者的互相转化。陈述性知识的获得是获得程序性知识的前提和基础，而程序性知识在一定程度上是陈述性知识演进的高级阶段，两种知识共同构成了学生的知识自主建构体系。学生只有通过持之以恒的学习和积累，将已有的陈述性知识灵活自如地转化为程序性知识，形成自己的知识自主建构能力，才可以提升自己的创造力。从陈述性知识到程序性知识之间的转化，是使学生专业知识精进的不可或缺的重要环节。倘若学生获得的陈述性知识没有进行程序性知识的转化，也就很难或者不可能实现知识的自主性。

2. 知识的结构性和整合化

当一个人来到这个世界的时候，他就面对着杂乱无序、五彩缤纷的世界，怎样识别和认识它？人们从小就一点一点地学会抓住事物的结构特征，学会进行简单的结构分类。然而，进入学校之后，随着所学到的知识急剧增加和学科门类不断地增加，学生对此就需要进行知识的综合与整合，使学生在无边的知识海洋中，探寻知识所蕴含的基本的、整合的和内在的规律和本质等。学生通过知识的结构性和整合化的探寻过程形成自主建构的能力，最终有利于创造力发展。

（1）知识的结构性

从系统论视角分析知识的结构性，系统结构是普遍存在的，无论是自然界，还是社会，抑或人的思维，都存在着一定的结构。其中，结构是指系统内部各组成要素之间在空间和时间方面的有机联系和相互作用的方式或顺序。① 系统结构是普遍存在的，一个系统具有一定的功能，而功能是指系统对外部作用的能力，并由系统内部结构所决定。为此，研究知识的结构性有助于学生进行知识自主建构。

知识是一个庞大的系统，知识的内在联系是多层次且多方面的，知识的结构也是如此，包含句子结构、逻辑推理结构和原理结构。② 首先，关于句子结构。句子是由词或者词组依据一定的语言法则组成的，是沟通、交流与写作等的基本单位。例如初中生在学习英语的语法和句子结构之后，能够通过自主学习，充分地调用已有的知识结构，将相关的知识联系起来。其次，关于逻辑结构。这是知识自主建构的重要部分，因为逻辑推理是知识之间的联系，也是知识自主建构的一种惯用方法。需要说明的是，逻辑结构主要是关于判断、推理的结构形式。最后，关于原理结构，亦称为概念结构。它是一种对具有共同本质属性的同类事物进行概括的结果。关于知识的结构性，它们之间都是相互联系的，在知识的自主学习、运用和评价等过程中都是不可或缺的。总之，前两者在某种意义上揭示的是一种形式化的结构，带有普遍性质；而后者主要是侧重对知识内容的整体掌握。三者总体架构起了知识所拥有的结构性，学生以此可以充分调用自己的知识，使获得的知识更易于被理解和创造。最后运用布鲁纳的观点表述学习知识结构的意义，以此可以从知识运用的视角审视知识自主建构与学生创造力发展之间的关系。布鲁纳在他的著作《教育过程》中提出："掌握事物的结构，即是以允许许多别的东西与它有意义地联系起来的方式去理解它。简单地说，学习结构即是学习事物是怎样相互联系的。假如先前的学习使往后的学习更为容易的话，那就得提供一个一般的图景，按照这个图景，使先前与往后所遇到的事物之间的关系尽可能被弄得清楚。"③

（2）知识的整合化

知识的整合化是学生进行知识自主建构的重要方面。如果没有知识的

---

① 邹珊刚等编著《系统科学》，上海人民出版社，1987，第102页。
② 温寒江、陈爱苾：《学习学》（上卷），教育科学出版社，2016，第191~192页。
③ 〔美〕布鲁纳：《教育过程》，邵瑞珍译，上海人民出版社，1982，第5~8页。

整合化，人们将永远停留在对碎片化的、无序的事物的认识之中。一部人类文明史，即是人类认识自然、认识社会的历史。细胞学说、生物进化论、能量守恒和转换定律的发现，被恩格斯称为十九世纪三大发现，这些重大发现使人们认识到：千百万种的生物体，都是由细胞构成的；自然界里形形色色的物种，皆是生物自然选择进化的结果；在某一个物质循环系统中，无论发生什么样的变化和过程，但能量是守恒的。[①] 在这个纷繁复杂的自然界中，这三大发现使其变得简单而又和谐，这其中就蕴含着高度的整合的过程。

学生在学习各门课程知识过程中，新旧知识在联结过程中需要进行整合，这是因为学生长时记忆中的信息是以概念为基本单元，通过知识自主建构形成相互联结的知识网络，如果某一个概念一旦被激活，那么在概念之间就会形成一个联动激活效应。关于学生学习的知识不仅存在于广泛而又复杂的相互联结之中，两两之间激活的传导有利于知识之间的整合。在学生知识的整合化过程中自主建构发挥着重要作用，为此学生在解决问题过程中，知识间的联结与整合化，有助于学生激活与整合更多的与问题相关的信息和知识，从而有利于问题的创造性解决。

3. 知识的有效性和策略化

"专家"与新手的差别不仅体现在知识数量和知识类别上，还体现在他们对知识的运用方式方法上，其中，知识的有效性和策略化是知识运用的关键，为学生个体的创造力奠定了重要基础。

（1）知识的有效性

学生对知识自主建构离不开工作记忆和长时记忆。人类的工作记忆容量虽然是有限的，但是对初中阶段的学生来说，其知识面和社会接触面不断扩大，需要不断地对工作记忆进行丰富与加工处理，为此学生可以充分调动自己的兴趣和动力，迅速提取在工作记忆中的信息（知识），及时、适切地处理当前所面临的问题。人类的长时记忆与工作记忆正好相反，它的容量是无限的，但是要想对长时记忆中的信息（知识）进行快速提取，却不是一件易事，提取过程不仅速度很慢，还非常容易出现错误。基于

---

① 温寒江、陈爱苾：《学习学》（上卷），教育科学出版社，2016，第187页。

"专家"对长时工作记忆的深度研究与发展，以想法为中心的知识自主建构不仅可以储存大量的信息（知识），还可以快速提取储存的信息（知识），使信息（知识）变得非常有效。① 这样一来，工作记忆和长时记忆在学生知识自主建构过程中就会发挥积极的作用。

（2）知识的策略化

策略化是指"专家"经过知识自主建构发展了策略性知识的学习方法和思考方式，并能够灵活运用策略化知识对自己的学习与思维等进行审思，形成一定的策略化认知过程。这里笔者对策略性知识加以简要阐释，策略性知识是一套关于如何学习、记忆、思维的规则和程序，并由学习方法、学习调控和元认知等要素构成的监测系统。② 综合如前所述的知识分类的观点可以看出，策略性知识本质是属于程序性知识的范畴，是指在学习情境中对任务的认识、对学习方法的甄选和对学习过程的调控。因此，策略性知识作为一种特殊的程序性知识日益引起知识学家、创造学家和教育学家等的关注。

学生在学习和思考时，学生的专注力通常在高层次的策略性知识与低层次的程序性知识之间循环转换。在创造性问题的解决过程中，策略性知识具有十分重要的作用。例如在数学课程教学中，教师对例题的具体步骤的呈现就是一种达到实施指导目的的具体的和最优化的策略。其中，我们需要深刻地认识到对例题的具体步骤的呈现既可能有利于学生处理同层次的学习任务，也可能会对学生学习的概括性产生一定的阻滞作用。在教学实践中，策略性知识在创造性问题的解决过程中发挥了积极作用，通过以下三个方面可以加以佐证：第一种情况是如果学生具有一种相对较好的解答例题的能力，那么他们在解决之后的相似问题时，远远要比那些仅仅是简单化进行问题处理的学生做得更好；第二种情况是对学生进行鼓励和引导让其自行解题时，接受过自我解释训练的学生远远要比那些没有接受过自我解释训练的学生，在创造性问题的解决过程中表现得更好；第三种情

---

① 周治金、杨文娇：《论知识与创造力的关系》，《高等教育研究》2007年第10期，第75～79页。
② 周治金、谷传华：《创造心理学》，中国社会科学出版社，2015，第186～187页。

况是在例题解答训练过程中,学生被要求依据已有的知识结构进行知识自主建构时,他们在随后的问题解决过程中要比那些进行自我解释训练的学生表现得更好。

四 小结

"初中生创造力发展与知识自主建构"这一研究命题是根据现实问题提出的,是为了进一步明晰其研究的学理价值及意义。本章内容主要选取理论基础、创造力和知识的特征、创造力发展与知识自主建构的关系三方面进行论述,这不仅有助于提升研究的学理深度,还对整个研究起承前启后的作用。

研究主题涉及的主要理论基础包括:人本主义理论、创造力理论、知识建构理论、自主决定理论等。人本主义理论强调的是注重学生潜能的挖掘,促使学生在学习过程中自我实现的达成。创造力理论主要是阐述艾曼贝尔的创造力系统观,其认为创造力发展的关键是培养动机。知识建构理论主要侧重阐释建构主义知识观,这一理论促使研究者们重新考虑学生知识自主建构,如何更好地引导学生去质疑、去探究,使学生创造力得到更好的发展。自主决定理论强调的是一种关于经验选择的潜能,是在充分认识学生自身需要与环境信息的基础上,学生自身对知识做出的自由学习选择。笔者为此主要阐述了三种动机(依据学生的自主决定程度划分):无动机、外部动机和内部动机。初中阶段学生的发展特点是由形象思维向抽象思维过渡,逻辑思维处于初步形成阶段,又依据皮亚杰的认知发展阶段理论可知初中生已经处于形式运演阶段。为此,初中阶段是培育学生创造力的关键期。这些内容皆为后面的探寻策略提供了基础和理路。

对创造力和知识的特征方面进行了分析与提炼,创造力的特征主要包括六个方面:一是独特性,每个学生都有着独特的个性,每个学生的学习方式本质上都是其独特个性的具体体现;二是探索性,所有希望自己拥有或者展现创造力的人,皆需要有探索的准备与能力,因为创造力的发展不是一蹴而就的,需要不断地积极探索;三是破旧性,将自己已有的固定思维破除,对其进行同化和顺应以获取新知识,重新自主建构自己的新旧知识；四是灵活性，具有较强的应变能力和适应性，以及具有灵活改变定向的能力；五是发散性，基于某个问题尽可能多地挖掘其可能性，从一个点向四周发散，以寻求各种不同的知识和答案；六是综合性，强调的是各种因素与方法之间的整合。知识的特征主要包括以下五个方面。一是客观性，知识本身具有客观性，知识作为主体对客观世界中存在的以及可能存在的相互作用和关系的认识的反映，既有客观的因素，也有主观的因素，但就客观世界中存在的或可能存在的相互作用和关系来说，它是客观的，且不以人的主观意志为转移。知识以及人的能力都必须以客观的相互作用和联系以及可能存在的相互作用和联系为基础。二是主观性，指主体运用业已形成的概念、范畴和命题等主观形式对客观世界所产生的结果的一种性质的反映。三是主体性，知识是主客观辩证统一所具有的价值和意义的一种主体性形式的存在。四是发展性，知识永远是一个创造的过程，始终处于不断发展与完善之中。五是生成性，主要是指知识与人的价值关系。

在创造力发展与知识自主建构的关系方面，笔者从创造力和知识的特征视角看创造力发展与知识的关系，从总体上分析并表明创造力发展与知识之间有着重要关系，然后再从知识数量、知识分类和知识运用视角看创造力发展与知识自主建构的相互作用关系，进而表明自主建构的知识（比其他知识）更能促进创造力的发展。具体归纳与总结如下。

首先，从创造力和知识的特征中提炼了三方面的主要因素：创造性思维、知识基础、自主性，从这三方面阐释创造力发展与知识之间的关系。其中，创造性思维贯穿了两者关系的始终，知识基础和自主性是两者关系的前提。学生需要冲破以往创造性思维的概念及所属范畴的常规认识圈，进行创造性思维的多维结构、运行模式和多种方法的转变与训练。学生创造力发展需要一定的知识基础，不仅要有数量上的支撑，还需要有质量上的保障。学生在拥有一定知识基础上，需要建立一个最优化的知识结构，这对学生创造力发展更是一个重要的内在影响因素。学生在此基础上再进行新知识的获取、新旧知识的综合运用，最终进行知识的评价。学生在知识的评价环节中应充分利用自主的过程性评价，然后才是教师和学校等外在群体对学生获取的知识进行评价。评价的主要内容应包含已有知识结构、自主学习和知识的运用等方面。关于自主性，笔者从自主与自由，基础自主和理想自主，积极自主和消极自主，自主主体和自主行为等方面进行阐释，并加以辨析和区别，这有助于学生明晰知识自主建构的自主性意蕴，从而更加便于我们厘清创造力发展与知识之间的相互作用关系。

其次，从知识数量视角看学生创造力发展与知识自主建构的关系：依据张力观的观点，学生创造力发展与知识自主建构呈倒"U"形关系，表明绝不是知识越多，知识自主建构就越强，相反，它会限制学生的创造性思维，故而两者之间应保持一种适度的张力。同时笔者又结合已有研究分析学生知识自主建构对创造力发展的阻碍因素，得出基础观和张力观是两种截然不同的观念，持有基础观的研究者认为学生创造力发展与知识自主建构之间存在正向关系，在分析这种关系的基础上，进一步探析学生知识自主建构对创造力发展的价值。

再次，从知识分类视角看创造力发展与知识自主建构的关系。笔者依据知识的状态和表现方式将知识划分为陈述性知识和程序性知识。陈述性知识是对事实、定义、规则和原理等的一种描述，是关于"是什么（What）""为什么（Why）""怎么样（How）"的知识，有时也可以称为描述性知识。程序性知识在本质上是一种技能或能力。技能表现为通过知识练习和运用能达到相对自动化程度，这种技能的形成很少或者不需要受到意识上的控制；能力表现为受学生个体意识的控制，即使通过知识的运用也难以达到自动化程度。关于"做什么（What to do）""如何做（How to do）"，是一种实践性知识，有时也称为策略性知识。依据知识与言语的关系以及波兰尼的理解可以将知识划分为显性知识和隐性知识两大类。显性知识的自主建构对创造力发展起展现性作用，隐性知识的自主建构是创造力发展之源泉。或者说，知识自主建构其实就是一种显性知识向隐性知识的转化，形成的这种隐性知识表征更显得抽象、储量更大以及更加灵活、便捷。

最后，从知识运用视角看创造力发展与知识自主建构的关系。从小学到初中，学生知识经验的不断累积，知识运用方式方法的改变，对知识处理和加工效率的提高，这些都为学生个体的创造奠定了基础。笔者试图从知识的程序化和自主性、广泛性和多元化、有效性和策略化三个方面对创造力发展与知识自主建构的关系进行阐释，希冀能够为促进学生创造力发展提供一定的参考价值。

第四章　初中生创造力倾向与知识自主建构的现状分析

笔者在对学生创造力发展和知识自主建构进行理论分析的基础上，借鉴已有的相关问卷和量表，同时结合具体研究内容自主编制了初中生知识自主建构的调查问卷。而关于学生创造力倾向的测量问卷，笔者直接引用了成熟量表《威廉斯创造力倾向量表》，以及编制了针对教师的访谈提纲。本研究选取了上海（东部）、郑州（中部）和昆明（西部）三座城市，并分别选取了每个城市的3~5所学校，每所学校又随机选取了2~3个班，即选取24个班的学生作为调查对象（每个班级人数不同），进行了初中生创造力倾向和知识自主建构的总体现状调查，以便为后续研究提供实践基础。

一　问卷的选择、自主编制及调查结果分析

在研究过程中，研究工具的使用影响学术研究的质量。因此，学生问卷的研制经过了与导师、专家、统计学研究者以及一线初中教师等多次沟通与修正。随后笔者又对其进行了预测与修订，最终问卷才得以形成。其中，需要说明的是，此问卷包括三部分：背景信息、《威廉斯创造力倾向量表》（通用量表）、初中生知识自主建构调查问卷（自主编制）。

（一）问卷调查设计

问卷的编制需要经过一系列的环节，才具有一定的可靠性和稳定性。本研究所使用的问卷在编制过程中主要经历了以下几个环节。

第四章 初中生创造力倾向与知识自主建构的现状分析

1. 问卷编制的依据

在问卷的编制过程中,依据是重要的一环。学生创造力倾向量表使用的是通用的《威廉斯创造力倾向量表》[①],在此不再赘述。下面笔者主要阐述自主编制的初中生知识自主建构调查问卷的依据,包括以下两方面。

(1) 已有的相关问卷

关于初中生知识自主建构的问卷目前在国内外还没有一个通用的成熟问卷,但是已有的相关问卷可供参考。例如:日本学者石川勤和藤原喜悦编制的《自主性诊断检查表》(DTI) 将自主性分为判断力、自发性、独创性、责任性、自律性和自我控制六个维度[②];诺姆(Noom)等人自主编制的青少年自主性问卷,将其分为情感自主、态度自主和功能自主三个维度;贝克(Bekker)编制了自主性量表[③]等。国内设计了许多关于学生自主性方面的问卷,例如熊川武等人编制了学生学习自主性问卷,认为学生自主性包括情意自主性、认知自主性和行为自主性。[④] 又如赖昌贵结合美国密歇根大学学与教研究中心提供的学习方法测验以及一些方法资料,同时又结合我国中学教学实际,编制了学生学习方法测验,包括三个维度:学习态度与习惯、学习方法、学习能力。[⑤] 还有刘跃雄和方平合作编制的学生学习动机问卷,包含四个变量:成就目标、学业自我效能、学业成败归因和成就动机。[⑥] 上述内容虽然不能直接作为学生知识自主建构的测量工具,但是对问卷的编制还是起到了一定的辅助作用。

(2) 理论与实践演绎

根据知识建构理论、自主决定理论以及在初中学校与一线教师的访

---

① 林幸台、王木荣编《威廉斯创造性思维活动手册》,心理出版社,1997,第 1~48 页。
② 史清敏、金盛华、山田敬:《中日青少年自主性发展的比较研究》,《外国教育研究》2003 年第 2 期,第 21~24 页。
③ Bekker, M. H. J., "The Development of an Autonomy Scale Based on Recent Insight into Gender Identity", *European Journal of Personality* 7 (3), 1993, pp. 177~194.
④ 熊川武、柴军应、董守生:《我国中学生学习自主性研究》,《教育研究》2017 年第 5 期,第 106~112 页。
⑤ 赖昌贵:《中学生学习方法测验的编制》,《福建师范大学学报》(哲学社会科学版) 1986 年第 4 期,第 115~122 页。
⑥ 刘跃雄、方平:《中学生学习动机问卷的编制》,《首都师范大学学报》(社会科学版) 2006 年第 3 期,第 116~120 页。

谈与商讨等，本研究认为学生知识自主建构由具有内在联系的已有知识结构、自主学习、知识的运用、知识的评价四大维度组成。笔者根据学生知识自主建构的内涵、初中阶段学生发展特点推演学生应具备的理论倾向，同时又经过到初中学校进行课堂观察、教师访谈等实践调查，编制了初中生知识自主建构的调查问卷。需要说明的是，因为学生是一个独立的学习个体，在这四大维度上会有很多的倾向和表现，所以自主编制的问卷不可能呈现所有情况，自主编制问卷的目的仅是总体上了解目前初中生的知识自主建构状况。因此，本问卷选择了一些具有代表性的维度，围绕各个维度编制倾向性问题。

2. 调查工具的说明

本研究直接使用了成熟量表《威廉斯创造力倾向量表》，并自主编制了初中生知识自主建构的调查问卷，下面分别加以说明。

(1)《威廉斯创造力倾向量表》的说明

创造力倾向是指一个人在活动中表现出来的积极创造力心理倾向的人格特征。① 本研究所使用的问卷是由美国心理学家威廉斯（Willians）编制，并由我国台湾学者林幸台等人修订而成的《威廉斯创造力倾向量表》，整个问卷包括50道题目，该量表将创造力倾向分为四个维度：冒险性、好奇性、想象力和挑战性。其中冒险性是指勇于直面失败或者批评，可以在复杂的环境下完成任务，为自己的观点辩护，该维度包括11道题目（含2道反向题目）；好奇性是指富有刨根问底的精神，乐于接触不确定的情境，深入分析内涵的道理，能够把握事物的特殊现象，该维度包括14道题目（含2道反向题目）；想象力是指能够超越感官及现实的界限，直接推测和想象尚未发生过的事情，该维度包括13道题目（含1道反向题目）；挑战性是指探寻各种可能性，了解问题解决的可能及与现实之间的差距，善于去探究复杂的问题或主意，该维度包括12道题目（含3道反向题目）。计分方法采用的是李克特五点记分制：从不这样、很少这样、有时这样、经常这样、总是这样；正向1~5分，反向5~1分。测试得分越高表明学生

---

① 齐书宇、胡万山：《高中生创造力倾向发展现状及提高对策研究——基于对北京K中学高中生的调查与分析》，《基础教育》2016年第3期，第59~68页。

创造力倾向越强，反之则越弱。

（2）初中生知识自主建构问卷的说明

知识自主建构是指初中生将先前的已内化的知识与外在的有选择性的新知识进行积极主动的充分融合。整个问卷包括30道题目，其中1~10题是额外设置的题目（目的是对笔者自制的《初中生知识自主建构量表》进行辅助或补充分析，从而较为全面地对学生知识自主建构的整体状况进行分析），仅采用描述性统计对其进行分析。而11~30题采用规范的量表统计分析方法进行分析，包括已有知识结构、自主学习、知识的运用以及知识的评价四个维度。其中已有知识结构是指学生在过去的学习中，将自己所了解、理解、掌握的知识方法以及存在的联系，能够运用某种观点对其内在的联系和作用加以描述，总结其规律并归纳形成的某一特定知识结构。自主学习是指学生自主制定学习规划，进行自主的预习、复习和探索新知的习惯或能力。知识的运用是指学生在学习过程中能够有独立的见解，并能够提炼新思路或者新方法。知识的评价主要是指学生自主评定自己的学习过程以及结果，同时反思目前外在学习评价方式对自己学习的作用情况。以上四个维度的计分方法同样也采用李克特五点记分制，具体记分情况如上所述。

3. 初始问卷的编制

在问卷的编制过程中，笔者经过与教育学、心理学和统计学方面的专业人员讨论与修正，保证问卷具有一定的科学性和专业性。同时初始问卷形成之后，又多次请教一线教师并对其进行修正。最终形成了共计85道题目的总问卷，具体包含三部分：背景信息（5道题目）、学生知识自主建构的调查问卷（30道题目）、《威廉斯创造力倾向量表》（50道题目）。其中，《初中生知识自主建构量表》有20道题目。

4. 初始问卷的预测与修订

初始问卷编制之后，笔者在上海、郑州和昆明选中的初中学校里随机选择了3个班共计132名学生，对其进行初始问卷试测，问卷全部回收之后剔除6份无效问卷，将126份有效数据按照要求录入SPSS19.0软件系统中。

（1）《威廉斯创造力倾向量表》的预测与修订

《威廉斯创造力倾向量表》虽然是比较成熟的测量问卷，但是为了明确其与本次调查研究的契合度,再次对其进行了验证性统计分析。笔者运用结构方程软件 LISREL8.80 对其进行拟合指数的考察,发现总体数据良好,但也有个别题目的数据不太理想。因此笔者再次对其进行测试并正式发放问卷,在回收问卷之后严格删除无效问卷。

(2)《初中生知识自主建构量表》的预测与修订

笔者对《初中生知识自主建构量表》进行了探索性统计分析,又结合每个维度中每道题目的实际内涵,删除了一些测试角度重复或者影响问卷结构效度的题目。修订后的问卷共24道题目,其中1~10题是额外设置的题目,没有改变(前面已有论述),而《初中生知识自主建构量表》的11~30题目中删除了6道题目,最终还是四个维度,共14道题目。整个问卷结构为已有知识建构5道题目(11,12,13,14,15);自主学习3道题目(16,17,18);知识的运用3道题目(19,20,21);知识的评价3道题目(22,23,24)。

问卷修订完毕之后,笔者再次对问卷进行了测试,并将数据录入 SPSS19.0 软件系统中进行统计分析,并着重对自主编制的《初中生知识自主建构量表》再次进行探索性分析,发现其基本上符合统计学意义,后又对其做了一些微调,形成了最终问卷。

5. 最终问卷的信效度检验

分别对《威廉斯创造力倾向量表》和《初中生知识自主建构量表》进行信效度检验,以确保研究结果的可靠性和稳定性。

(1)《威廉斯创造力倾向量表》的信效度检验

一是信度检验。为了检验本研究的测量问卷的可靠性,对其50道题目进行了信度分析,各个维度标准化的α系数如表4-1所示。由于整个测量问卷的标准化系数α为0.88,而各个维度α系数在可接受的范围内,即α系数都在0.5以上,所以认为该测量问卷具有良好的信度(可靠性)。

表4-1 创造力倾向量表的信度检验

创造力倾向及其各维度	项目数(道)	标准化的α系数
创造力倾向	50	0.88
冒险性	11	0.53

续表

创造力倾向及其各维度	项目数（道）	标准化的α系数
好奇性	14	0.66
想象力	13	0.68
挑战性	12	0.71

二是效度检验。为检验本研究量表的结构效度，笔者对量表进行验证性因素分析，将该量表的四个维度即冒险性、好奇性、想象力和挑战性作为一级指标，统计结果 KMO 值为 0.814，通过 Bartlett 的球形度检验，Sig = 0.000 < 0.05，符合做因子分析的要求。采用结构方程软件 LISREL8.80 对其进行拟合度指数的考察，具体验证性因素分析结果如表 4-2 所示。拟合度指标的分析结果表明该量表已达到统计学标准且结构效度良好。负荷量表示对变量解释的总体情况，各个维度的负荷量都在 0.8 以上（见表 4-3），所以认为该测量量表的结构效度良好。

表 4-2 创造力倾向量表模型拟合度指数[①]

	X^2	df	X^2/df	NFI	TLI	CFI	RMSEA
模型标准	—	—	越接近1越好	大于0.9	大于0.9	大于0.9	小于0.1
研究模型	4110.63	1169	3.52	0.91	0.93	0.93	0.062

注：表中 X^2 为卡方值，df 为自由度，X^2/df 为卡方值/自由度，NFI 为标准拟合指数，TLI（NNFI）为非正态化拟合指数，CFI 为比较拟合指数，RMSEA 为近似均方根残差。

表 4-3 创造力倾向量表各维度负荷量

	冒险性	好奇性	想象力	挑战性
负荷量	0.822	0.884	0.817	0.837

（2）《初中生知识自主建构量表》的信效度检验

一是信度检验。为了检验本研究的测量问卷的可靠性，对测量问卷的

[①] 需要说明的是，在使用验证性分析结构方程软件 LISREL 时，版本之间存在差异。8.52 以后的版本使用了不同的虚拟模型，致使输出的拟合度指数（GOF）值较以往提高了约 0.02。而本研究使用的是 LISREL 8.80，相应的 GOF 界值应降低 0.02 左右。郭庆科、李芳、陈雪霞、王炜丽、孟庆茂：《不同条件下拟合指数的表现及临界值的选择》，《心理学报》2008 年第 1 期，第 109~118 页。

14道题目进行了信度分析,各个维度标准化的α系数如表4-4所示。因为整个测量问卷标准化的α系数为0.79,各个维度α系数又在可接受的范围内,即α系数都在0.4以上,所以笔者认为该测量问卷具有良好的信度(可靠性)。

表4-4 初中生知识自主建构量表的信度检验

知识自主建构及其各维度	项目数(道)	标准化的α系数
知识自主建构	14	0.79
已有知识结构	5	0.71
自主学习	3	0.58
知识的运用	3	0.60
知识的评价	3	0.44

二是效度检验。为检验本研究量表的结构效度,需要对该量表进行验证性因素分析。该量表包括四个维度(一级指标):已有知识结构、自主学习、知识的运用和知识的评价,统计结果KMO值为0.84,通过Bartlett的球形度检验,$Sig = 0.000 < 0.05$,符合做因子分析的基本要求。又采用结构方程软件LISREL8.80对其进行拟合度指数的考察,具体验证性因素分析结果如表4-5所示。分析表明该量表已达到统计学标准且结构效度良好。负荷量表示对变量解释的总体情况,各个维度的负荷量都在0.6以上(见表4-6),所以认为该测量量表的结构效度良好。

表4-5 初中生知识自主建构量表模型拟合度指数

	X^2	df	X^2/df	NFI	TLI	CFI	RMSEA
模型标准	—	—	越接近1越好	大于0.9	大于0.9	大于0.9	小于0.1
研究模型	219.20	71	3.09	0.95	0.95	0.96	0.045

注:表中X^2为卡方值,df为自由度,X^2/df为卡方值/自由度,NFI为标准拟合指数,TLI(NNFI)为非正态化拟合指数,CFI为比较拟合指数,RMSEA为近似均方根残差。需要说明的是,在使用验证性分析结构方程软件LISREL时,由于版本之间存在一定差异,相应的拟合度指数(GOF)界值应降低0.02左右。详细说明可参考创造力倾向量表模型拟合度指数的注释说明。

第四章 初中生创造力倾向与知识自主建构的现状分析

表 4-6 初生中知识自主建构量表各维度负荷量

	已有的知识结构	自主学习	知识的运用	知识的评价
负荷量	0.781	0.680	0.713	0.703

6. 问卷调查对象及分布

本研究中问卷调查的主要目的是对初中生的"创造力发展"和"知识自主建构"进行一个总体的现状调查。为此围绕这一主题进行样本选择，同时又考虑到人力、物力、财力以及时间等限制性因素，难以把全部初中学校学生也不可能将全部初中学校学生作为调查对象，即便是把一个城市的全部初中学校学生作为调查对象也很难做到。因此，经过综合考虑选取了上海（东部）、郑州（中部）和昆明（西部）三地，同时又采取整群抽样和分层抽样相结合的办法。从每一个城市的初中学校中选取几所学校，同时在选取的时候考虑到了两种基本情况：一是学校整体办学水平（不同层次）；二是办学地址，例如市中心和郊区等。然后从这些学校分层选取班级。综合考虑研究的可行性和便利性，本研究一共选取了13所学校，涉及24个班级，分别是上海 JT 中学、上海 WL 学校、上海 ZY 学校、上海 SY 学校、上海 MY 中学；郑州 FY 学校、郑州 XQ 学校、郑州 DS 学校、郑州 DX 学校；昆明 DY 中学、昆明 CD 中学、昆明 KD 中学、昆明 YD 学校。

问卷调查选取的对象是上海、郑州和昆明三地的初中阶段的学生，问卷是由学校任课教师具体负责让学生统一填写，本次调查问卷共发放了1100份，回收了1012份，有效问卷为969份，有效率达到95.8%。运用SPSS19.0（中文版）进行统计与分析，问卷调查的样本具体分布情况如表4-7所示。

表 4-7 问卷调查样本分布情况统计

变量	类别	人数（人）	占学生总数的百分比（%）
性别	男	509	52.5
	女	460	47.5

续表

变量	类别	人数（人）	占学生总数的百分比（%）
年级	六年级	140	14.4
	七年级	407	42.0
	八年级	224	23.1
	九年级	198	20.4
学习成绩在班级的位置	1~10名	251	25.9
	11~20名	233	24.0
	21~30名	196	20.2
	31~40名	139	14.3
	41~50名	72	7.4
	51名以后	67	6.9
	不清楚	11	1.1
兴趣爱好类别	与课程知识学习有关类别	285	29.4
	业余类别	684	70.6
常住地址	乡村	72	7.4
	城镇	213	22.0
	城市郊区	148	15.3
	城乡接合部	76	7.8
	城市市区	460	47.5

（二）问卷调查结果分析

笔者问卷调查结果分析包括两大部分：初中生创造力倾向发展现状及分析、知识自主建构现状及分析。

1. 初中生创造力倾向发展现状及分析

笔者在对初中生创造力倾向发展整体状况分析的基础上，再分别对其四个维度（冒险性、好奇性、想象力和挑战性）进行差异分析，最后对考试成绩与初中生创造力倾向发展及其各维度进行相关分析，以期能够对初中生创造力倾向发展有一个整体状况的分析与呈现。

①初中生创造力倾向总体情况

虽然本研究依据的《威廉斯创造力倾向量表》是一个比较成熟的量表，但是依据在调查之前对初中生进行的测试和对教师的前期访谈，以及对三点计分制（完全不符合1分、部分符合2分、完全符合3分，反向题目计分正好相反）和李克特的五点计分制（从不这样1分、很少这样2分、有时这样3分、经常这样4分、总是这样5分，反向题目计分正好相反）进行比较，最终选择更能反映学生创造力倾向的现实情况的五点计分制。同时又经过与相关研究者讨论，认为这样处理是可以的，也符合统计学和心理学量表测量要求。为此，在运用SPSS19.0统计软件进行数据分析时，每个维度的题目数量不一，最低得分与最高得分情况也不同，故需要分别计算区间和间距。

冒险性倾向得分情况（11道题目，其中有2道反向题目）：最低11分，最高55分，所以得分区间为11~55分，间距为8.8；好奇性倾向得分情况（14道题目，其中有2道反向题目）：最低14分，最高70分，所以得分区间为14~70分，间距为11.2；想象力倾向得分情况（13道题目，其中有1道反向题目）：最低13分，最高65分，所以得分区间为13~65分，间距为10.4；挑战性倾向得分情况（12道题目，其中有3道反向题目）：最低12分，最高60分，所以得分区间为12~60分，间距为9.6。创造力倾向得分是以上四个维度得分之和，最低50分，最高250分，所以得分区间为50~250分，间距为40。以此把每个维度的得分划分为最低、较低、中等、较高和最高五个区间。初中生创造力倾向的得分区间具体如表4-8所示。

表4-8 初中生创造力倾向及其各维度的得分区间

单位：分

创造力倾向及其各维度	最低	较低	中等	较高	最高
冒险性	（11~19.8）	（19.8~28.6）	（28.6~37.4）	（37.4~46.2）	（46.2~55）
好奇性	（14~25.2）	（25.2~36.4）	（36.4~47.6）	（47.6~58.8）	（58.8~70）
想象力	（13~23.4）	（23.4~33.8）	（33.8~44.2）	（44.2~54.6）	（54.6~65）
挑战性	（12~21.6）	（21.6~31.2）	（31.2~40.8）	（40.8~50.4）	（50.4~60）
创造力倾向	（50~90）	（90~130）	（130~170）	（170~210）	（210~250）

本次测量调查初中生创造力倾向平均分为167.67分，四个维度得分情况分别为：冒险性37.41分、好奇性46.82分、想象力40.33分和挑战性43.12分，再结合中值和众数（见表4-9），以及与常模比较（见表4-8）可知，本次调查的初中生创造力倾向总体不高，在创造力倾向的各个维度上，初中生具有较高的冒险性和挑战性，而好奇性和想象力发展呈中等水平。然后再

结合在创造力倾向及各个维度上得分的方差、极大值和极小值来看，初中生的创造力倾向及其各维度的差异很大，两极分化比较突出。但是从本研究的调查结果可以看出，上海、郑州和昆明的初中生在具体处理事务或者解决问题过程中具有一定的冒险精神，同时敢于挑战所面临的复杂问题，凸显了积极的探求事物本质的精神。但是三地的初中生对事物的好奇性不是十分强烈，不足以深入分析问题，且依据已有的知识结构和经验去建构事物的能力比较欠缺。这在某种程度上也反映了一定的教育阶段性的特征。尽管初中生在面临问题时具有冒险精神，也敢于去直面挑战，但是由于自身对事物的好奇性不足，或者不具备刨根问底的精神，综合解决问题的能力不是很强。

表 4-9　初中生创造力倾向及其各维度整体情况

	创造力倾向	冒险性	好奇性	想象力	挑战性
有效的 N	969	969	969	969	969
均值	167.67±0.76	37.41±0.18	46.82±0.24	40.33±0.26	43.12±0.22
中值	169	38	47	40	44
众数	145	40	49	39	46
方差	552.9	31.81	56.91	62.76	47.06
极小值	103	21	28	17	19
极大值	226	53	64	61	60

②初中生创造力倾向的差异状况

下面从性别、年级、学习成绩、兴趣爱好类别以及常住地址方面分别对初中生创造力倾向发展的差异进行分析。

第一，初中生创造力倾向在性别上的差异。运用独立样本 t 检验可得知（见表 4-10），上海、郑州和昆明的初中生创造力倾向及其各个维度的发展水平在性别上没有显著差异，从得分上可以看出女生略优于男生。从已有研究对创造力在性别上的研究来看，男性和女性没有显著差异，这些研究的被试者包括初中生、高中生、大学生和成年人，结果具有一定的普遍性。[1]但是也有一些研究者发现男生在创造力的某些方面要优于女生，同时也有

---

[1] Saeki, N., Fan, X. T., Dusen, L. V., "A Comparative Study of Creative Thinking of American and Japanese College Students", *Journal of Creative Behavior* 35 (1), 2001, pp. 24-36.

一些研究者发现在语言学习能力方面女生优于男生。[1] 本研究的调查结果与齐书宇和胡万山对高中生创造力倾向在性别上的差异分析具有较强的一致性,其结果不显著,并且男生的得分略逊于女生。[2] 仅在挑战性维度的得分上男生要优于女生,表现出男生好奇心强,善于挑战有困难的事情,具有冒险精神等。而本调查对象是上海、郑州和昆明三地的初中学校的学生,常住地址主要来自市区,后面在分析初中生创造力倾向在常住地址上的差异时也将阐释这一点。市区的父母的男女平等观念较强,不管是男生或女生,他们都竭尽全力为其提供最好的生活和学习条件,这也在一定程度上凸显了家长对公平而有质量的教育理念的追求。

表4-10 初中生创造力倾向及其各维度在性别上的差异

创造力倾向及其各维度	性别	N	均值	t	Sig.
创造力倾向	男	509	166.73 ± 1.05	-1.31	.896
	女	460	168.71 ± 1.08		
冒险性	男	509	36.96 ± 0.25	-2.63	.432
	女	460	37.91 ± 0.26		
好奇性	男	509	46.82 ± 0.33	0.00	.360
	女	460	46.82 ± 0.36		
想象力	男	509	39.68 ± 0.35	-2.68	.838
	女	460	41.04 ± 0.37		
挑战性	男	509	43.28 ± 0.31	0.76	.461
	女	460	42.95 ± 0.32		

第二,初中生创造力倾向在年级上的差异。经过单因素 ANVOA 分析结果可知(见表4-11),不同年级的初中生创造力倾向及其各维度均呈现显著的差异($P<0.001$)。从创造力倾向及其各维度在不同年级的得分中又可以清楚地发现,六年级和八年级初中生的创造力倾向最强,七年级的略低于前两者,而九年级的创造力倾向最弱。其中学生在六年级(上海初

---

[1] Sternberg, R. J., *Handbook of Creativity* (New York: Cambridge University Press, 1999), p. 78-79.
[2] 齐书宇、胡万山:《高中生创造力倾向发展现状及提高对策研究——基于对北京K中学高中生的调查与分析》,《基础教育》2016年第3期,第59~68页。

中预备班）即刚进入中学学习阶段，对新鲜事物有非常强的好奇心和强烈的学习动机，王天利和姜笑君的研究也证明了这一点：刚入校的本科一年级新生在创造力水平方面明显高于高年级的学生。[1] 进一步观察与分析还可以发现，六年级初中生创造力倾向得分最高，九年级初中生创造力倾向得分最低。这里面的原因可能与学习压力有关，比较大的压力环境会阻碍创造力的发挥，而且令人感到有压力的环境也不利于创造力的培养。[2] 故而九年级初中生创造力倾向明显低于其他年级。

又经过多重比较分析可知（见表4-12），在创造力倾向和冒险性维度上，六、七年级，六、九年级，七、九年级，八、九年级之间具有显著差异（$P<0.05$），从表中还可以看出六、八年级，七、八年级之间在统计学上无显著差异。在好奇性维度上，六、九年级，七、九年级，八、九年级之间具有显著差异（$P<0.05$），六、七年级，六、八年级，七、八年级在统计学上无显著差异。在想象力维度上，六、七年级，六、九年级，七、八年级，七、九年级，八、九年级之间具有显著差异（$P<0.05$），仅有六、八年级在统计学上无显著差异。在挑战性维度上，六、七年级，六、八年级，六、九年级，七、九年级，八、九年级之间具有显著差异（$P<0.05$），仅有七、八年级在统计学上无显著差异。

表4-11 初中生创造力倾向及其各维度在年级上的差异

创造力倾向及其各维度	年级	均值	F	Sig.	显著性
创造力倾向	六年级	140	178.08 ± 1.88	133.49	.000 ***
	七年级	407	172.33 ± 1.09		
	八年级	224	174.65 ± 1.43		
	九年级	198	142.84 ± 0.58		
冒险性	六年级	140	39.81 ± 0.44	103.95	.000 ***
	七年级	407	38.31 ± 0.26		
	八年级	224	39.04 ± 0.34		
	九年级	198	32.01 ± 0.25		

---

[1] 王天利、姜笑君：《大学生创造力倾向测试调查分析》，《辽宁工业大学学报》（社会科学版）2013年第1期，第64~66页。

[2] Runco, M., "Creativity", *Annual Review of Psychology* 55, 2004, pp. 657-687.

续表

创造力倾向及其各维度	年级	均值	F	Sig.	显著性
好奇性	六年级	140	49.17 ± 0.62	101.31	.000***
	七年级	407	48.62 ± 0.36		
	八年级	224	48.50 ± 0.46		
	九年级	198	39.55 ± 0.27		
想象力	六年级	140	42.96 ± 0.70	40.57	.000***
	七年级	407	40.57 ± 0.41		
	八年级	224	42.55 ± 0.53		
	九年级	198	35.45 ± 0.29		
挑战性	六年级	140	46.13 ± 0.50	134.57	.000***
	七年级	407	44.84 ± 0.31		
	八年级	224	44.56 ± 0.43		
	九年级	198	35.84 ± 0.27		

注：*** 代表显著性水平 $P < 0.001$。

表4-12 初中生创造力倾向及其各维度得分在年级上的多重比较分析

因变量	（I）年级	（J）年级	均值差（I-J）
创造力倾向	六年级	七年级	5.744*
		八年级	3.431
		九年级	35.235*
	七年级	六年级	-5.744*
		八年级	-2.313
		九年级	29.491*
	八年级	六年级	-3.431
		七年级	2.313
		九年级	31.804*
	九年级	六年级	-35.235*
		七年级	-29.491*
		八年级	-31.804*

续表

因变量	（I）年级	（J）年级	均值差（I－J）
冒险性	六年级	七年级	1.507*
		八年级	.770
		九年级	7.809*
	七年级	六年级	－1.507*
		八年级	－.738
		九年级	6.302*
	八年级	六年级	－.770
		七年级	.738
		九年级	7.040*
	九年级	六年级	－7.809*
		七年级	－6.302*
		八年级	－7.040*
好奇性	六年级	七年级	.555
		八年级	.676
		九年级	9.626*
	七年级	六年级	－.555
		八年级	.121
		九年级	9.071*
	八年级	六年级	－.676
		七年级	－.121
		九年级	8.950*
	九年级	六年级	－9.626*
		七年级	－9.071*
		八年级	－8.950*
想象力	六年级	七年级	2.397*
		八年级	.415
		九年级	7.510*
	七年级	六年级	－2.397*
		八年级	－1.982*
		九年级	5.113*

续表

因变量	（I）年级	（J）年级	均值差（I-J）
想象力	八年级	六年级	-.415
		七年级	1.982*
		九年级	7.095*
	九年级	六年级	-7.510*
		七年级	-5.113*
		八年级	-7.095*
挑战性	六年级	七年级	1.286*
		八年级	1.571*
		九年级	10.290*
	七年级	六年级	-1.286*
		八年级	.285
		九年级	9.004*
	八年级	六年级	-1.571*
		七年级	-.285
		九年级	8.720*
	九年级	六年级	-10.290*
		七年级	-9.004*
		八年级	-8.720*

注：*均值差的显著性水平 P<0.05。

第三，初中生创造力倾向及其各维度在班级学习成绩上的差异。初中生创造力倾向在班级学习成绩方面有差异，其中需要说明的是，这里所说的学习成绩是指学生自己认为自己的学习成绩在班级上总体位于的水平。经过单因素ANVOA分析结果可知（见表4-13），学习成绩不同的初中生创造力倾向及其冒险性、好奇性和挑战性三个维度均呈现极其显著的差异（P<0.001），只有想象力无显著差异。王雁、王兴芬和白菁进行了大学生学习成绩与创造力关系的研究，研究结论为：在创造力的指标中把握重点和独创性指标在解释大学生学习成绩方面具有显著意义。[①] 具体关于

---

① 王雁、王兴芬、白菁：《大学生学习成绩与其创造力关系的研究》，《教育与职业》2013年第26期，第175~176页。

学习成绩与学生创造力关系的研究比较少，我们将在后面章节中进一步阐述。

又经过对创造力倾向得分在班级学习成绩上的多重比较分析可知（见表4-14），1~10名与11~20名、21~30名、31~40名、41~50名、51名以后，11~20名与41~50名、51名以后，21~30名与51名以后，31~40名与51名以后，互相之间具有显著差异（P<0.05）；1~10名与不清楚，11~20名与21~30名、31~40名、不清楚，21~30名与31~40名、41~50名、不清楚，31~40名与41~50名、不清楚，41~50名与51名以后、不清楚，51名以后与不清楚，在统计学上无显著差异。

表4-13 初中生创造力倾向及其各维度在班级学习成绩上的差异

创造力倾向及其各维度	学习成绩在班级的位置	N	均值	F	Sig.
创造力倾向	1~10名	251	174.00±1.39	6.58	.000***
	11~20名	233	168.54±1.55		
	21~30名	196	164.94±1.67		
	31~40名	139	167.04±1.98		
	41~50名	72	161.01±2.73		
	51名以后	67	158.42±3.02		
	不清楚	11	161.64±5.71		
冒险性	1~10名	251	38.44±0.34	5.10	.000***
	11~20名	233	37.77±0.38		
	21~30名	196	37.14±0.41		
	31~40名	139	37.47±0.45		
	41~50名	72	35.85±0.68		
	51名以后	67	34.91±0.68		
	不清楚	11	35.45±1.26		

续表

创造力倾向及其各维度	学习成绩在班级的位置	N	均值	F	Sig.
好奇性	1~10 名	251	48.84 ± 0.42	6.89	.000***
	11~20 名	233	42.27 ± 0.51		
	21~30 名	196	45.76 ± 0.53		
	31~40 名	139	46.58 ± 0.65		
	41~50 名	72	43.78 ± 0.90		
	51 名以后	67	44.81 ± 0.97		
	不清楚	11	45.00 ± 1.79		
想象力	1~10 名	251	41.67 ± 0.51	2.03	0.059
	11~20 名	233	40.03 ± 0.51		
	21~30 名	196	39.69 ± 0.58		
	31~40 名	139	40.40 ± 0.66		
	41~50 名	72	39.89 ± 0.82		
	51 名以后	67	38.70 ± 1.02		
	不清楚	11	39.09 ± 2.28		
挑战性	1~10 名	251	45.06 ± 0.40	7.28	.000***
	11~20 名	233	43.46 ± 0.46		
	21~30 名	196	42.34 ± 0.50		
	31~40 名	139	42.59 ± 0.54		
	41~50 名	72	41.50 ± 0.85		
	51 名以后	67	40.00 ± 0.88		
	不清楚	11	42.09 ± 1.76		

注：*** 代表显著性水平 $P < 0.001$。

表 4-14　初中生创造力倾向得分在班级学习成绩上的多重比较分析

因变量	(I) 学习成绩在班级的位置	(J) 学习成绩在班级的位置	均值差 (I-J)
创造力倾向	1~10 名	11~20 名	5.468*
		21~30 名	9.065*
		31~40 名	6.968*
		41~50 名	12.990*
		51 名以后	15.586*
		不清楚	12.368

续表

因变量	(I) 学习成绩在班级的位置	(J) 学习成绩在班级的位置	均值差（I-J）
创造力倾向	11~20名	1~10名	-5.468*
		21~30名	3.598
		31~40名	1.501
		41~50名	7.523*
		51名以后	10.119*
		不清楚	6.900
	21~30名	1~10名	-9.065*
		11~20名	-3.598
		31~40名	-2.097
		41~50名	3.925
		51名以后	6.521*
		不清楚	3.302
	31~40名	1~10名	-6.968*
		11~20名	-1.501
		21~30名	2.097
		41~50名	6.022
		51名以后	8.618*
		不清楚	5.400
	41~50名	1~10名	-12.990*
		11~20名	-7.523*
		21~30名	-3.925
		31~40名	-6.022
		51名以后	2.596
		不清楚	-.622
	51名以后	1~10名	-15.586*
		11~20名	-10.119*
		21~30名	-6.521*
		31~40名	-8.618*
		41~50名	-2.596
		不清楚	-3.218

续表

因变量	（I）学习成绩在班级的位置	（J）学习成绩在班级的位置	均值差（I-J）
创造力倾向	不清楚	1~10 名	-12.368
		11~20 名	-6.900
		21~30 名	-3.302
		31~40 名	-5.400
		41~50 名	.622
		51 名以后	3.218

注：* 均值差的显著性水平 $P<0.05$。

第四，初中生创造力倾向及其各维度在兴趣爱好类别上的差异。兴趣是人皆有之的一种心理现象，并广泛存在于学习和工作等现实生活之中。[1] 本次调查研究所指的兴趣爱好类别包括两类：与课程知识学习有关的类别和业余类别。采用独立样本 t 检验（见表 4-15）可知，初中生创造力倾向以及冒险性、好奇性和挑战性三个维度在不同兴趣爱好类别上没有显著差异，仅想象力具有显著差异（$P<0.05$）。关于对初中生创造力倾向在兴趣爱好类别上的差异的相关研究不多，但是齐书宇和胡万山在对其进行调查后发现学生创造力倾向及冒险性和挑战性两个维度在不同兴趣爱好类别上呈显著差异，而剩余两个维度无显著差异。[2] 而本研究的调查结果在某种程度上可以说明，部分初中生的兴趣爱好类别有过于泛化的倾向，在对某些课程知识不感兴趣或者仅仅不讨厌时，学生不能把全部精力投入其中，缺乏求知的好奇心和深度探索的能力。诚如有学者提出，创造是更高层次的智力活动，需要在对事物的一般理解的基础上进行更高层次的加工。[3] 笔者进一步分析发现两种兴趣爱好类别得分差距不大，业余类别的得分仅略高于与课程知识学习有关的类别的得分，这也从另一个侧面说明了初中生认为课程知识学习对创造力倾向发展具有重要作用。

---

[1] 郭戈：《关于兴趣教学原则的若干思考》，《教育研究》2012 年第 3 期，第 119~124 页。
[2] 齐书宇、胡万山：《高中生创造力倾向发展现状及提高对策研究——基于对北京 K 中学高中生的调查与分析》，《基础教育》2016 年第 3 期，第 59~68 页。
[3] 宫秀丽：《中学生创造力发展的影响因素》，《当代教育科学》2003 年第 7 期，第 51~52 页。

表 4-15 初中生创造力倾向及其各维度在兴趣爱好类别上的差异

创造力倾向及其各维度	兴趣爱好类别	N	均值	t	Sig.
创造力倾向	与课程知识学习有关的类别	285	162.89±1.34	-4.12	.674
	业余类别	684	169.67±0.90		
冒险性	与课程知识学习有关的类别	285	36.31±0.32	-3.96	.465
	业余类别	684	37.87±0.22		
好奇性	与课程知识学习有关的类别	285	45.47±0.43	-3.61	.432
	业余类别	684	47.38±0.29		
想象力	与课程知识学习有关的类别	285	38.96±4.23	-3.49	.010*
	业余类别	684	40.90±0.31		
挑战性	与课程知识学习有关的类别	285	42.16±0.41	-2.84	.279
	业余类别	684	43.52±0.26		

注:* 代表显著性水平 $P<0.05$。

第五,初中生创造力倾向及其各维度在常住地址上的差异。运用单因素 ANVOA 分析在不同常住地址上的初中生创造力倾向情况(见表4-16),其结果均表现出显著差异。我们还可以从初中生创造力倾向在常住地址上的得分看,乡村和城乡接合部分数最低,而来自城镇、城市郊区和城市市区的分数不相上下,而综观四个维度(见表4-16)的得分情况也是如此。本研究的调查结果与社会的普遍认识基本一致。本研究的调查对象主要是城市市区和城镇,这些学生从幼儿时期就受到了相对较好的教育。另外,城市市区和城镇的学生创造力倾向高于乡村等,这可能与父母的受教育程度有关。关于这方面已有学者进行了研究,父母的文化程度与学生的创造力倾向呈正相关。[1]

同时又通过初中生创造力倾向总体在常住地址上的多重比较分析可知(见表4-17),乡村与城镇、城市郊区、城市市区,城镇、城市郊区、城市市区与城乡接合部在统计学意义上呈现显著差异($P<0.05$);而乡村与城乡接合部,城镇与城市郊区、城市市区,城市郊区与城市市区在统计学

---

[1] 高珊、曾晖:《大学生创造力倾向现状调查分析》,《中国电力教育》2012年第10期,第138~139、153页。

意义上均无显著差异。

表4-16 初中生创造力倾向及其各维度在常住地址上的差异

创造力倾向及其各维度	常住地址	N	均值	F	Sig.
创造力倾向	乡村	72	41.21±0.81	11.44	.000***
	城镇	213	43.51±0.47		
	城市郊区	148	43.29±0.57		
	城乡接合部	76	39.26±0.78		
	城市市区	460	43.83±0.31		
冒险性	乡村	72	34.69±0.61	10.7	.000***
	城镇	213	37.68±0.39		
	城市郊区	148	37.75±0.45		
	城乡接合部	76	34.70±0.57		
	城市市区	460	38.05±0.26		
好奇性	乡村	72	43.35±0.87	10.95	.000***
	城镇	213	47.45±0.50		
	城市郊区	148	46.99±0.63		
	城乡接合部	76	42.97±0.79		
	城市市区	460	47.65±0.35		
想象力	乡村	72	37.36±0.87	4.40	.002**
	城镇	213	40.63±0.55		
	城市郊区	148	41.07±0.61		
	城乡接合部	76	38.41±0.71		
	城市市区	460	40.73±0.38		
挑战性	乡村	72	41.21±0.81	9.11	.000***
	城镇	213	43.51±0.47		
	城市郊区	148	43.29±0.57		
	城乡接合部	76	39.26±0.78		
	城市市区	460	43.83±0.31		

注：**、***分别代表显著性水平 $P<0.01$、$P<0.001$。

表4-17 初中生创造力倾向总体在常住地址上的多重比较分析

因变量	(I)常住地址	(J)常住地址	均值差(I-J)
创造力倾向	乡村	城镇	-12.656*
		城市郊区	-12.490*
		城乡接合部	1.269
		城市市区	-13.632*
	城镇	乡村	12.656*
		城市郊区	.166
		城乡接合部	13.926*
		城市市区	-.976
	城市郊区	乡村	12.490*
		城镇	-.166
		城乡接合部	13.759*
		城市市区	-1.142
	城乡接合部	乡村	-1.269
		城镇	-13.926*
		城市郊区	-13.759*
		城市市区	-14.901*
	城市市区	乡村	13.632*
		城镇	.976
		城市郊区	1.142
		城乡接合部	14.901*

注：*均值差的显著性水平 $P<0.05$。

2. 初中生知识自主建构现状及分析

在对初中生知识自主建构总体状况分析的基础上，再分别对其四个维度进行差异分析，最后进行学习成绩与初中生知识自主建构及其各维度的相关分析，以期能够对初中生创造力倾向发展有一个总体状况的分析与呈现。

①初中生知识自主建构的总体状况

依据之前所进行的问卷试测，与《威廉斯创造力倾向量表》一样，我们对其也采用李克特的五点计分制（从不这样1分、很少这样2分、有时这样3分、经常这样4分、总是这样5分，反向题目计分正好相反）。同时在运用SPSS19.0统计软件进行数据分析时，因为每个维度的题目数量不一，最低得分与最高得分也不同，所以我们需要分别计算区间和间距。

已有知识结构（5道题目）得分情况为：最低5分，最高25分，所以得分区间为5~25，间距为4。自主学习、知识的运用和知识的评价（各3道题目）得分情况为：最低3分，最高15分，所以得分区间为3~15，间距为2.4。知识自主建构总体得分是以上四个维度得分之和，最低14分，最高70分，所以得分区间为14~70，间距为11.2。以此把每个维度的得分划分为五个合理水平区间：最低、较低、中等、较高和最高。初中生知识自主建构的得分区间如表4-18所示。

表4-18 初中生知识自主建构及其各维度的得分区间

单位：分

知识自主建构及其各维度	最低	较低	中等	较高	最高
已有知识结构	(5~9)	(9~13)	(13~17)	(17~21)	(21~25)
自主学习	(3~5.4)	(5.4~7.8)	(7.8~10.2)	(10.2~12.6)	(12.6~15)
知识的运用	(3~5.4)	(5.4~7.8)	(7.8~10.2)	(10.2~12.6)	(12.6~15)
知识的评价	(3~5.4)	(5.4~7.8)	(7.8~10.2)	(10.2~12.6)	(12.6~15)
知识自主建构	(14~25.2)	(25.2~36.4)	(36.4~47.6)	(47.6~58.8)	(58.8~70)

本次测量调查中初中生知识自主建构平均得分为46.70分，四个维度得分分别为：已有知识结构18.05分、自主学习9.02分、知识的运用9.74分和知识的评价9.89分，再结合中值和众数（见表4-19），以及与常模比较（见表4-18）可知，本次调查的初中生知识自主建构总体水平不高，在知识自主建构的四个维度上，初中生已有知识建构具有较高的合理水平，而自主学习、知识的运用和知识的评价呈现中等合理水平。然后再结合知识自主建构及各个维度上得分的方差、极大值和极小值分析发现，初中生知识自主建构及其各个维度的差异较大，两极分化比较凸显。三地的初中生在已有知识结构的基础上自主制定学习规划，进行自主预习、复习和探索新知的习惯或能力不太突出，缺乏独立思考

和不能提出独特的见解，同时学生的审思与评价能力仍需继续培养与强化等。

表 4-19 初中生知识自主建构及其各维度整体情况

	知识自主建构	已有知识结构	自主学习	知识的运用	知识的评价
有效的 N	969	969	969	969	969
均值	46.70±0.25	18.05±0.12	9.02±0.07	9.74±0.08	9.89±0.07
中值	46	18	9	10	10
众数	43	20	9	9	10
方差	59.88	12.86	5.33	5.85	5.30
极小值	20	9	3	3	3
极大值	66	25	15	15	15

对"你对某些学科感兴趣的主要原因是"这一问题的描述性统计发现，65.4%的学生认为"自己的兴趣"是对某些学科感兴趣的主要原因，9.6%的学生认为是"为了考试"，5.6%的学生认为是"父母的影响"，14.3%的学生认为是"老师教得好"（具体见表4-20）。

表 4-20 "你对某些学科感兴趣的主要原因"的统计

原因	频数（个）	有效百分比（%）
为了考试	93	9.6
父母的影响	54	5.6
老师教得好	139	14.3
自己的兴趣	634	65.4
其他	49	5.1
总计	969	100.0

对"你学习知识的动力主要来源是"这一问题的描述性统计发现，35.5%的学生认为学习知识的动力主要来源是"自己"，12.1%的学生认为是"父母"，8.4%的学生认为是"老师"，31.0%的学生认为是"同学之间的竞争"（见表4-21）。

表 4-21　"你学习知识的动力主要来源"的统计

主要来源	频数（个）	有效百分比（%）
自己	344	35.5
父母	117	12.1
老师	81	8.4
同学之间的竞争	300	31.0
其他	127	13.1
总计	969	100.0

对"你认为自己的自主学习能力"这一问题的描述性统计发现，认为自己的自主学习能力"一般"的占49.3%，"较强"的占32.5%，"很强"的仅占9.6%，只有8.6%的学生认为自己的自主学习能力"较差""很差"（具体见表4-22）。

表 4-22　"你认为自己的自主学习能力"的统计

类别	频数（个）	有效百分比（%）
很强	93	9.6
较强	315	32.5
一般	478	49.3
较差	64	6.6
很差	19	2.0
总计	969	100.0

对"你平时上课注意力集中程度"这一问题的描述性统计发现，认为自己平时上课注意力集中程度"经常"的占44.9%，"有时"的占29.1%，"总是"的仅占17.1%，只有8.9%的学生认为自己平时上课注意力集中程度"很少""从不"（具体见表4-23）。

表 4-23　"你平时上课注意力集中程度"的统计

类别	频数（个）	有效百分比（%）
总是	166	17.1
经常	435	44.9

续表

类别	频数（个）	有效百分比（%）
有时	282	29.1
很少	70	7.2
从不	16	1.7
总计	969	100.0

对"在课下老师不做学习要求时，我也会去自主学习"这一问题的描述性统计发现，认为课下老师不做学习要求时，自己"总是"去自主学习的占29.3%，"经常"的占26.6%，"有时"的占25.5%，"很少"的占14.0%，"从不"的仅占4.6%（具体见表4-24）。

表4-24 "在课下老师不做学习要求时，我也会去自主学习"的统计

类别	频数（个）	有效百分比（%）
总是	284	29.3
经常	258	26.6
有时	247	25.5
很少	136	14.0
从不	44	4.6
总计	969	100.0

对"在理解题意困难时，我会乐观面对并积极寻求解决方法"这一问题的描述性统计发现，认为在理解题意困难时，自己"有时"会乐观面对并积极寻求解决方法的占27.8%，"经常"的占25.0%，"总是"的占18.5%，"很少"的占21.8%，"从不"的仅占7.0%（具体见表4-25）。

表4-25 "在理解题意困难时，我会乐观面对并积极寻求解决方法"的统计

类别	频数（个）	有效百分比（%）
总是	179	18.5
经常	242	25.0
有时	269	27.8

续表

类别	频数（个）	有效百分比（%）
很少	211	21.8
从不	68	7.0
总计	969	100.0

对"每当我学会一个新方法时，就会主动尝试着运用"这一问题的描述性统计发现，30.7%的学生认为每当自己学会一个新方法时，就会"经常"主动尝试着运用，"有时"的占26.2%，"总是"的占22.9%，"很少"的占15.2%，"从不"的仅占5.1%（具体见表4-26）。

表4-26 "每当我学会一个新方法时，就会主动尝试着运用"的统计

类别	频数（个）	有效百分比（%）
总是	222	22.9
经常	297	30.7
有时	254	26.2
很少	147	15.2
从不	49	5.1
总计	969	100.0

对"你认为最有利于自主学习的方式是"这一问题（多选题）的描述性统计发现，仅有17.5%的学生认为最有利于自主学习的方式是：详细的教授、讲解与练习结合以及其他。而82.5%的学生认为最有利于自主学习的方式是：独立思考，老师答疑以及老师提出问题，学生讨论解答（具体见表4-27）。

表4-27 "你认为最有利于自主学习的方式"的统计

方式	频数	有效百分比（%）
0	170	17.5
1	799	82.5
总计	969	100.0

注：0代表详细的教授、讲解与练习结合以及其他；1代表独立思考，老师答疑以及老师提出问题，学生讨论解答。

对"影响你自主学习的内部因素是"这一问题（多选题）的描述性统计发现，仅有19.8%的学生认为影响自己自主学习的内部因素是：学习基础、学习目标以及身体素质。而80.2%的学生认为影响自主学习的内部因素是：学习态度和对自主学习的认识（具体见表4-28）。

表4-28 "影响你自主学习的内部因素"的统计

内部因素	频数	有效百分比（%）
0	192	19.8
1	777	80.2
总计	969	100.0

注：0代表学习基础、学习目标以及身体素质；1代表学习态度和对自主学习的认识。

对"当你对老师提出的问题无法做出解答时，你通常采取的办法是"这一问题（多选题）的描述性统计发现，仅有12.8%的学生认为当自己对老师提出的问题无法做出解答时，通常采取的办法是：请教老师、咨询父母以及放弃。而87.2%的学生认为当自己对老师提出的问题无法做出解答时，通常采取的办法是：自主查询资料和与同学交流（具体见表4-29）。

表4-29 "当你对老师提出的问题无法做出解答时，你通常采取的办法"的统计

采取的方法	频数（个）	有效百分比（%）
0	124	12.8
1	845	87.2
总计	969	100.0

注：0代表请教老师、咨询父母以及放弃；1代表自主查询资料和与同学交流。

调查发现，学生在知识自主建构过程中，有65.4%的学生认为对某些学科感兴趣的主要原因是自己的兴趣，这是由初中阶段学生发展特点决定的。而从学生学习知识的动力来源看则不容乐观，以自己为主要的动力来源的才占35.5%。此外，学生的自主学习能力表现也一般，自主学习能力较强的学生和很强的学生一共才占42.1%。又从学生平时上课的注意力集中程度上来看，有8.9%的学生在平时上课时很少和从不集中注意力，也需要引起我们的注意。此外，还有学生整体自主性或者自觉性不高，例

如：在课下老师不做学习要求时，有18.6%的学生选择很少和从不会去自主学习；学生在理解题意有困难时，有28.8%的学生选择很少和从不会乐观面对并积极寻求解决方法；每当学生自己学会一种新方法之时，有20.2%的学生选择很少和从不会主动尝试着运用。这些都是我们在理论和实践过程中不能回避的客观而复杂的问题。

但是从自主学习方面可以看出学生具有潜在的巨大的可塑性，有八成多的学生认为有利于自主学习的方式是：独立思考，老师答疑以及老师提出问题，学生讨论解答；有八成多的学生认为学习态度和对自主学习的认识是影响自己自主学习的内部因素；同时还有不到九成的学生在对老师提出的问题无法做出解答时，通常采用的是自主查询资料和与同学交流的办法，这些有力地证明初中生知识自主建构完全是可以实现的。

②初中生知识自主建构的差异状况

下面从性别、年级、学习成绩、兴趣爱好类别以及常住地址方面，对初中生知识自主建构进行差异状况的分析。

第一，初中生知识自主建构在性别上的差异。经过独立样本t检验可知（见表4-30），初中生知识自主建构在性别上无显著差异，上海、郑州和昆明三地的初中生知识自主建构及知识的运用这一维度在性别上没有显著差异，而在得分上男生却高于女生。这与人们的普遍认识反差较大，人们通常认为在初中阶段的知识学习中，女生是要强于男生的，女生更加具有学习自主性，在学习过程中更加容易掌握学习规律和方法，同时又具有较强的审思能力等。三地的初中生知识自主建构在性别上没有显著差异可能与该地的生源有关，生源主要来自三地市区或郊区，相对而言，城市父母对待男生与女生相对更加平等，都是尽可能地提供最好的教育资源等。另外，在已有知识结构、自主学习以及知识的评价维度上性别差异显著，甚至后两项在得分上男生略逊于女生，这正好与由熊川武教授领衔的中学生自主学习调查得出的"在中学生学习自主性方面女生高于男生"的结论相吻合。[①]

[①] 熊川武、柴军应、董守生：《我国中学生学习自主性研究》，《教育研究》2017年第5期，第106~112页。

表4-30 初中生知识自主建构及其各维度在性别上的差异

知识自主建构及其各维度	性别	N	均值	t	Sig.
知识自主建构	男	509	46.93 ± 0.35	0.98	.169
	女	460	46.44 ± 0.35		
已有知识结构	男	509	18.23 ± 0.17	1.60	.036*
	女	460	17.86 ± 0.16		
自主学习	男	509	8.92 ± 0.11	-1.52	.043*
	女	460	9.14 ± 0.10		
知识的运用	男	509	10.09 ± 0.11	4.79	.305
	女	460	9.35 ± 0.11		
知识的评价	男	509	9.70 ± 0.11	-2.66	.013*
	女	460	10.09 ± 0.10		

注：*代表显著性水平 $P < 0.05$。

第二，初中生知识自主建构在年级上的差异。从学生知识自主建构在年级上的差异来看（见表4-31），学生知识自主建构六年级得分最高为50.29分（处于较高知识自主建构的得分区间），七年级次之得分为48.32分（处于较高知识自主建构的得分区间），八年级得分为47.61分（处于较高与中等知识自主建构的临界点），九年级得分最低为39.80分（处于中等知识自主建构的得分区间）。再看四个维度的得分情况（见表4-31），每个维度中从六年级到九年级总体呈现递减状态，唯有在知识的评价维度中七年级得分（9.95分）低于八年级得分（10.25分）。最后运用单因素ANVOA分析结果可知，不同年级的初中生知识自主建构均呈现显著差异。

从初中生自主学习、知识的运用和知识的评价三个维度得分在年级上的多重比较分析可知（见表4-32），七年级与八年级之间均没有显著差异，而其他年级之间均呈现显著差异。再从初中生知识自主建构的已有知识结构和自主学习维度得分在年级上的多重比较分析可知（见表4-32）：在已有知识结构和自主学习维度上，六年级与七年级之间没有显著差异，而其他年级之间均呈现显著差异。

表 4-31　初中生知识自主建构及其各维度在年级上的差异

知识自主建构及其各维度	年级	N	均值	F	Sig.
知识自主建构	六年级	140	50.29±0.62	88.36	.000***
	七年级	407	48.32±0.34		
	八年级	224	47.61±0.57		
	九年级	198	39.80±0.26		
已有知识结构	六年级	140	19.38±0.27	116.04	.000***
	七年级	407	19.12±0.16		
	八年级	224	18.46±0.23		
	九年级	198	14.46±0.16		
自主学习	六年级	140	9.53±0.21	13.62	.000***
	七年级	407	9.29±0.11		
	八年级	224	8.99±0.16		
	九年级	198	8.17±0.13		
知识的运用	六年级	140	10.50±0.20	24.72	.000***
	七年级	407	9.98±0.12		
	八年级	224	9.90±0.16		
	九年级	198	8.52±0.13		
知识的评价	六年级	140	10.88±0.18	32.53	.000***
	七年级	407	9.95±0.11		
	八年级	224	10.25±0.16		
	九年级	198	8.65±0.14		

注：*** 代表显著性水平 $P<0.001$。

表 4-32　初中生知识自主建构及其各维度得分在年级上的多重比较分析

因变量	（I）年级	（J）年级	均值差（I-J）
知识自主建构	六年级	七年级	1.961*
		八年级	2.679*
		九年级	10.488*
	七年级	六年级	-1.961*
		八年级	.717
		九年级	8.526*

续表

因变量	(I) 年级	(J) 年级	均值差 (I-J)
知识自主建构	八年级	六年级	-2.679*
		七年级	-.717
		九年级	7.809*
	九年级	六年级	-10.488*
		七年级	-8.526*
		八年级	-7.809*
已有知识结构	六年级	七年级	.263
		八年级	.919*
		九年级	4.919*
	七年级	六年级	-.263
		八年级	.656*
		九年级	4.656*
	八年级	六年级	-.919*
		七年级	-.656*
		九年级	4.000*
	九年级	六年级	-4.919*
		七年级	-4.656*
		八年级	-4.000*
自主学习	六年级	七年级	.241
		八年级	.537*
		九年级	1.362*
	七年级	六年级	-.241
		八年级	.296
		九年级	1.121*
	八年级	六年级	-.537*
		七年级	-.296
		九年级	.824*
	九年级	六年级	-1.362*
		七年级	-1.121*
		八年级	-.824*

续表

因变量	(I) 年级	(J) 年级	均值差 (I-J)
知识的运用	六年级	七年级	.525*
		八年级	.598*
		九年级	1.980*
	七年级	六年级	-.525*
		八年级	.074
		九年级	1.455*
	八年级	六年级	-.598*
		七年级	-.074
		九年级	1.382*
	九年级	六年级	-1.980*
		七年级	-1.455*
		八年级	-1.382*
知识的评价	六年级	七年级	.933*
		八年级	.624*
		九年级	2.227*
	七年级	六年级	-.933*
		八年级	-.309
		九年级	1.294*
	八年级	六年级	-.624*
		七年级	.309
		九年级	1.603*
	九年级	六年级	-2.227*
		七年级	-1.294*
		八年级	-1.603*

注：* 均值差的显著性水平 $P<0.05$。

第三，初中生知识自主建构在班级学习成绩上的差异。从初中生知识自主建构在班级学习成绩上的差异来看（见表4-33），需要说明的是，这里所说的学习成绩是指学生自己认为自己的学习成绩在班级上的总体位置情况，学生知识自主建构1~10名的得分最高为49.89分（处于较高合理水平得分段上），11~20名的得分为47.57分、21~30名的得分为45.40分、

31～40名的得分为44.94分、41～50名的得分为43.64分、51名以后的得分为42.55分（处于中等合理水平得分段上），但是不清楚者得分为46.00分（同样处于中等合理水平得分段上，但是分数接近较高合理水平得分段上）。再看四个维度的得分情况，每个维度中从六年级到九年级的得分总体呈现递减状态，唯有在自主学习、知识的运用和知识的评价维度上不清楚者得分要明显高于21～30名的得分、31～40名的得分、41～50名的得分以及51名以后的得分，以及在已有知识结构中不清楚者的得分要明显高于41～50名的得分和51名以后的得分。最后运用单因素ANVOA分析结果可知，不同学习成绩的初中生在知识自主建构及已有知识结构、知识的运用与知识评价维度上均表现出显著差异（$P<0.001$），而仅有自主学习的显著性次之（$P<0.01$）（见表4-33）。

又经过知识自主建构得分在班级学习成绩上的多重比较分析可知（见表4-34），1～10名与11～20名、21～30名、31～40名、41～50名、51名以后，11～20名与21～30名、31～40名、41～50名、51名以后，21～30名与51名以后，31～40名与51名以后，互相之间具有显著差异（$P<0.05$）；1～10名与不清楚，11～20名与不清楚，21～30名与31～40名、41～50名、不清楚，31～40名与41～50名、不清楚，41～50名与51名以后、不清楚，51名以后与不清楚，在统计学上无显著差异。其中，可以清楚地发现，不清楚自己学习成绩状况的学生与各个区间均没有显著差异。

表4-33 初中生知识自主建构及其各维度在班级学习成绩上的差异

知识自主建构及其各维度	学习成绩在班级的位置	N	均值	F	Sig.
知识自主建构	1～10名	251	49.89±0.46	16.23	.000***
	11～20名	233	47.57±0.49		
	21～30名	196	45.40±0.57		
	31～40名	139	44.94±0.61		
	41～50名	72	43.64±0.83		
	51名以后	67	42.55±0.77		
	不清楚	11	46.00±1.98		

续表

知识自主建构及其各维度	学习成绩在班级的位置	N	均值	F	Sig.
已有知识结构	1~10名	251	19.25±0.22	13.15	.000***
	11~20名	233	18.66±0.23		
	21~30名	196	17.53±0.26		
	31~40名	139	17.22±0.30		
	41~50名	72	16.56±0.39		
	51名以后	67	16.43±0.40		
	不清楚	11	17.18±0.81		
自主学习	1~10名	251	9.46±0.15	3.54	.002**
	11~20名	233	9.15±0.15		
	21~30名	196	8.83±0.18		
	31~40名	139	8.83±0.19		
	41~50名	72	8.49±0.24		
	51名以后	67	8.43±0.26		
	不清楚	11	9.55±0.65		
知识的运用	1~10名	251	10.59±0.16	8.99	.000***
	11~20名	233	9.79±0.15		
	21~30名	196	9.36±0.17		
	31~40名	139	9.20±0.19		
	41~50名	72	9.44±0.30		
	51名以后	67	8.93±0.29		
	不清楚	11	9.55±0.80		
知识的评价	1~10名	251	10.59±0.14	8.65	.000***
	11~20名	233	9.97±0.15		
	21~30名	196	9.69±0.17		
	31~40名	139	9.68±0.18		
	41~50名	72	9.15±0.28		
	51名以后	67	8.76±0.27		
	不清楚	11	9.73±0.94		

注：**、***分别代表显著性水平 $P<0.01$、$P<0.001$。

表 4-34 初中生知识自主建构得分在班级学习成绩上的多重比较分析

因变量	(I) 学习成绩在班级的位置	(J) 学习成绩在班级的位置	均值差（I-J）
知识自主建构	1~10 名	11~20 名	2.322*
		21~30 名	4.489*
		31~40 名	4.950*
		41~50 名	6.254*
		51 名以后	7.340*
		不清楚	3.892
	11~20 名	1~10 名	-2.322*
		21~30 名	2.168*
		31~40 名	2.628*
		41~50 名	3.932*
		51 名以后	5.019*
		不清楚	1.571
	21~30 名	1~10 名	-4.489*
		11~20 名	-2.168*
		31~40 名	.461
		41~50 名	1.764
		51 名以后	2.851*
		不清楚	-.597
	31~40 名	1~10 名	-4.950*
		11~20 名	-2.628*
		21~30 名	-.461
		41~50 名	1.304
		51 名以后	2.390*
		不清楚	-1.058
	41~50 名	1~10 名	-6.254*
		11~20 名	-3.932*
		21~30 名	-1.764
		31~40 名	-1.304
		51 名以后	1.087
		不清楚	-2.361

续表

因变量	(I) 学习成绩在班级的位置	(J) 学习成绩在班级的位置	均值差（I-J）
知识自主建构	51名以后	1~10名	-7.340*
		11~20名	-5.019*
		21~30名	-2.851*
		31~40名	-2.390*
		41~50名	-1.087
		不清楚	-3.448
	不清楚	1~10名	-3.892
		11~20名	-1.571
		21~30名	.597
		31~40名	1.058
		41~50名	2.361
		51名以后	3.448

注：*均值差的显著性水平 $P<0.05$。

第四，初中生知识自主建构在兴趣爱好类别上的差异。在本研究中学生的兴趣爱好类别分为：与课程知识学习有关的类别、业余类别。采用独立样本t检验（见表4-35）可知，初中生知识自主建构总体和知识的运用、知识的评价两个维度在不同兴趣爱好类别上均无显著差异，在已有知识结构和自主学习两个维度上呈现显著差异（$P<0.05$）。关于初中生创造力倾向在兴趣爱好类别上的差异的研究不多，但是从得分上可以看出，与课程知识学习有关的类别的得分在初中生知识自主建构总体与已有知识结构、知识的运用和知识的评价维度上均低于业余类别的得分，唯有在自主学习维度上，与课程知识学习有关的类别的得分（9.29分）高于业余类别（8.91分）的得分。

表4-35 初中生知识自主建构及其各维度在兴趣爱好类别上的差异

知识自主建构及其各维度	兴趣爱好类别	N	均值	t	Sig.
知识自主建构	与课程知识学习有关的类别	285	46.40±0.47	-0.79	0.091
	业余类别	684	46.83±0.29		

续表

知识自主建构及其各维度	兴趣爱好类别	N	均值	t	Sig.
已有知识结构	与课程知识学习有关的类别	285	17.62 ± 0.22	-2.41	0.040*
	业余类别	684	18.23 ± 0.13		
自主学习	与课程知识学习有关的类别	285	9.29 ± 0.14	2.32	0.046*
	业余类别	684	8.91 ± 0.09		
知识的运用	与课程知识学习有关的类别	285	9.62 ± 0.15	-0.96	0.360
	业余类别	684	9.79 ± 0.09		
知识的评价	与课程知识学习有关的类别	285	9.86 ± 0.14	-0.21	0.227
	业余类别	684	9.90 ± 0.09		

注：* 代表显著性水平 $P < 0.05$。

第五，初中生知识自主建构在常住地址上的差异。当今社会人口流动性很大，籍贯、户籍所在地以及家庭住址等信息都可能无法如实反映一个人经常生活的地方，所以最终选择常住地址作为本问卷调查研究的对象。运用单因素 ANVOA 分析在不同常住地址上的初中生自主建构情况，结果如表 4-36 所示。在不同常住地址上的初中生知识自主建构以及已有知识结构、知识的运用和知识的评价维度均呈现显著差异，仅自主学习这个维度无显著差异。

同时又通过初中生知识自主建构在常住地址上的多重比较分析可知（见表 4-37），乡村与城镇、城市郊区、城市市区，城镇与城乡接合部，城市郊区与城乡接合部，城乡接合部与城市市区在统计学意义上呈现显著差异（$P<0.05$）；而乡村与城乡接合部，城镇与城市郊区、城市市区，城市郊区与城市市区在统计学意义上均无显著差异。

表 4-36 初中生知识自主建构及其各维度在常住地址上的差异

知识自主建构及其各维度	常住地址	N	均值	F	Sig.
知识自主建构	乡村	72	43.25 ± 0.80	11.15	.000**
	城镇	213	48.23 ± 0.56		
	城市郊区	148	47.09 ± 0.64		
	城乡接合部	76	42.84 ± 0.72		
	城市市区	460	47.04 ± 0.35		

续表

知识自主建构及其各维度	常住地址	N	均值	F	Sig.
已有知识结构	乡村	72	16.42 ± 0.34	15.13	.000**
	城镇	213	18.77 ± 0.25		
	城市郊区	148	17.97 ± 0.28		
	城乡接合部	76	15.80 ± 0.39		
	城市市区	460	18.37 ± 0.17		
自主学习	乡村	72	8.71 ± 0.27	1.06	.374
	城镇	213	9.15 ± 0.16		
	城市郊区	148	9.05 ± 0.19		
	城乡接合部	76	8.64 ± 0.24		
	城市市区	460	9.07 ± 0.11		
知识的运用	乡村	72	9.36 ± 0.29	4.92	.001***
	城镇	213	10.00 ± 0.16		
	城市郊区	148	10.05 ± 0.21		
	城乡接合部	76	8.75 ± 0.26		
	城市市区	460	9.74 ± 0.11		
知识的评价	乡村	72	8.76 ± 0.27	6.63	.000**
	城镇	213	10.31 ± 0.16		
	城市郊区	148	10.03 ± 0.18		
	城乡接合部	76	9.64 ± 0.23		
	城市市区	460	9.86 ± 0.11		

注：**、*** 分别代表显著性水平 $P<0.01$、$P<0.001$。

表4-37 初中生知识自主建构在常住地址上的多重比较分析

因变量	(I) 常住地址	(J) 常住地址	均值差 (I-J)
知识自主建构	乡村	城镇	-4.980*
		城市郊区	-3.845*
		城乡接合部	.408
		城市市区	-3.791*
	城镇	乡村	4.980*
		城市郊区	1.135
		城乡接合部	5.388*
		城市市区	1.189

续表

因变量	(I) 常住地址	(J) 常住地址	均值差（I－J）
知识自主建构	城市郊区	乡村	3.845*
		城镇	－1.135
		城乡接合部	4.252*
		城市市区	.053
	城乡接合部	乡村	－.408
		城镇	－5.388*
		城市郊区	－4.252*
		城市市区	－4.199*
	城市市区	乡村	3.791*
		城镇	－1.189
		城市郊区	－.053
		城乡接合部	4.199*

注：*均值差的显著性水平 $P<0.05$。

二 访谈

本研究访谈的对象是发放学生问卷的初中学校的一线任课教师。访谈目的是在问卷调查的基础上深度了解学生创造力发展状况和知识自主建构的现状以及两者关系等内容。为此笔者进行了访谈提纲的编制。

（一）访谈设计

在访谈提纲编制过程中，经过了初编、修订与形成等主要环节。

1. 访谈提纲的初编

围绕本研究的主旨和目的，笔者多次与相关理论专家、初中学校一线任课教师进行交流与讨论，最终形成了访谈提纲的初稿。其主要内容如下。

（1）您认为学生创造力的含义是什么？构成要素主要有哪些？

（2）您在教学实践中如何培养学生的创造力？同时您认为具有哪些阻碍因素？

（3）您认为知识自主建构的含义是什么？基本方式主要有哪些？

（4）您认为知识自主建构在学生创造力发展中的作用有哪些？

（5）您如何理解学生创造力发展与知识自主建构的关系？

（6）您认为当前学生创造力发展中面临的最大问题与挑战是什么？

（7）您认为促进学生创造力发展的知识自主建构具体路径有哪些？

2. 访谈提纲的修订与形成

访谈提纲初稿形成后，笔者根据访谈提纲在上海某一初中学校面对面访谈了一位六年级的任课教师，以及又通过微信视频分别访谈了郑州、昆明的初中学校的七年级和八年级的任课教师，他们从一线教师的角度又对其提出了宝贵的修改意见。

在访谈之前，笔者先从学理层面出发，将学生创造力和知识自主建构进行含义阐释，在此基础上进行内容访谈。综合各种意见之后访谈提纲具体内容如下。

（1）您在教学中如何培养学生的创造力？遇到的阻碍因素有哪些？

（2）您认为学生知识建构的自主性表现在哪些方面？基本方式主要有哪些？

（3）您认为知识自主建构在学生创造力发展中的作用有哪些？

（4）您如何理解学生创造力发展与知识自主建构的关系？

（5）您认为当前学生创造力发展中面临的最大问题与挑战是什么？

（6）您认为促进学生创造力发展的知识自主建构具体路径有哪些？

3. 访谈对象及分布

本研究访谈样本选择的是从13所初中学校抽取的一线任课教师，共访谈了14位教师，其中在上海访谈了5位教师，涉及了六年级（初中预备班）、七年级、八年级、九年级的教师；在郑州访谈了5位教师，涉及了七年级、八年级、九年级的教师；在昆明访谈了4位教师，涉及了七年级、八年级、九年级的教师。在这些访谈的教师中有的是新入职的教师，有的则是具有多年工作经验的教师。从这些访谈的教师所教授的科目情况来看，基本上涉及了初中开设的主要科目。

（二）访谈结果分析

访谈的14位初中学校的任课教师涉及了各个年级。笔者通过面对面、微信语音或者视频、纸质问卷填写（又通过电话对其描述不清楚或者不明白的题目进行了追问)等形式进行逐一访谈,同时不仅在访谈过程中对访谈内容做记录还在征得被访谈者同意的情况下进行录音(以便在访谈结束后整理访谈材料)。最终对访谈收集的材料进行分析与归类,具体内容如下。

1. 关于学生创造力的培养方法及阻碍因素

关于"您在教学中如何培养学生的创造力?"这一访谈问题,整理的访谈主要内容如表4-38所示。从表中可以发现,14位教师对学生创造力的培养方法皆是从学生主体性视角出发,培养学生的兴趣,预设开放型的问题情境,充分发挥学生的自主性学习等。这也说明了发展学生的主体性(包括主动性、独立性、创造性)是学生创造力获得发展的根本保证,学生的创新精神和创新能力的形成是主体性发挥的标志。[①] 然而在回答关于"在培养学生创造力中遇到的阻碍因素有哪些?"这一访谈问题时,学校教师普遍认为当下阻碍学生创造力发展的主要因素是学生缺乏学习的主动性、学生掌握的知识水平有限以及教与学的时间限制等。此外,有的教师认为,学生的创造力较低,不能完全归咎于学生学习等方面,教师自身创造性意识和素质较低在一定程度上束缚了学生合理的、自由的思考与行动。

表4-38 关于学生创造力的培养方法及阻碍因素

	访谈问题:您在教学中如何培养学生的创造力?	遇到的阻碍因素有哪些?
教师A	1. 设置开放型问题,让学生讨论,侧重学生思维的发散	2. 学生知识局限,部分学生积极性不高
教师B	1. 确立学生主体性,且创设有利于自主性学习环境	2. 部分学生学习积极性不高
教师C	1. 通过实验进行探究,并进行开放型提问问题	2. 教学时间限制,成绩评比压力
教师D	1. 设置真实的情境,让学生在其中培养创造力	2. 部分学生掌握的知识比较零碎化
教师E	1. 让学生动手做实验,在其中发现问题与改进实验	2. 学生的自身知识储备不够
教师F	1. 以兴趣为着眼点,把主动权交给学生,张扬其个性	2. 学习主动性欠缺,时间和空间限制

---

① 陈德粲:《主体性发展与创新精神培育》,《中国教育学刊》1999年第6期,第3~5页。

续表

	访谈问题：您在教学中如何培养学生的创造力？	遇到的阻碍因素有哪些？
教师 G	1. 学生自主学习，知识点掌握后自由练习	2. 学生掌握知识水平低，无法知识迁移
教师 H	1. 留给学生思考的时间，精心设置问题	2. 教学任务与时间的冲突
教师 I	1. 课中设置头脑风暴法、角色扮演等，课后自制卡片	2. 时间不足，课业繁重，主抓成绩
教师 J	1. 设置问题情境，让学生自主解决问题，培养想象力	2. 学习压力的影响，想象力和联想力受限
教师 K	1. 让学生课前自主学习，主动质疑，激发其创造意识	2. 学生主动性不够，资源不足
教师 L	1. 充分利用课堂资源，联系身边事物，训练发散思维	2. 时间不足，部分教师创造观念淡薄
教师 M	1. 在问题设置时，多考虑学生发散思维的引导和启发	2. 问题设置缺乏对创造力培养的考虑
教师 N	1. 激发学生学习兴趣，充分发挥学生主体作用	2. 学生缺乏质疑精神，协作学习力不足

2. 关于学生知识建构的自主性表现及基本方式

时代的发展呼唤人的自主性，教育作为促进人的自主发展的重要活动，应把发展人的自主性作为一项刻不容缓的任务。[①] 而发展学生的自主性即学生的知识自主建构的需求更为迫切。在调查访谈过程中，关于"您认为学生知识建构的自主性表现在哪些方面？"关涉的主要内容如表 4-39 所示。从表中不难发现，教师认为学生知识建构的自主性主要表现在已有的知识结构上：知识面的广度和深度，在思考与磋商中完成知识整合与内化；利用思维导图、画知识树等方式展现。同时还表现在知识的获取方式上：探究式学习，分析、讨论、自主交流；复习旧知识，预习新知识，自主梳理知识并构建框架等。其基本方式有：主动性学习，善于深究问题的根源，独立解决遇到的问题；合作学习、乐于分享知识；知识迁移，对比、归类、推理，并进行知识融合等。

---

① 龙喜平：《发展学生自主性课程的反思与重构》，《江西教育科研》2007 年第 3 期，第 102~104 页。

表 4-39 关于学生知识建构的自主性表现及基本方式

	访谈问题：您认为学生知识建构的自主性表现在哪些方面？	基本方式主要有哪些？
教师 A	1. 知识面的广度和深度，学生的兴趣	2. 乐于分享知识，发言、观点独到
教师 B	1. 知识的获取和运用	2. 主动性学习，独立解决遇到的问题
教师 C	1. 自主总结、归纳实验结论	2. 学生自己总结规律
教师 D	1. 提出问题，设计方案，解决问题，反馈问题和总结	2. 主动性学习，善于深究问题的根源
教师 E	1. 对知识的好奇心，求知欲	2. 学生能够画出思维导图
教师 F	1. 探究式学习；分析、讨论、自主交流；学习方法更新	2. 自主学习；主动合作交流；创新思维
教师 G	1. 学生自学与复习已学知识	2. 将已学知识迁移，并进行知识融合
教师 H	1. 能够高效完成每个学习章节的知识并总结出来	2. 知识学习的梳理与总结
教师 I	1. 自觉主动复习，自主梳理知识并构建框架	2. 自主学习扩展知识部分
教师 J	1. 复习旧知识；预习新知识；学习新旧知识	2. 复习时归类易错点；使用思维导图
教师 K	1. 学会自主学习	2. 注重阅读方法的教授，师生合作
教师 L	1. 学生在思考与磋商中完成知识整合、内化；思维碰撞	2. 亲历体验；反思质疑；
教师 M	1. 利用思维导图，画知识树，以新革旧	2. 对比、归类、推理
教师 N	1. 学习的自立性、自为性、自律性	2. 学生进行探究式学习

3. 关于知识自主建构在学生创造力发展中的作用

知识是人类生活和实践经验的总结，知识是创造力的基础。[①] 关于"您认为知识自主建构在学生创造力发展中的作用有哪些？"涉及的主要内容可归纳为（见表 4-40）：知识自主建构是学生创造力发展的根本；创新思维，培育学生学习的自主性，提高学习能力与效率；创造力发展反过来又推动学生知识自主建构等。甚至有些教师认为学生依据自身的已有知识和经验，主动建构新的知识结构，可以有效地提高学生创造力。

---

① 刘文霞、薄建国：《知识、智力、个性与创造的关系》，《内蒙古师范大学学报》（教育科学版）2007 年第 7 期，第 1~4 页。

第四章 初中生创造力倾向与知识自主建构的现状分析

表 4-40 关于知识自主建构在学生创造力发展中的作用

访谈问题：您认为知识自主建构在学生创造力发展中的作用有哪些？	
教师 A	提高学生全面看问题的能力；有助于培养学生健全人格；有利于树立学生目标，学会规划人生
教师 B	自主建构会激发学生创造力的发展
教师 C	知识自主建构有利于学生创造力发展
教师 D	有明确的目标，有自我认知，有新的生成
教师 E	可以使学生形成一定的知识体系，系统地掌握知识
教师 F	知识自主建构是学生创造力发展的根本；创新思维，发展学生学习自主性，提高学习能力、效率
教师 G	自主建构对学生创造力发展起到主动的推动作用
教师 H	知识建构体系是学生创造力发展的基础
教师 I	自主建构是学生创造力发展的基础，创造力反过来又推动着学生自主建构的发展
教师 J	有助于建构知识体系，更好地理解新知识；有助于调动学生的主观能动性，寻求主动发展
教师 K	可以让学生将知识内化，有助于形成自己的认知能力
教师 L	充分激发学生思维；进一步提高学生学习能力；自主建构学习方式，也是实现高效课堂的保证
教师 M	自主学习已有知识，是知识创新的基础
教师 N	学生依据自身已有知识和经验，主动建构新的知识，可以有效培养学生的创造力

4. 关于学生创造力发展与知识自主建构的关系

吉尔福特对创造力与知识的关系有过这样的论述："首先，一个人过去获得的知识越多，他越有可能对新问题具有独到的见解；其次，一个人过去获得的知识越少，他的独到见解就会越大。"笔者认为知识与创造的矛盾关系（知识与创造力存在正相关和负相关[①]）是一种现实表象，实质上两者是内在统一的。毋庸置疑，学生创造力的发展肯定要以知识作为"中介"，否则其可能成为无本之木，无源之水。为此，在对"您如何理解学生创造力发展与知识自主建构的关系？"这个问题的访谈中，有代表性的观点有：知识自主建构有利于培养学生的创造力；知识自主建构可以促进学

---

① 刘文霞、薄建国：《知识、智力、个性与创造的关系》，《内蒙古师范大学学报》（教育科学版）2007 年第 7 期，第 1～4 页。

生创造力的发展;知识自主建构是学生创造力发展的基础;知识自主建构是培养学生创造力发展的动力之源;知识自主建构是学生创造力发展的保障之一;知识自主建构是学生创造力发展的重要途径之一等(见表4-41)。这从实践上确证了本研究主题"初中生创造力发展与知识自主建构"的价值和意义,从而为本研究提供了强有力的实践基础。

表4-41 关于学生创造力发展与知识自主建构的关系

	访谈问题:您是如何理解学生创造力发展与知识自主建构的关系?
教师A	相辅相成,相互促进的过程;知识自主建构有利于培养学生的创造力
教师B	整体呈正相关关系;反之,学生创造力发展也会促进知识自主建构
教师C	具有一定的关系,知识自主建构是学生创造力发展的重要途径之一
教师D	有创造力的学生善于知识自主建构,知识自主建构可以促进学生创造力的发展
教师E	创造力属于能力,培养贯穿教学活动的始终;知识自主建构属于学习方法,有利于创造力发展
教师F	创造力发展是知识自主建构的精髓,学生思维得到改变和创造力得到发展,才能促使自主建构
教师G	依赖于知识自主建构,反过来又促进学生创造力发展
教师H	知识自主建构是学生创造力发展的基础
教师I	相互联系,互相影响
教师J	相辅相成,相互促进
教师K	知识自主建构促进学生创造力发展,而学生创造力发展的状态越好,也将越有助于自主建构
教师L	知识自主建构是培养学生创造力发展的动力之源;知识自主建构是学生创造力发展的保障之一
教师M	大胆质疑,敢于问为什么,不局限于传统的思维模式
教师N	互相促进的积极作用

5. 关于当前学生创造力发展中面临的最大问题与挑战

关于访谈问题"您认为当前学生创造力发展中面临的最大问题与挑战是什么?"涉及了诸多方面(见表4-42)。在宏观层面上有:考试制度对教学的影响;教育模式阻碍创新;评价方式是唯分数至上。在中观层面上有:学业压力大,忽视学生创造力发展;部分家长不重视学生创造力发展。在微观层面上有:教师的创造力观念不足,缺少方法指导;学生对学习缺乏兴趣和主动性，探究意识、动手、动脑的能力较差，学习目标不明确等。

表4-43 关于当前学生创造力发展中面临的最大问题与挑战

	访谈问题：您认为当前学生创造力发展中面临的最大问题与挑战是什么？
教师A	应试教育下的评价方式是唯分数至上
教师B	个体因素（知识基础、智力水平、心理素质、心理）；环境因素（文化传统、教育制度、家庭）
教师C	升学压力和课业负担
教师D	学生的格局小，视野窄；知识的积累不足，缺乏实践的机会
教师E	缺乏求知欲；创造力能给学生带来什么实际的动力，以驱动学生进行自觉思考
教师F	学生缺少主动性，探究意识、动手、动脑的能力较差，缺少团队合作意识
教师G	教育模式阻碍创新
教师H	目前仍然是学业考评方式
教师I	应试教育的大背景下，留给学生自由思考时间很少；部分家长不重视学生创造力发展
教师J	学业压力大，导致忽视学生创造力发展
教师K	学习主动性不够；缺少方法指导
教师L	师生思维定式的突破
教师M	考试制度对教学的影响，更多时间用于书本知识的掌握
教师N	学生对学习缺乏兴趣，学习目标不明确

6. 关于促进学生创造力发展的知识自主建构具体路径

对"您认为促进学生创造力发展的知识自主建构具体路径有哪些？"这一访谈问题的答案进行汇总与提炼（见表4-43），可知具体路径有：课堂创设，课外延伸；家庭创设，生活指引；社会拓展，促成实践。另外，需要特别强调的是，课前学生需要预习，课堂上教师需要导学，让学生积极主动参与课堂教学，课后让学生对自己所学的知识进行评价，即"自主学，做中学，交互学，反思学"。以此促使学生掌握知识中蕴藏的理性思维、形象思维以及"以知识为载体的诸多高层次非理性因素，"让学生建构属于自己的认知系统，从而去理解知识并运用知识。[①] 正如访谈中的一位教师所说："教师要进行思想引导、技术传授指导；让学生不断尝试、

[①] 潘新民：《反思"知识建构论"的教学意蕴》，《教育学报》2009年第3期，第51~57页。

试误,形成自己的知识结构。"

表 4-43　关于促进学生创造力发展的知识自主建构具体路径

	访谈问题:您认为促进学生创造力发展的知识自主建构具体路径有哪些?
教师 A	教师转变传统观念,更新知识结构;创新教育评价方式;学校开设创新课
教师 B	创建民主、自由、和谐的学习环境;创设问题情境,激发学生兴趣;指导学习方法,使其会学
教师 C	课前自行进行预习,自己亲自动手做小实验
教师 D	课堂创设,课外延伸;家庭创设,生活引导;社会拓展,促成实践
教师 E	多接触新鲜事物,并进行探究式学习
教师 F	要敢于思考,善于交流;发挥教师的引导作用;培养学生的专注度和毅力
教师 G	教师转变教育观念;促使学生自主复习已学的知识,并用图表加以呈现;同时引导学生预习新知识
教师 H	教师对知识问题的精心设置;课程的提前预设要便于学生对知识进行自主学习
教师 I	思想引导、技术传授指导;让学生不断尝试、试误,形成自己的知识体系
教师 J	教师示范,提出具体要求;同伴榜样的带动,在班级中形成良好的氛围
教师 K	积累基础知识;指导阅读方法;注重自主学习过程
教师 L	重视教学中学生的亲历体验环节;落实教学中的反思质疑环节;精心设计教学中的反馈矫正环节
教师 M	自主学,做中学,交互学
教师 N	课前预习,课堂导学,让学生主动参与课堂

三　问卷、访谈的调查结论及启示

中学教育在整个学校教育体系中处于小学教育与大学教育的衔接阶段,是承上启下的重要阶段,更是促进学生核心素养发展的关键期。其中初中阶段是中学教育的初级阶段,也是学生能够打下坚实基础的重要阶段。初中教育不仅要使学生掌握基本知识和技能,还要培育学生的创新素养和促进创造力的发展。对上海、郑州和昆明三地初中生创造力倾向和知识自主建构现状的问卷调查以及教师访谈进行分析、归纳与总结,得出以下调查结论及启示。

(一) 初中生创造力倾向现状调查结论分析

初中生创造力倾向现状调查的主要结论有三个方面，具体分析如下。

1. 创造力倾向总体发展水平不高

如前所述，上海、郑州和昆明三地初中生创造力倾向总体发展水平的平均得分为167.67分，处于"中等"创造力倾向的得分区间。再看创造力倾向的四个维度得分情况，冒险性和挑战性两个维度处于"较高"的得分区间，而好奇性和想象力两个维度处于"中等"的得分区间。同时又通过教师的访谈可以发现，学生创造力倾向总体发展水平不高，未达到"较高"的水平，并与"最高"的水平还存在很大的差距。依据已有的理论与实践研究也应明白，要使每个学生都达到"最高"水平是不太现实的。从本调查结果总体上看，学生创造力倾向一般，不过，这也说明了学生的创造力倾向发展具有潜在的和较大的发展空间。

2. 创造力倾向在性别和兴趣爱好类别上无显著差异

在不同性别上的初中生创造力倾向及其四个维度（冒险性、好奇性、想象力、挑战性）均无显著差异。从调查得出的数据还可以看出，学生创造力倾向中男生得分为166.73分，女生得分为168.71分，很明显女生略优于男生，但两者的得分都处于"中等"创造力倾向发展水平上。其中，在挑战性维度上男生得分为43.28分，女生得分为42.95分，呈现男生略优于女生的情况。

在不同兴趣爱好类别上的初中生创造力倾向及其三个维度（冒险性、好奇性、挑战性）均无显著差异。从调查得出的数据也可以看出，学生创造力倾向在与课程知识学习有关的类别上的得分为162.89分，业余类别得分为169.67分，很明显与课程知识学习有关的类别略优于业余类别，两者的得分都处于"中等"创造力倾向发展水平上。综观四个维度也呈现同样的状况，其中需要注意的是想象力这一维度呈现显著差异（$P<0.05$），但是不影响初中生创造力倾向在兴趣爱好类别上总体呈现的无显著性差异。

3. 创造力倾向在年级、学习成绩以及常住地址上差异显著

在不同年级的初中生创造力倾向及其各个维度均呈现显著差异，正如前文所述，六、七、八年级的创造力倾向总体得分分别为：178.08分、172.33分、174.65分，处于"较高"的得分区间；而九年级的创造力倾

向总体得分为 142.84 分，处于"中等"的得分区间。又经过多重比较分析得出：不同年级的创造力倾向总体呈现显著差异，在不同的维度上的各个年级呈现不同的差异性。九年级的学生创造力倾向得分较前几个年级来说很低，这在某种程度上可能是升学压力影响所致。

在不同学习成绩上的初中生创造力倾向呈现显著差异，且冒险性、好奇性和挑战性三个维度也呈现显著差异，需要注意的是唯有想象力这一维度无显著差异，但是不影响初中生创造力倾向在班级学习成绩上总体呈现的显著性差异。虽然如今不提倡对学生的学习成绩进行排名，但对学生自己认为自己的学习成绩在班级上的总体位置的分析，在一定程度上可以考查学生在某一阶段的知识学习情况，从中找到不足，以及可以作为学生下一阶段学习的动力来源。

在不同常住地址上的初中生创造力倾向呈现显著差异，但是需要说明的是在四个维度中，冒险性、好奇性和挑战性的显著差异（$P<0.001$）大于想象力的显著差异（$P<0.05$）。城乡接合部的得分最低为 39.26 分，其次是乡村的得分为 41.21 分。而其他的得分分别为：城镇 43.51 分、城市郊区 43.29 分、城市市区 43.83 分。从整体上来看，虽然创造力倾向的四个维度都呈现显著差异，但是再看在不同常住地址上的初中生创造力倾向得分，差异还是比较大的，尤其是城乡接合部和乡村，这可能与国家政策、经济发展有关。例如：现在国家对乡村教育投入力度大，但对城乡接合部的投入力度相对较小；又因为这些地方往往是不同群体的聚居地，初中生家长对其重视程度参差不齐。

（二）初中生知识自主建构现状调查结论分析

初中生知识自主建构现状调查的主要结论有三个方面，具体分析如下。

1. 初中生知识自主建构能力总体不高

初中生知识自主建构总体得分为 46.70 分，处于"中等"得分区间。而初中生知识自主建构的各个维度得分情况为：已有知识建构 18.05 分，处于"较高"合理水平的得分区间；而自主学习 9.02 分、知识的运用 9.74 分、知识的评价 9.89 分，三者均处于"中等"合理水平的得分区间。如前文所述，初中生在知识自主建构及其各个维度上的得分的方差、极大值和极小值等差异很大，两极分化比较突出。同时又结合教师访谈可以发现，教师对学生知识自主建构能力的评价总体不高，与"较高"的合理水平尤其是"最高"的合理水平存在很大的差距。已有的理论与实践研究表明，要使每个学生都能达到"最高"合理水平是不太现实的，但可以肯定的是，初中阶段是学生一生中学习的良好阶段和关键期。因此，将学生知识自主建构能力提升到"较高"合理水平阶段，不仅是可能的而且是可行的。

2. *知识自主建构在性别和兴趣爱好类别上无显著差异*

在不同性别上的初中生知识自主建构无显著性差异，男生得分为46.93分，女生得分为46.44分，两者都处在"中等"合理水平的得分区间。男生得分略高于女生。同时在四个维度中，在知识的运用维度上没有显著差异，男生得分高于女生；然而在已有知识结构、自主学习以及知识的评价三个维度上则表现出了显著差异，甚至后两项的得分中男生略逊于女生。这些结论基本上与初中阶段学生身心发展状况相符，女生各方面早熟于男生。

在不同兴趣爱好类别上的初中生知识自主建构以及知识的运用和知识的评价两个维度呈现无显著性差异，再从得分情况来看，三者均呈现与课程知识学习有关的类别的得分略低于业余类别的得分的情况。然而在已有知识结构和自主学习两个维度上均呈现显著差异，前者在与课程知识学习有关的类别上的得分低于业余类别的得分，后者得分正好相反。这为不同兴趣爱好的初中生知识自主建构的策略选择提供了借鉴与参考。

3. *知识自主建构在年级、学习成绩、常住地址上差异显著*

在不同年级上的学生知识自主建构的总体状况呈现显著差异。再从得分上看，得分最高的是六年级为50.29分，处于"较高"合理水平的得分区间；得分最低的是九年级为39.80分，处于"中等"合理水平的得分区间。如前文所述知识自主建构的四个维度为：已有知识结构、自主学习、知识的运用和知识的评价，每个维度的得分从六年级到九年级呈现递减趋势，其中仅在知识的评价维度上八年级的得分（10.25分）略高于七年级的得分（9.95分）。这进一步表明，随着学生由低年级步入高年级，升学压力以及知识学习任务的不断加大，在一定程度上影响了学生知识自主建构。

在不同学习成绩上的学生知识自主建构总体呈现显著差异。再从得分上看，得分最高的是1~10名的得分为49.89分，处于"较高"的得分区间；其他得分均处于"中等"的得分区间。这在一定程度上说明了学生知识自主建构能力在中等合理水平上，通过学生知识自主建构促进其创造力发展，这在理论和实践上是完全可以的。同时反观各个维度的得分情况，每个维度中从六年级到九年级依次呈现递减状态，唯有在各个维度中不清楚者得分要明显高于21~30名的得分、31~40名的得分、41名~50名的得分以及51名以后的得分。造成这样的原因可能是多方面的，其中最有可能的原因是知识自主建构以及四个维度深受学业压力的影响、学生的学习自主性薄弱等。

在不同常住地址上的学生知识自主建构总体呈现显著差异。再看四个维度的差异性情况，仅自主学习这一维度无显著性差异，其余三个维度均呈现显著差异（$P<0.05$），笔者同时也对其进行了相关的多重比较分析，但是总体的显著性不高。究其背后的原因可能是现在国家对不同地区教育政策的倾斜程度不同，以及人们对教育的普遍重视程度不同。

（三）学习成绩与初中生创造力发展和知识自主建构的相关分析

本研究对初中生近期的期中和期末两次考试的成绩进行了收集与统计。其中，各个学校的考试总分不一样，即便是同一个地方的学校，考试总分也不一样。除此之外，同一个学校里，各个年级的考试总分也不一样。基于这样的现实情况，笔者对收集的两次考试分数按照百分制统一处理，然后将处理后的两次成绩再进行算术平均数处理。

1. 学习成绩与初中生创造力发展的相关分析

对初中生创造力倾向和算术平均成绩进行双变量相关分析（见表4-44），分析结果呈显著相关性（$P<0.01$）。也有研究者得出了类似结论，如：郑日昌和肖蓓苓研究认为学生的创造力与学习成绩有关，但相关度不是很高[①]；蔡笑岳和朱雨洁的研究发现学科中、低分段学生的创造性

[①] 郑日昌、肖蓓苓：《对中学生创造力的测验研究》，《心理学报》1983年第4期，第445~452页。

第四章 初中生创造力倾向与知识自主建构的现状分析

倾向与学业成绩有显著相关。① 学生成绩在一定程度上能够反映出学生一定的知识存量，因此知识的有效组织将有助于个体快速且有效地提取与加工信息，进而有利于创造活动。② 需要说明的是，四个维度中想象力的显著性 $P<0.05$，而其他的三个维度的显著性 $P<0.01$。这说明在一定程度上追逐"唯分数"可能压制了学生的想象力发展，也可能是在平时学习过程中教学方式、学材的编排等抑制了学生的想象力发展，对此背后深层次的原因值得反思。所以本研究认为知识是基础，也是工具；创造力是动力，知识是创造力的前提，创造力是知识的拓展与延伸。

表 4-44 创造力倾向与算术平均数相关性分析

		平均成绩	冒险性	好奇性	想象力	挑战性	创造力倾向
平均成绩	Pearson 相关性	1	.115**	.173**	.083*	.206**	.171**
	显著性（双侧）		.000	.000	.010	.000	.000
	N	969	969	969	969	969	969
冒险性	Pearson 相关性	.115**	1	.651**	.565**	.626**	.822**
	显著性（双侧）	.000		.000	.000	.000	.000
	N	969	969	969	969	969	969
好奇性	Pearson 相关性	.173**	.651**	1	.608**	.693**	.884**
	显著性（双侧）	.000	.000		.000	.000	.000
	N	969	969	969	969	969	969
想象力	Pearson 相关性	.083*	.565**	.608**	1	.512**	.817**
	显著性（双侧）	.010	.000	.000		.000	.000
	N	969	969	969	969	969	969
挑战性	Pearson 相关性	.206**	.626**	.693**	.512**	1	.837**
	显著性（双侧）	.000	.000	.000	.000		.000
	N	969	969	969	969	969	969

---

① 蔡笑岳、朱雨洁：《中小学生创造性倾向、智力及学业成绩的相关研究》，《心理发展与教育》2007 年第 2 期，第 36~41 页。
② 周治金、杨文娇：《论知识与创造力的关系》，《高等教育研究》2007 年第 10 期，第 75~79 页。

续表

		平均成绩	冒险性	好奇性	想象力	挑战性	创造力倾向
创造力倾向	Pearson 相关性	.171**	.822**	.884**	.817**	.837**	1
	显著性（双侧）	.000	.000	.000	.000	.000	
	N	969	969	969	969	969	969

注：** 在 P＜0.01 水平（双侧）上显著相关；* 在 P＜0.05 水平（双侧）上显著相关。

2. 学习成绩与初中生知识自主建构的相关分析

关于初中生知识自主建构和算术平均成绩的双变量相关分析（见表 4-45），呈现显著相关性（P＜0.01），而已有知识结构、自主学习、知识的运用和知识的评价等四个维度同样也呈现显著相关性（P＜0.01）。要想考查学生在某一阶段对所学知识的掌握情况，可以说学业成绩无疑是目前公认的一种相对公平的考核形式，在已有知识结构的基础上培养学生的自主学习、知识的运用和知识的评价等知识自主建构的能力，以此促进学生创造力的发展。

表 4-45 知识自主建构与算术平均数相关性分析

		平均成绩	已有知识结构	自主学习	知识的运用	知识的评价	知识自主建构
平均成绩	Pearson 相关性	1	.273**	.184**	.277**	.170**	.319**
	显著性（双侧）		.000	.000	.000	.000	.000
	N	969	969	969	969	969	969
已有知识结构	Pearson 相关性	.273**	1	.370**	.458**	.373**	.828**
	显著性（双侧）	.000		.000	.000	.000	.000
	N	969	969	969	969	969	969
自主学习	Pearson 相关性	.184**	.370**	1	.273**	.351**	.660**
	显著性（双侧）	.000	.000		.000	.000	.000
	N	969	969	969	969	969	969
知识的运用	Pearson 相关性	.277**	.458**	.273**	1	.317**	.701**
	显著性（双侧）	.000	.000	.000		.000	.000
	N	969	969	969	969	969	969
知识的评价	Pearson 相关性	.170**	.373**	.351**	.317**	1	.674**
	显著性（双侧）	.000	.000	.000	.000		.000
	N	969	969	969	969	969	969

续表

		平均成绩	已有知识结构	自主学习	知识的运用	知识的评价	知识自主建构
知识自主建构	Pearson 相关性	.319**	.828**	.660**	.701**	.674**	1
	显著性（双侧）	.000	.000	.000	.000	.000	
	N	969	969	969	969	969	969

注：** 在 P<0.01 水平（双侧）上显著相关。

（四）初中生创造力倾向与知识自主建构两者关系的调查结论分析

笔者先分析初中生知识自主建构与创造力倾向的总体状况，在此基础上分析初中生知识自主建构的已有知识结构、自主学习、知识的运用及知识的评价四个维度分别对创造力倾向的相关性。

首先，初中生知识自主建构与创造力倾向的总体状况（见表4-46）在 P<0.01 水平（双侧）上呈显著相关。其次，初中生知识自主建构及其各个维度与创造力倾向及其各个维度的分析（见表4-46）在 P<0.01 水平（双侧）上呈显著性相关。从这一点上可以说明，学生知识自主建构离不开创造力，学生创造力离不开知识自主建构。例如：周治金和杨文娇认为知识的性质、组织方式以及知识如何被运用等都对创造力有重要影响；知识和创造力之间的关系如同地基与大楼之间的关系，知识越丰富，创造力就越大；一个人只有积累了足够的知识才会有所创造。[1] 又如：初庆春、刘荣和汪克夷认为创造力是以知识为基础，并且是人类运用知识进行创新的一种能力。[2] 进一步深度剖析可见，学生知识自主建构可以在一定程度上促进创造力发展。

上海、郑州和昆明三地所访谈的初中一线教师认为学生创造力倾向与知识自主建构两者关系是：知识自主建构不仅有利于培养学生的创造力，还可以促进学生创造力的发展；知识自主建构不仅是学生创造力发展的基础，还是培养学生创造力发展的动力之源；知识自主建构不仅是学生创造力发展的保障之一，还是学生创造力发展的重要途径之一等。这些调查结

---

[1] 周治金、杨文娇：《论知识与创造力的关系》，《高等教育研究》2007年第10期，第75~79页。
[2] 初庆春、刘荣、汪克夷：《知识、创新和创造力》，《大连理工大学学报》（社会科学版）1999年第2期，第3~5页。

表4-46 初中生知识自主建构及其各维度与创造力倾向及其各维度的相关分析

		冒险性	好奇性	想象力	挑战性	创造力倾向	已有知识结构	自主学习	知识的运用	知识的评价	知识自主建构
冒险性	Pearson 相关性	1	.651**	.565**	.626**	.822**	.440**	.181**	.312**	.318**	.450**
	显著性(双侧)		.000	.000	.000	.000	.000	.000	.000	.000	.000
	N	969	969	969	969	969	969	969	969	969	969
好奇性	Pearson 相关性	.651**	1	.608**	.693**	.884**	.468**	.228**	.370**	.332**	.499**
	显著性(双侧)	.000		.000	.000	.000	.000	.000	.000	.000	.000
	N	969	969	969	969	969	969	969	969	969	969
想象力	Pearson 相关性	.565**	.608**	1	.512**	.817**	.266**	.109**	.285**	.218**	.310**
	显著性(双侧)	.000	.000		.000	.000	.000	.001	.000	.000	.000
	N	969	969	969	969	969	969	969	969	969	969
挑战性	Pearson 相关性	.626**	.693**	.512**	1	.837**	.543**	.258**	.451**	.330**	.568**
	显著性(双侧)	.000	.000	.000		.000	.000	.000	.000	.000	.000
	N	969	969	969	969	969	969	969	969	969	969
创造力倾向	Pearson 相关性	.822**	.884**	.817**	.837**	1	.504**	.228**	.421**	.352**	.538**
	显著性(双侧)	.000	.000	.000	.000		.000	.000	.000	.000	.000
	N	969	969	969	969	969	969	969	969	969	969
已有知识结构	Pearson 相关性	.440**	.468**	.266**	.543**	.504**	1	.370**	.458**	.373**	.828**
	显著性(双侧)	.000	.000	.000	.000	.000		.000	.000	.000	.000
	N	969	969	969	969	969	969	969	969	969	969

第四章 初中生创造力倾向与知识自主建构的现状分析

续表

		冒险性	好奇性	想象力	挑战性	创造力倾向	已有知识结构	自主学习	知识的运用	知识的评价	知识自主建构
自主学习	Pearson 相关性	.181**	.228**	.109**	.258**	.228**	.370**	1	.273**	.351**	.660**
	显著性（双侧）	.000	.000	.001	.000	.000	.000		.000	.000	.000
	N	969	969	969	969	969	969	969	969	969	969
知识的运用	Pearson 相关性	.312**	.370**	.285**	.451**	.421**	.458**	.273**	1	.317**	.701**
	显著性（双侧）	.000	.000	.000	.000	.000	.000	.000		.000	.000
	N	969	969	969	969	969	969	969	969	969	969
知识的评价	Pearson 相关性	.318**	.332**	.218**	.330**	.352**	.373**	.351**	.317**	1	.674**
	显著性（双侧）	.000	.000	.000	.000	.000	.000	.000	.000		.000
	N	969	969	969	969	969	969	969	969	969	969
知识自主建构	Pearson 相关性	.450**	.499**	.310**	.568**	.538**	.828**	.660**	.701**	.674**	1
	显著性（双侧）	.000	.000	.000	.000	.000	.000	.000	.000	.000	
	N	969	969	969	969	969	969	969	969	969	969

注：** 在 P＜0.01 水平（双侧）上显著相关。

论也再次印证了研究主题"面向初中生创造力发展的知识自主建构"的研究意义与价值。

四 小结

本研究自主编制了初中生知识自主建构调查问卷、引用了成熟量表《威廉斯创造力倾向量表》，以及编制了针对教师的访谈提纲。以此对上海、郑州和昆明三地所选取的初中学校的学生进行问卷调查，并通过多种形式对初中学校一线教师进行访谈。

首先，本次调查的初中生创造力倾向的主要结论有三个。第一，初中生创造力倾向发展水平总体不高，在创造力倾向的四个维度上，初中生冒险性和挑战性发展呈现"较高"水平，而好奇性和想象力发展呈现"中等"水平。再结合如前所述的创造力倾向及其各个维度得分的方差、极大值和极小值来分析，初中生在创造力倾向及其各维度上的差异很大。第二，初中生创造力倾向发展在不同的性别和兴趣爱好类别以及各个维度上均不呈现显著差异，而在不同的年级与常住地址以及各个维度上均呈现显著差异；另外，不同学习成绩状况的初中生创造力倾向总体及其冒险性、好奇性和挑战性三个维度均呈现显著差异，仅有想象力无显著差异。第三，对初中生创造力倾向和平均成绩进行双变量相关分析总体呈现显著差异，但是从显著性程度上来看，四个维度中的想象力显著性较低（$P<0.05$）。面对新时代对创造性人才的需求，初中生创造力的培育应得到足够重视，具体包括：其一，利益相关者的创造力培养观念亟须进行转变；其二，开发创造力训练课程并纳入校本课程之中；其三，知识自主建构是学生创造力发展的重要途径。

其次，本次调查的初中生知识自主建构主要结论有六个方面。第一，初中生知识自主建构能力总体合理水平一般，在知识自主建构的各个维度上，自主学习、知识的运用和知识的评价呈现"中等"合理水平，仅初中生的已有知识建构具有"较高"合理水平。然后再结合知识自主建构及各个维度上得分的方差、极大值和极小值来看，初中生在知识自主建构及其各维度上的差异很大，两极分化比较突出。第二，初中生知识自主建构及知识的运用维度在性别上无显著差异，同时在得分上男生高于女生。第三，在不同年级的初中生知识自主建构均呈现显著差异。再看四个维度得分情况，每个维度中从六年级到九年级依次呈现递减状态，唯有在知识的评价维度中七年级得分低于八年级得分。第四，在不同年级上的初中生知识自主建构及已有知识结构、知识的运用与知识的评价维度均表现出显著差异，而仅自主学习的显著性次之。第五，初中生知识自主建构总体以及知识的运用和知识的评价两个维度在不同兴趣爱好类别上没有显著差异，但在已有知识结构和自主学习两个维度上呈现显著差异。第六，在不同常住地址上的初中生知识自主建构以及已有知识结构、知识的运用和知识的评价维度均呈现显著差异，仅在自主学习维度上不呈现显著差异。

再次，对初中生创造力倾向和算术平均成绩进行双变量相关分析，结果呈显著相关（$P<0.01$），其中四个维度中想象力显著性 $P<0.05$，而其他三个维度显著性 $P<0.01$。对初中生知识自主建构和算术平均成绩进行双变量相关分析，结果呈显著相关（$P<0.01$），而其他的四个维度同样也是呈显著相关（$P<0.01$）。对初中生知识自主建构与创造力倾向的总体状况进行分析，两者在 $P<0.01$ 水平（双侧）上显著相关。对初中生知识自主建构及其各个维度与创造力倾向及其各个维度进行相关分析，结果也在 $P<0.01$ 水平（双侧）上呈显著相关，说明学生知识自主建构离不开创造力发展，学生创造力发展离不开知识自主建构。同时再结合已有的研究成果可知，学生知识自主建构在一定程度上可以促进创造力发展。

最后，通过对14位一线初中教师进行访谈，将14位教师的访谈内容进行归纳与提炼，具体内容为：在对学生创造力的培养方法上，他们皆认为应从学生主体性视角出发，培养学生的兴趣，预设开放型的问题情境，充分发挥学生的自主性学习。学生自主性主要表现在已有知识结构上：知识面的广度和深度，在思考与磋商中完成知识整合、内化；利用思维导图、画知识树等方式展现。学生可以依据自身已有知识和经验，积极主动建构新的知识。知识自主建构可以促进创造力的发展；知识自主建构是学生创造力发展的重要途径之一。当前学生创造力发展中面临的最大问题与挑战是：考试制度对教学的影响；教育模式阻碍创新；评价方式是唯分数至上；学业压力大，导致忽视学生创造力发展；部分家长不重视学生创造力发展；教师的创造力观念不足，缺少方法指导；学生对学习缺乏兴趣和主动性，探究意识、动手、动脑的能力较差，学习目标不明确等。促进学生创造力发展的知识自主建构具体策略有：课堂创设，课外延伸；家庭创设，生活指引；社会拓展，促成实践。

第五章　面向初中生创造力发展的知识自主建构策略

面向初中生创造力发展的知识自主建构策略是理论走向实践指导的关键环节。为此在建构途径上，鼓励学生综合运用多种知识自主建构途径；在建构权上，赋予学生知识自主建构的决定权；在建构课程上，开发以自主学习为中心的创造力课程；在建构目标上，培育学生深层次知识自主建构的创造力。四者之间的内在关系是：在建构途径和建构权的基础上，通过建构课程达成建构目标。

一　鼓励学生综合运用多种知识自主建构途径

学生自主学习是从自主决定理论发展到当今新课程改革所倡导的一种学习方式，具体是指在教师适切引导下进行的自主、高效的创造性学习[①]。自主决定即是一种关于经验选择的潜能，是在充分认识学生自身需要和信息（知识）的基础上，学生对知识所做出的自主学习的抉择，这也是由初中阶段学生发展特点所决定的。同时，本次调查的初中生知识自主建构能力在总体上呈现出一般水平以及在三个维度上（自主学习、知识的运用和知识的评价）呈现出中等水平。因此，无论是在理论上还是在实践上都有着共同的诉求：学生渴望综合运用多种知识自主建构途径。另外，在已有知识结构这一维度上呈现出较高合理水平，这也充分说明学生有知识基础

---

① 姬国君：《学生自主学习的基本理论、现实需要及培养策略》，《课程教学研究》2018年第9期，第20~23页。

和自主性的知识建构的能力。为此，鼓励学生综合运用多种知识自主建构途径，关键在于每个学生如何自主地运用。如果每个学生都努力去做，那么就不难促进创造力发展。依据学生在建构过程中运用的知识来源的途径不同，总体将其分为三种：观察性学习、探究性学习、符号性学习。三者是由易到难、由浅到深的关系。

（一）观察性学习

观察性学习是指学生通过对其他学生与客体的相互活动过程进行观察而实现的知识经验的增长。[①] 再根据知识建构理论和自主决定理论等可知学生的观察性学习指通过对学习对象的行为、动作以及它们所引起的结果的观察、记录，获得的信息源再经过学生的大脑进行深度加工、内化和整合，再将习得的行为通过自己的动作、行为以及观念呈现出来的一种学习方法。其中，需要注意的是，观察性学习不等同于对他人行为的简易模仿，实质上学习过程蕴含着内部认知过程，即是从他人的行为及其后果中获取知识。

1. 观察性学习的获得与形成

学生不仅可以从自己的日常学习活动中获取知识及知识经验，还可以通过对其他学生的学习活动及结果的观察与探析，不断地进行完善与丰富，自主建构自己的新旧知识。例如学生看到同伴正在按照一定的实验方法进行小灯泡电功率测定，而最终计算出来的电功率误差很大。那么他自己就可以从中分析，从而发现同伴在移动滑片和记录数据过程中的错误，这会直接关涉他对滑动变阻器在电路中的作用的理解。所以观察性学习是学生最直接、最常用的学习方法。学生在观察性学习过程中，不仅可以在社会规范方面有所收获，而且可以对习得的知识进行吸收与内化。

2. 观察性学习指对"活的"榜样行为的观察与学习

榜样教育不仅仅是一个活动，更是一个过程。[②] 班杜拉在社会学习理论视角下提出了"观察性学习"，他认为人类的大多数行为是通过示范者

[①] 张建伟：《知识的建构》，《教育理论与实践》1999年第7期，第3~5页。
[②] 赵秀娟、龚燕、张明志：《观察学习理论视阈下大学生榜样教育策略探究》，《重庆师范大学学报》（哲学社会科学版）2017年第6期，第98~102页。

的行为习得的。① 他进一步提出观察性学习不仅仅是对他人具体行为的简单模仿和学习,而且是从他人的行为中进行抽象的观察性学习,并对他人的各种示范行为的不同特征进行加工与整合,形成一种新的或者优化的行为,即一种创造性学习行为。但需要说明的是,这里所研究的"观察性学习"与班杜拉所提出的"社会观察学习"是有本质区别的。从概念上来看,很明显这里的观察性学习是不包含对符号性榜样的观察与学习的,主要是指对"活的"榜样行为的观察与习得;而班杜拉的社会观察学习理论存在一定的局限性,他采用的是信息的接收、复制和储存以及复现观察性学习过程的方法,但是在实际过程中,学生作为观察者凭借自己的知识和经验,去理解被观察的学生(有时是教师)的学习活动,主要包括掌握活动的开展缘由、开展活动的意义(理论与实践)、开展活动的预设目标、对客体的支配以及最终的支配结果等。所以由上述所知,进行观察的学生并不是单向度地接受知识或者经验,不同的学生对同一知识或者经验使用不同的方式获得,进而会产生不同的理解。

例如:在剧本《鲁提辖拳打镇关西》的角色扮演中,班级里分成几个小组,一部分学生可能看到了扮演者的演技,一部分学生可能看到了剧本内容的呈现,还有另一部分人可能看到了主人公的英雄品质等。从中可以发现,学生的观察性学习即是一个知识自主建构的过程,是主客体之间相互作用的过程,是将已有的知识结构与通过观察得到的信息(知识)相互作用的过程。

(二) 探究性学习

什么是探究性学习?在汉语中,"探究"即是探索、研究,而"探索"可以解释为多方寻求解决问题的答案;"研究"可以解释为探寻事物的本质、属性及发展规律等。从最原始的含义上可以看出,"探究"即寻求、探寻所需的信息或者资源,寻找学习目标,探寻某种现象或者是对某种问题的疑问,不仅要寻找问题的结论,还要寻找符合要求的设计过程。同时需要区分科学探究,对科学探究的定义目前引用较多的是美国国家科学教

---

① 姚宁:《浅谈外语学习初级阶段教师如何发挥其引导作用——来自班杜拉社会学习理论的启示》,《教育教学论坛》2016年第18期,第226~227页。

育的标准定义,"科学探究具体指的是科学家们用于研究自然界以及对通过研究所获取的事实证据做出解释的各种方式,也通常指为学生建构知识、形成科学观念、领会科学研究方法的各种活动。"[①] 那么,依据本研究主题笔者试图对"探究性学习"做出如下概念的界定:探究性学习具体是指学生围绕一定的问题、资料或者文本,同时在教师的辅导下,自主探寻或者自主通过知识建构问题的答案、理解或者意义的活动过程。或者是指通过个体与客体之间的相互作用,并通过探寻活动实现其知识的增长。学生以已有的知识结构为基础,提前设定一定的目的和对事物的预期,对现实客体进行实际的观察和操作,同时进行分析、推断、概括等,并对这些活动过程及结果进行审思,从而通过知识自主建构提升自己的创造力。学生通过知识自主建构促使创造力得到发展,可以看出这是最基本、最直接的途径。人本主义理论、自主决定理论等,以及杜威的"做中学"、朱永新教授的新教育实验等即是对探究性学习这一途径的理论和实践的佐证。

1. 探究性学习的重要意义、价值取向和目标体系

"路漫漫其修远兮,吾将上下而求索",经过人们近半个世纪的不断探索,探究性学习已作为学生学习的一种重要学习方式而被广泛传播与接纳,并且日益受到强烈的关注。[②] 经过长期争论并取得了较为一致的意见:探究性学习成为学生学习的一种重要的学习方式,不断对探究性学习进行研究,对学生核心素养的全面培养,尤其是对创造力培育具有重要的意义。

探究性学习可以使学生获得巨大的满足感和自信心,并产生内在的动机和创造力。这主要是由于在探究性学习中,学生能够通过对一些现象和问题进行深度阐释与解答,满足自己的求知欲和好奇心。同时,探究性学习是获得知识的重要途径之一。学生通过探究获取的知识是自主建构起来的,也是学生真正将其理解与内化成自己的知识。通过问卷调查、访谈和课堂观察等可知,对于有些知识或者概念来说,只有亲身经历探究过程进行知识自主建构,才能最终获取深度理解,否则很难获取真正的理解,更

[①] 〔美〕国家研究理事会:《美国国家科学教育标准》,戢守志等译,科学技术文献出版社,1999,第30页。

[②] 任长松:《探究式学习:学生知识的自主建构》,教育科学出版社,2005,第71页。

别说是促使学生创造力发展。此外,探究性学习需要学生综合运用已有的知识结构,这有利于学生增进及加深对已获得知识的理解。在每一次的探究活动中,学生会对自己已有的知识和经验获得新的认识和理解,重新对新旧知识进行自主建构,从而会有新的发现与新的启示。

对学生的自主思维、实践意识、解决实际问题的能力的培育,是提升学生创造力的主要途径。从横纵迁移的视角可以看出,学生通过探究性学习培养起来的逻辑推理能力、理性质疑的学习态度等,可以说是其提高创造力的最有效的方法,这对学生综合素养的培养,以及学习质量的提升至关重要。同时,在探究性学习过程中,需要学生合作、解释与协调一致地进行尝试,这些合作与交流的实践经验,有助于学生在知识自主建构时能够按照一定的规则进行研讨,学会聆听,并清晰地与他人交流,能够清楚明了地向别人解释自己的想法,善于经常自我批评和审思自己的观点,学会欣赏与悦纳他人的观点。

如上面所述,这也是学生进行探究性学习的价值取向之所在,同时也是通过知识自主建构促进学生创造力发展的重要依据。在探究性学习过程中,学生需要掌握一定的探究性技能,桑德(R. B. Sund)和特罗布雷奇(L. W. Trowbridge)对其进行了细致的探讨与研究,具体如表5-1所示。

表5-1 探究性技能一览[①]

收集的技能	组织的技能	创造的技能	操作的技能	交流的技能	评价的技能
聆听	记录	展望	使用仪器	提问	自评
观察	比较相似点	设计新问题	仪器维护	互相交流	他评
询问	比较不同点	发现	演示	阐释	
提出问题	系统化	综合	实验	报告	
收集资料	概括		修理	记录	
调查研究	分类		制作	审思	
访谈研究	评析		观测	图表化	

注:表中部分内容稍微有变动。

---

① 彭蜀晋、陈耀亭、刘英编译《现代理科教育的进展与课题》,重庆出版社,1990,第215~216页。需要说明的是,笔者对表中部分内容进行了更改与调整。

2. 探究性学习的过程、预设与实施

随着探究性学习研究的不断深入,对探究性学习过程中存在的内在矛盾的探讨主要包含认知与情感、知识的学习与获取、审思与交流、语言与思维、自主与合作,还包括对话中的倾听与陈述、试错与顿悟等,目前对这些问题的研究已经取得了一定的进展①,在此不再过多阐述。

关于探究性学习的预设,即要有一种预设模式的设计。目前已有多种影响较大的预设模式,如 5E 教学模式②、施瓦布的科学探究模式以及探究训练模式等。其中着重阐述 5E 教学模式,共包括五步,分别是吸引(Engagement)、探究(Exploration)、解释(Explanation)、迁移(Elaboration)和评价(Evaluation)。5E 教学模式不但适合于学生的认知发展规律,而且与通过知识自主建构促进学生创造力发展的意旨不谋而合。5E 教学模式的中心环节是探究。教师依据上一环节吸引所产生的认知冲突,鼓励学生在没有教师直接指导的情况下进行探究性学习。在探究的过程中学生是主体,教师是引导者和协助者。教师要跟踪学生的学习过程,同时注意观察与倾听,适时地进行指导,了解学生在探究性学习中的进程,可以帮助学生综合、全面地得出结论。但是在探究性学习的过程中,需要学生具备一定的已有知识结构,包括背景知识、学习资料、实验仪器等。此外,需要注意的是"最近发展区理论"的间距或者是运用"支架式"中的辅助程度,关键是取决于学生的学习实际状况及教师对学生的了解程度等。具体阐述如图 5-1 所示。

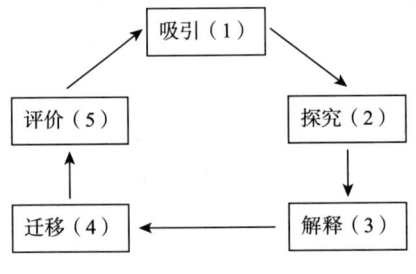

图 5-1 5E 教学模式

---

① 任长松:《探究式学习:学生知识的自主建构》,教育科学出版社,2005,第 73 页。
② 吴成军、张敏:《美国生物学"5E"教学模式的内涵、实例及其本质特征》,《课程·教材·教法》2010 年第 6 期,第 108~112 页。

(1) 吸引：激发学习兴趣，吸引学生注意

"5E"教学模式的起始环节是吸引，即创设问题情境激发学生学习知识的兴趣。"兴趣是学生最好的老师"。在问卷调查中这也得到了进一步的证实：关于"你对某些学科感兴趣的主要原因是什么"这一问题的描述性统计发现，认为"自己的兴趣"是对某些学科感兴趣的主要原因的占65.4%。本调查中又将学生的兴趣爱好类别分为：与课程知识学习有关的类别、业余类别，初中生知识自主建构总体以及知识的运用和知识的评价两个维度在不同兴趣爱好类别上没有显著差异，已有知识结构和自主学习两个维度呈现显著差异。此外，初中阶段学生的一个显著特点是注意力集中时间较短，要想使学生在"有限"的知识自主建构中达到"无限"的创造力发展，必须在知识学习过程中激发学生主动探究的兴趣。那么面临的主要问题是如何激发学生的学习兴趣？通过对理论基础的剖析、学生问卷调查以及教师的访谈，学生知识自主建构过程中最好的切入方式是巧设提问。需要结合知识建构理论、自主决定理论，以及初中阶段学生发展特点等，提出贴近学生现实生活的问题或者与知识自主建构的内容紧密相连的问题，这些都可以用于创设问题情境并加以考量。学生和教师如果能将此有效落地，就可以在一定程度上促使学生新旧知识的自主建构，从而激发学生急于探索问题的动机。

例如学生在学习初中生物学的"人体内的气体交换"内容时，在上课之前，教师事先组织学生通过实验的方式来探究呼吸过程中二氧化碳含量的变化情况，把学生分成小组进行自主探究，让学生带着兴趣积极思考与分析。教师运用"人体内的气体交换"等概念及实验，使学生对本节学习目标有了总体的了解，在实验过程中就能使学生产生好奇心，他们就会自主地产生一些问题，从而产生学习动力和积极性，有利于其自主分析实验过程中涉及的概念等。[①] 吸引学生注意力是重要前提，以此为基础激发学生的学习兴趣和动机更是重中之重。

[①] 徐广宇：《"5E"教学模式在初中生物学概念教学中的应用》，《中学生物教学》2017年第24期，第7~8页。

(2) 探究：探究知识要点，内化学习内容

探究是"5E"教学模式中的中心环节。在这个环节中，以学生为主体，即在教师的指导和帮助下，应充分给予学生机会进行对新旧知识的检验。同时通过调查发现：初中生知识自主建构水平总体不高；对"影响你自主学习的内部因素是什么"这一问题（多选题）的描述性统计中发现，仅有19.8%的学生认为影响自己自主学习的内部因素是学习基础、学习目标以及身体素质；而80.2%的学生认为影响自己自主学习的内部因素是学习态度和对自主学习的认识。因此，可以让学生暴露自己在原有技能和方法上的不足，教师在适当时候需要给予引导，同时注意观察与倾听学生，也应允许学生在探究知识要点的时候出现错误或者失败，教师不能直接告诉学生答案或者方法，而是提供一些具有探究性的问题，让学生通过分析和运用已有知识结构，并通过自主学习建构学生的知识体系。

但是需要师生共同注意的是，探究性的问题不是简单追求"新"或者"奇"。而是如何能激发学生强烈的探究欲望，以及如何进行知识的获取和技能、技巧的掌握，这就需要创设探究性问题以及需要教师在课前做好充分准备，不但要调动学生的已有知识结构，还要使学生进行自主学习。运用"最近发展区理论"找出学生已有的知识和即将学习的知识之间的距离以及内在的联系。在导入时尽量不说一些绝对的话语，面对某些问题或者在细节处理上要尽量采取中立态度，多鼓励学生通过探究、合作、内化等方式解答问题。

(3) 解释：师生共同探析，解释重点难点

解释是对概念的一种认识。首先，学生尽可能解释问题的方案或者其他人的答案，善于倾听他人的解释，并对他人的解释进行审辨性思考。其次，教师指导学生析出解决问题的理由，提供适合的定义或者解释，学生运用已有的知识结构解释新知识。对问卷调查中关于"每当我学会一个新方法时，就会主动尝试着运用"这一问题的描述性统计发现，30.7%的学生认为每当自己学会一个新方法时，就会"经常"主动尝试运用。

对于学生在学习中遇到的困难，尤其是新知识引入，教师要依据学生已有的知识理解以及运用情况进行相应的指导和点拨（关于重点和难点），发现每个学生的学习兴趣特点，师生共同探析重点、难点，完成学习目标

与任务，获得成功的喜悦和动力。"师傅领进门，修行在个人"说的即是教师点拨和启发不仅是重要的还是必要的，这样会给学生创造力打开一扇发展之门。在师生的共同探析之下，学生会产生一种豁然开朗的感觉。

（4）迁移：迁移学习方式，进行知识自主建构

迁移是"5E"教学模式的第四个环节，也是核心环节。这个环节主要是对知识的理解和应用，以及对内涵的扩展。让学生在教师的引导下对新获得的知识进行扩展和应用，并与原有知识建立某种联系，使学生可以把新知识纳入原有的知识系统，构建新的知识体系。

本次调查的初中生知识自主建构水平总体不高，在知识自主建构的各个维度上，初中生具有较高的已有知识建构水平；初中生知识自主建构及知识的运用维度在性别上没有显著差异，同时在得分上男生高于女生；从学生知识自主建构在年级和学习成绩上的差异来看，学生知识自主建构得分基本依次呈现递减状态（六年级得分最高为50.29分，九年级得分最低为39.80分）；初中生知识自主建构在不同兴趣爱好类别上总体没有显著差异。基于这样的现状，当学生对知识进行探究之后，教师要及时通过适合的方式、方法引导学生灵活运用，协助学生进行知识的迁移。知识的迁移是检验学习效果的一种有效方法，如果学生可以顺利地实现知识的迁移，说明学生已经基本掌握了知识，相反则需要教师有针对性地指导和释讲。比如，教师可以依据生活实际提出问题"环境污染的原因是什么？"使学生自主对知识进行重组和建构，对知识进行深度理解，达到活学活用的目的。同时教师和学生双方都要善于利用知识迁移的方式来检测学习效果，及时跟进知识自主建构状况。这对教师来说，可以更好地对学生进行指导和点化；对学生来说，可以进一步进行知识的迁移。

（5）评价：评价学习过程，提升学习能力

评价是"5E"教学模式的最后环节，也是提升与回溯的环节。在这个过程中包括学生的自主评价和教师的评价两个主要部分。在问卷调查中，初中生知识自主建构的整体情况为：知识的评价维度在性别上的差异显著；知识的评价维度在七年级与八年级之间均没有显著差异，而其他年级之间均呈现显著差异；在不同学习成绩和不同常住地址上的初中生知识的评价维度上表现出显著差异；知识的评价维度在不同兴趣爱好类别上没有

显著差异。首先，为了评价更客观与全面，教师的评价可以是多种形式的，在课堂教学过程中进行评价，即随堂测试；也可以是对学生的某个行为、结果的点评。教师的评价不仅要及时还要适当，这样有助于学生随时反思，及时纠正错误方向，达到事半功倍的效果。因此教师在评价过程中要尽量使用鼓励性言语、赞赏的眼神、肯定的表情等，对学生先予以肯定再提出问题或者建议，以使提出的问题或建议更容易被学生理解和采纳。"5E"教学模式的评价更重要的是学生的自主评价。学生在自主评价过程中，可以发现自己在认知过程中的方法和结论等存在的不足，将有助于提高学生的学习兴趣，从而与第一个环节"吸引"形成一个闭循环。

总之，基于探究性学习形成的"5E"教学模式，它的五个环节主要是围绕学生的学习兴趣，充分发挥学生自主性，而教师在整个过程中起辅助性作用。它是适应新课程改革的重要方法之一，同时也是知识自主建构的重要学习方式之一。为此，它不仅有助于提高学生探究性学习能力，还有利于培养学生自主建构知识的能力，真正体现人本主义理念下学生创造力发展的践行力。

（三）符号性学习

符号最基本的功能，即是认知和交际。[①] 符号是一个开放型的、具有能产生新知识的系统，通过符号进行有意义的建构逐渐形成自主性并积累知识，这不仅为学生的知识自主建构提供基础，还为学生的创造力发展提供可能。

1. 符号性学习的符号库

维果茨基和奥苏泊尔等人对符号性学习已经做了大量研究，这也为符号性学习的意义建构以及最终的学生创造力发展奠定了研究基础。将认知客体符号化，积极建构符号库即是一种知识自主建构的过程。知识自主建构的目标之一就是要将客体符号化的表征形式存储于每个学生的大脑记忆之中，自主形成一种内在化的意义表达。对学生学习来说，符号建立主要有三种形式：继承形式、实验形式和思维形式。而符号库的建立实质上是关于学习主客体之间的能指和意指关系，这种关系就是语言符号在其中发

[①] 黄华新、陈宗明主编《符号学导论》，河南人民出版社，2004，第32页。

挥作用，借助于符号形体获得知识，这个符号性学习过程即是一种知识自主建构的过程。其中对符号本身的学习是一种低层次的符号性学习，而通过语言符号将能指与意指充分、适切地整合形成符号库，这是一种高层次的符号性学习。

2. 符号性学习的意义建构

学生所学的知识和经验的保存与延续得益于符号工具以及媒介作用。学生在学习活动中的知识和行为被符号化，从而客观化和外在化形成了自己的知识存量库，其中行为和价值观等都可以在文本化的知识符号中探寻其相对应的表达形式。所以符号性学习不仅是对符号本身的学习，而且是指学生在通过使用语言符号与他人（同伴、老师等）进行交流的过程中实现自身的知识自主建构。学生可以通过语言或者文字符号形式进行合作与交流学习，在这里需要探析与明晰其他人的知识经验（这种知识经验是通过各种途径建构起来的），这些知识经验可以是时代积累的知识、文化，也可以是一种学习方法，还可以是对一种现象的解释。学生的符号性学习是一种高级行为的意义建构活动，学生创造力发展需要基于一定的符号性学习而被深度推进与提高。

二 赋予学生知识自主建构的决定权

如何赋予学生知识自主建构的决定权从而促进学生创造力发展？对这一问题可以分解为以下几个子问题进行探析：在知识自主建构过程中，学生作为建构主体，哪些内容学生自己能够自主决定？他们有哪些自主建构的权力？学生在自主决定中要承担什么样的责任？以及教师在其中扮演的角色与承担的责任又有哪些？等等。基于对人本主义理论、知识建构理论和自主决定理论等内容的分析，学生在知识自主建构过程中，应该享有并且承担自主性的权力与责任。为此，笔者从建构的目标及问题生成，建构的预设、开展及反思等方面对前面提出的系列问题进行阐释和回应。需要注意的是，学生知识自主建构强调的是"独立"决定，而不是"孤立"决定；强调的是学生在知识建构上的自主权，而不是摒斥文本知识或者教师传授的知识。

(一) 学生知识自主建构目标和问题的决定

在面向学生创造力发展的知识自主建构过程中,学生作为建构主体可以自主决定的首要要素是建构的目标及问题生成。即是说,学生可以建构或者生成自己感兴趣的问题,以及自己认为重要的知识或者需求。在知识自主建构过程中,是学生的问题、兴趣和需要等促进了其创造力的发展,而不是教师的要求鞭策着学生或者将知识灌输于学生促使其创造力的发展。问题意识在整个自主建构过程中处于中心位置,"知识"是学生自主建构目标和解决问题的工具。

1. 问题意识培养导向下的知识自主建构目标的决定

在问卷调查和教师访谈过程中,无论是学生还是教师皆认为"问题意识"的培养具有重要的前提性作用。所谓问题意识,是指主体在进行认知学习时,通过主体对认知对象的深刻洞察、质疑、审辨等,产生认知冲突,并进行深入探究困惑而难解时,呈现的一种具有强烈的探索情境的真实问题或渴望做出发现式创造或者创新的一种心理状态。[①] 从现实调查中发现:如果不给予学生知识自主建构目标和问题生成的机会,那么真正属于学生自己的知识和需求是不可能落地的;大多数情况下学生往往被预先设计好的问题牵引,这些问题总是掌控学生并使其提出教师所期望的问题,进而产生一种学生"等待式的问题意识"。至此,学生的问题意识很难被培养,更何谈促进学生的创造力发展。

喜欢问问题是学生的天性,诚如心理学家马秋斯金对不同年龄阶段的儿童所提问题的不同特征进行了研究,发现了1岁~18岁儿童的4个"问题年龄期"。[②] 同时,在前文理论基础部分阐述的初中阶段学生发展特点也可以说明这一点。但是在现实的课堂学习中,为什么学生的问题越来越少,甚至在课堂上学生都很安静,几乎没有问题(有问题的经常是班级里那几位学生)。这促使我们不得不审思,学生无比可贵的好奇心哪里去了?学生的问题跑哪里去了?恐怕根本原因是学生在问题的决定权上拥有的自主

[①] 朱守晨:《论高中生研究性学习中"问题意识"的培养》,《现代基础教育研究》2018年第1期,第161~163页。

[②] 高文:《教学模式论》,上海教育出版社,2002,第505~509页。

性太少——教师是出题者,学生的出题权很小,在学生遇到的真实情境中生成他们自己的问题的权力太小,大部分是师问生答,很少是生问师答,更别说是生问生答。[①]学生需要回答那些远离生活情境和学习实况的问题。而那些学生真正感兴趣的问题,或者是在学习中自主生成的问题却不被重视,甚至被长久搁置。在学生问卷调查和教师访谈中,这些问题在现实中虽有显著改观,但是在很大程度上学生的认知积极性和求知欲仍然受到抑制,这也是目前学生的创造力发展水平仍旧不高的原因之一。

为了通过学生知识自主建构促使其创造力得到发展,需要把问题意识建构的决定权从教师手中传接于学生手中,归根结底,学生知识自主建构的实质是教师将出题的"决定权"归还于学生。例如:知识自主建构的情境可以由教师进行选择并确定,但是在这一情境中问题意识的建构和选择等应该由学生自己决定,真正使课堂教学中的单向学习实践转向师生互动的学习实践,发挥学生的主体性作用。

2. 学生知识自主建构强调的是"独立"而非"孤立"的决定

学生知识自主建构强调的是"独立"而不是"孤立"的决定。即是说,学生可以探索个人生活中出现的问题,知识建构的主题可以由自己决定,其中更加强调的是教师也要参与其中,而不是置身学生知识自主建构的事外。在学生进行知识自主建构的过程中,还要反对有些学生在班级中掌握话语霸权。

笔者在前文中反复强调学生知识自主建构的问题和目标等,而在这部分强调的是在决定学生知识自主建构的问题和目标的过程中每位成员平等的参与权,反对脱离学生实际,不应排斥师生平等参与的权力。在应然状态下,如果能够真正赋权给学生,同时在教师适切的指导下,那么学生平等地参与到知识自主建构中往往会特别重视教师的建议。另外,如果教师参与并提出的问题真正符合学生的知识自主建构目标及问题,并使学生深刻认识到其意义,那也是学生自主决定问题的一种形式。

(二) 学生在知识自主建构过程中拥有一定的决定权及教师的任务和责任

在面向学生创造力发展的知识自主建构过程中,除了学生拥有一定的

[①] 任长松:《探究式学习:学生知识的自主建构》,教育科学出版社,2005,第254页。

决定权外,教师还应明确其承担的任务和责任。

1. 学生在知识自主建构的过程中拥有一定的决定权

学生的知识自主建构的本质与特征,要求把质疑与审辨知识、鉴别与选择知识、建构与创造知识的权力转接于学生,这就需要并允许学生自主建构属于自己的个人知识。教师或者外在力量是无权强行将某一种知识灌输给学生,也无权不让学生对知识进行批判、质疑及发表个人的理解,更无权阻滞学生通过比较、审思、甄别等方法自主建构真正属于自己的知识。为此,教师应该把已有的知识建构权、自主学习权、知识的运用权、知识的评价权等还给每一位学生,应该让每一位学生从小就知道知识是永远进步的,没有哪一种知识是不需要质疑和发展的,新的观念、新的方法等是需要学生去尝试并受到尊重与赞赏的。[①] 前面所述的前提是要使学生拥有一定的决定权,这就需要赋权给学生,尊重学生的学习兴趣,并使他们的知识合法化,在认知以及其他方面给予其自主决定权,引导师生共同对话、交流、协商与合作等。

在知识学习过程中学生是主体,需要并应当赋予学生一定的自主决定权。正如一位学者所述:"现在我们所需要做的是在课内和校内学习中也需要给学生赋权。"[②] 在教师访谈中,教师们坦言:"只有把学生的自主学习兴趣调动起来,学生才会充满激情地主动投入学习中去,这时学生的智慧、文化知识和个人学习经验等才能够有效地被自主建构起来。"为此,访谈中还有些老师谈道:"如果学生学习达到这种程度,方可称为'知识——财富蕴藏其中'",也只有这样,通过知识自主建构促使学生创造力发展才会显示途径的成效性。

2. 在学生的知识自主建构过程中,教师需承担的任务和责任

学生在进行知识自主建构前,教师的重要任务是给学生创造有利于知识自主建构的学习环境,依据维果茨基的"最近发展区理论",给予学生一种胜任感的自信心。在学生进行知识自主建构时,教师要全面、系统地

[①] 任长松:《探究式学习:学生知识的自主建构》,教育科学出版社,2005,第152页。
[②] 〔美〕Shirley R. Steinberg、〔美〕Joe L. Kincheloe 主编《学生作为研究者——创建有意义的课堂》,易谨译,中国轻工业出版社,2002,第351~358页。

第五章 面向初中生创造力发展的知识自主建构策略

跟踪，认真、细致地观察与记录学生知识建构的过程，同时也要查阅学生所做的记录与习题等。学生在知识自主建构过程中，教师要在认真观察学生表现的基础上，对学生建构的各个环节提出质疑。教师的责任是诊断学生的思维，发现并及时指出学生逻辑建构的问题，揭示其存在的矛盾，激发学生认知冲突。通常情况下，这样做能够促使学生过滤一些简单问题，并逐渐走向理性的、具有创造性的理解。其中教师的批判起到"脚手架"的作用，督促学生积极思考与改变，重新进行建构并建立起一种新的知识结构。为此，学生在面临一些新的知识、新的问题时，新的知识自主建构会把他们引向否认和拒绝某些已有的知识结构，这时学生就会突然产生一种不适或者恐惧感。

学生在建构的过程中会有很多痛苦，主要原因可能是这个建构过程伴随着很多的自我否定和再否定，已有的知识结构是带有个人感情色彩的，甚至是带有高度的个人属性和情结的，它包含着个人习惯或者是个人所珍视的那些价值观和信念。[①] 为此，在学生已有的知识结构中的知识或者概念的重构过程会带有明显的个人情感标签。这种具有个人情怀的知识结构使得新的建构和学习变得更具挑战性与困难，也会对新旧知识的概念和理解产生冲突与质疑等。在这个时候，教师就应协助学生重新检视他们已有的知识结构，适时地提出一些具体指导建议，有些时候可以利用苏格拉底的"产婆术"帮助学生发现问题并建构新的知识结构，同时及时提醒学生遗漏的问题，或者给学生指明进一步探究的问题或方向。虽然这可能是一个艰难痛苦的过程，但是坚持与努力之后便是一个有获得感的创造过程。

需要说明的是，教师也会参与到学生的知识自主建构中来，而不仅仅是一个旁观者或者裁判员。在学生知识自主建构过程中，教师要敢于承认自己的知识也存在不足，但是要在理性思考和分析的基础上坚守一定的知识价值观。教师有时也扮演着参与者的角色，但是随着学生知识自主建构水平的日益提升，教师需要逐渐退出。

（三）学生在知识自主建构过程中呈现不同程度的决定水平

根据自主决定理论和初中阶段学生发展特点等内容的阐释，以及知识

---

① 任长松：《探究式学习：学生知识的自主建构》，教育科学出版社，2005，第261页。

本身具有主体性和主观性的特征等，每个学生的知识自主建构的水平是不一样的，并会有不同层次的自主决定水平。这也使得学生在不同阶段的知识建构过程中，会呈现不同程度的决定水平。

表 5-2　科学探究学习者自主性的不同程度

建构过程	科学探究学习者自主性的不同程度			
探究科学性（问题）	自己提出问题	从提出问题中形成自己的新问题	获取问题的途径，需审思与体会	探究直接来自教师、学习材料等
依据问题收集资料（证据）	自己决定证据内容并进行搜集	在教师指导下搜集数据和资料	数据和资料直接给出，并进行分析	学习者获得了数据分析的方法
基于证据形成自己的观点（解释）	总结事实证据并进行解释说明	在得到指导下搜集证据，形成解释	运用证据形成已知的解释及可能路径	证据已知
知识与解释建构联系（评价）	构建事实与已有知识解释的联系	被引导到科学知识的领域与来源	可能联系的已被提供出来	——
阐释和论证自己的解释（论证）	对自己的解释用合乎逻辑的论据表述	阐述自己解释的过程得到了他人指导	在阐释自己解释过程中得到了指导	表述的步骤和程序皆以给出

资料来源：〔美〕国家研究理事会等：《科学探究与国家科学教育标准——教与学的指南》，罗星凯等译，科学普及出版社，2004，第29页。笔者根据其进行了归纳与整理。

表 5-2 显示了科学探究学习者自主性的不同程度，假如知识建构过程全部由学生自主决定，那么其决定水平肯定是最高的。但是在真实学习情境中，每个学生在建构过程中可能会有两个或者两个以上的自主决定权，剩余建构过程的决定权属于教师。这是由于学生自身自主建构水平有限，在建构过程中还需要教师的协助与指导，两者不是对立或者孤立的，而是学生为主体、教师为主导的互相合作的形成机制。故而随着学生自主决定水平的不断提高，教师的决定权逐渐减少并转接于学生，相应的，学生的创造力也会得到一定的发展。

三　开发以自主学习为中心的创造力课程

人本主义理论主张注重学生潜能的发掘，促使学生在学习过程中自我实现的达成。创造力理论和知识建构理论认为在学生创造力发展的过程中要促使学生的外部动机向内部动机转化，以此成为知识自主建构的转换力。再结合对一线教师的访谈发现,开发专门的创造力课程势在必行,这也是面向初中生创造力发展的知识自主建构的重要策略之一。

(一) 创造力课程开发的基本理念

课程开发不是一件盲目的或机械的工作,而是需要依据一定的理念,课程理念是课程开发的灵魂。[①] 因此,在创造力课程开发的过程中,应遵循一定的理念:首先,创造力课程开发过程围绕以自主学习为中心的理念;其次,每个学生都有知识自主建构的需求和欲望,每个学生的成长是一个自主性的学习过程;再次,该课程尤其应该遵循每个学生的独特性,实现个性化学习;最后,将学习经验进行融合创造,形成创造性学习文化。

1. 以自主学习为中心

综观中西方教育的发展历程,整个教育是围绕学习展开的。从古至今,教育经历了以学为中心转向以教为中心,到了现代又重新转向以学为中心的过程。诚如有西方学者认为教育又重新转向以学习为中心,认为这在当前的西方国家已经很普遍和深入,而且未来必定进一步的普遍化和深入化。[②] 其实20世纪80年代以来,"终身学习"理念就逐渐替代了"终身教育"理念,虽然两者都强调了学习的终身性这一理念,但是终身学习理念更加关注以学习为中心的学习者的主体地位,突出个人的学习意愿及主动的学习活动,进一步强调学习者在自主学习中所表现出来的内在主动性倾向。对终身学习理念发展最具影响力且贡献最大的组织是联合国教科文组织(UNESCO),该组织发布了一系列的终身学习报告,其中在1996年出版的《教育:财富蕴藏其中》提出终身学习的四大支柱为"学会认知、学会做事、学会共同生活、学会生存"。[③] 这些充分体现以自主学习为中心的理念,已经深入各个阶层,并已经渗入学校教育之中。

---

① 丁念金、冯震:《创造力训练课程开发的基本思路》,《课程·教材·教法》2015年第6期,第13~18页。
② Mario, T., Steels, L., *The Future of Learning: Issues and Prospect* (Nieuwe Hemweg: IOS Press, 2003).
③ 联合国教科文组织总部编《教育:财富蕴藏其中》,联合国教科文组织总部中文科译,教育科学出版社,1996,第75~88页。

基于以自主学习为中心的理念，课程的最初和最终的目的都是供学习者学习使用，不然其意义也就荡然无存了。同时学习是知识自主建构环节的一个重要方面，课程又是基于学习的规律，进行文化传承与发展的一种系统化预设。因此，学校教育应以学生的学为中心，而不应以教师的教为中心。创造力课程的开发更应遵循自主学习的规律，充分体现这一学习理念。

2. 学习过程的自主性

自主是每个人的成长之所需，学习与发展是每个人的自主化过程。何谓自主？自主是自己做主，不受别人支配。马克思主义研究者们认为，人在本质上是一种自由的并自觉的存在。为此，自主性不仅包含主观意识上的自主，还包括实践过程中的自主。正如有人提出"自主性"主要是指主体所具有的自我引导、自主选择、自我主宰的要求和能力。①

学习过程养成自主性是自主决定理论在创造学习领域的深度发展，于是 Dickinson 提出："自主学习既是一种学习态度，又是一种独立学习的能力。"② 学习态度是对自己的学习做出明确的目标，能力是对学习过程的决策与评价。在学习过程中要有创造力训练的强烈愿望，自主确定学什么（What），如何学（How），向谁学（Who），在哪学（Where），何时学（When）。学习过程是一个自主性的养成过程，这是为什么呢？因为这里面蕴含着自我选择、自我创造、自我生成的学习逻辑。同时，综观西方教育历程，自主学习已成为他们教育中重要的学习原则之一，而我国对此逐渐重视，在创造力课程开发中，应着重体现自主这一基本理念，指导学生的学习过程，使学生在学习过程中养成自主性，帮助学生有效地进行知识自主建构。

3. 学习方式的个性化

每个人都是独特的个体，每个人的学习方式也应是个性化的。诚如，知识建构理论和自主决定理论的研究者们认为，学习过程既是个性化的

---

① 钱佩忠、周小斌：《研究生学习自主性：内涵、问题与培育》，《浙江工业大学学报》（社会科学版）2011 年第 1 期，第 58~62 页。

② Dickinson, L., "Autonomy and Motivation: A Literature Review", *Systerm* (23), 1995, pp. 165–174.

展现和养成过程，也是自我实现和追求个性化学习方式的过程。其中，学习方式的个性化强调学习过程主要是针对学生个性特点和发展潜能而采取适合的方法、路径、内容、评价方式等，促使学生能够在各方面具有获得感，最终使其充分、自由、和谐发展的全过程。① 再综观中西方教育发展历程，个别教学仍然是主要的教学组织形式，但是在个别教学过程中，学习方式体现出高度的个性化特征。个性化学习就是基于每个学生的独有个性，指向每个学生的个性化方向并让其充分发展，在学习目标、学习内容、学习方式方法、学习进程等方面都追求个性化的学习方式。②

此外，快节奏的现代社会崇尚和张扬个性，人们的生活方式千差万别，人们的学习方式也各不相同，个性化学习时代已经来临。为了适应社会快速发展的需要以及满足个体生存的不同需要，每个人都在竭尽所能探寻属于自己的坐标点，以期能够充分展示自己的智慧和挖掘自己的潜能，展现自身存在的创造价值。进入 21 世纪，学习方式已经突破时间和空间的限制，打破了原来的学习内容、进度、目标、要求等的集中统一性。可以说，个性化的学习方式已成为我们每个人最基本的生存方式。至此，学生可以根据自己的学习特点和需要，在更大程度上自主地选择适合自己的学习方式。同时在创造力课程开发过程中，学校应事先考虑到学生的个性化学习方式，这将会使学生学习起来更加高效，潜能得到最大限度的发挥，学习方式真正实现个性化，使学生产生内在驱动力以及最终获得成功的体验和生存效能感。

4. 学习经验的融合创造

学习经验是泰勒根据杜威的经验观提出的一个概念，他认为："学习经验是学习者与他能够做出反应的环境中的外部条件之间的相互作用。"③

---

① 李广、姜英杰：《个性化学习的理论建构与特征分析》，《东北师大学报》（哲学社会科学版）2005 年第 3 期，第 152~156 页。
② 丁念金：《基于个性化学习的课堂转变》，《课程·教材·教法》2013 年第 8 期，第 42~46 页。
③ Ralph, W. T., *Basic Principles of Curriculum and Instruction* (Chicago: the University of Chicago Press, 1949), p63.

进一步阐释学习需要学生自己积极主动地进行活动，强调学生自己学了什么，而不是教师教了什么。为此，在学生与环境的互动中，学习经验必须以学生已有的经验和心理结构为前提，并发生作用于外界环境，强调学习者在学习活动中的主观能动性，强调学习者在活动中的双向互动：学习心理和经验环境；① 学生获取学习经验的重要保证是学生的积极参与，反之，学生将无法对外部环境做出积极反应，更别说在实践活动中获得满足感。

学习经验对创造力的培育非常重要，培育过程不是孤立存在的，而是通过一个完整的学习经验获得的。学习经验主要是通过课内学习与课外获得相融合，将认知（即认识世界）、体验（即用自己的整体经验和价值体系去完全体验）、建构（即建构自己的创造力素质等）和创造等学习经验整合起来，在创造力课程的开发过程中应特别注意这一方面。② 同时在开发过程中还要考虑创造性学习文化，使完整的学习经验能够充分得到融合，真正营造出创造性学习文化，促使创造力得到发展。

（二）创造力课程的基本构成要素

无论是我国还是西方国家，一直非常重视关于课程的基本构成要素之探讨。例如美国进行了为期八年（1933～1941 年）的大规模的实验研究，该研究的主席哈里·贾尔斯（Harry Giles）提出了课程的四个基本构成要素：教育目标、学习经验（内容和学材）、组织和评价。到目前为止，国内外对课程的构成要素基本上达成了共识。为此，以自主学习为中心，同时整合关于国内外课程基本构成要素的研究，再统筹考虑"面向初中生创造力发展的知识自主建构"的研究命题，最终认为创造力课程的基本构成要素总体包括四个方面：学习目标、学习内容、学习方式和学习评价。它们之间又具有内在的逻辑关系，即为什么学——学什么——如何学——学的怎样。

1. 学习目标

学习目标作为创造力课程的基本构成要素的第一个组成部分，是整个创

---

① 黄甫全：《试论信息技术与课程整合的实质及基本原理》，《教育研究》2002 年第 10 期，第 36～41 页。
② 丁念金、冯震：《创造力训练课程开发的基本思路》，《课程·教材·教法》2015 年第 6 期，第 13～18 页。

造力课程的基本指向,是学生进行知识自主建构的指向和归宿,它体现了"为什么学"的问题。学习目标既是一个重要的理论问题,又是一个重要的实践问题,它涉及诸多方面,对它进行全面而深入的阐释与把握是一件极难的事情。在这里主要阐述关于学习目标的几个一般性问题,具体如下。

学习目标是指学生在某个阶段或者整个学习过程中所要达到的既定结果,通常表现为学生的素质发展的结果,它包含多个层次,就开发以自主学习为中心的创造力课程而言,它应属于课程目标这个层次,即一门具体专业课程的学习目标。在本次创造力课程的设计中,学习目标主要包含四个方面:培育学生的创造性人格品质,培育学生的创造性思维品质,发展学生的创造性思维技能,形成和完善有利于学生创造力发展的知识自主建构的结构。

2. 学习内容

关于学习内容具体是指一些课程中所包含的特定的事实、观点、法则和问题等,也有一些课程论专家运用课程内容,将其阐述为一种课程中蕴含的问题领域、学校科目或者学术科目。[1] 施良方教授认为课程内容是指各门学科中特定的事实、观点、原理和问题,以及处理它们的方式。[2] 此外廖哲勋与田慧生共同提出课程内容是依据课程目标从人类的经验体系中进行选择,并按照一定的逻辑序列组织编排而形成的知识和经验体系,它是课程的核心要素。[3] 从课程中考察学习内容可以将其分为以下四个层次:一是学习领域;二是课程的门类(科目);三是某门特定课程中的具体内容;四是主题或者专题形式的专门课程。依据创造力理论、知识建构理论,以及创造力和知识的特征等内容,在这里主要是指第四个层次,具体阐释如下。

学习内容是一门课程设计的主体部分与实施的基本依据。[4] 关于创造力课程的学习内容的主体部分主要包括以下几个方面。

---

[1] Arich, L. (ed.), *The International Encyclopedia of Curriculum* (Oxford: Pergamon Press, 1991), p.30.
[2] 施良方:《课程理论——课程的基础、原理与问题》,教育科学出版社,1996,第106页。
[3] 廖哲勋、田慧生主编《课程新论》,教育科学出版社,2003,第180页。
[4] 丁念金、冯震:《创造力训练课程开发的基本思路》,《课程·教材·教法》2015年第6期,第13~18页。

专题或模块一：主要的创造力素质培育。主要的创造力素质，包括创造性人格品质、创造性思维品质、创造性思维技能、有利于学生创造力发展的知识自主建构的结构。这是整个创造力课程的学习内容中最为基础和重要的一部分。

专题或模块二：创造的事例或者案例。即编写或改编创造故事（身边的或者历史上的创造力案例等①），要对每个创造事例进行总体透析。此部分的内容主要是为了直接体现创造性素质，并为启迪或者激发学生创造的积极性提供具体而又生动的事例。

专题或模块三：学生创造性分析问题和话题。这个模块列出一些需要发挥创造才能予以解决的问题和话题，指导学生对这些问题和话题进行创造性分析，在此过程中旨在发展学生的创造力。

专题或模块四：学生进行创造性设计。这个模块包括两部分：首先，列举并分析了一些设计的案例，旨在指导学生对问题或话题进行创造性的设计，使得学生具有创造性设计的敏感性；其次，要求学生自己创造性地进行项目的完整设计，教师适当地提供方法和方向上的指引。

3. 学习方式

学习方式是多种多样的，但对学生的创造力发展而言，应选择特别具有培育价值的学习方式，抑或特别有助于形成创造力的基本特征，以及通过知识自主建构能够促进学生创造力发展的那些学习方式。再结合国内外创造力和知识观的已有研究成果、两者的理论分析以及问卷和访谈等实证调查来看，几种典型的学习方式有：自主学习、探究学习、实践学习、设计学习、合作学习和个性化学习。以上几种典型学习方式是从诸多学习方式中抽选出来的，诚如丁念金教授所述："我们为培育学生创造力发展而进行选择和运用学习方式时，需要特别注意的是，将多种学习方式充分结合起来；因地制宜地灵活运用各种学习方式；同时也要注重学习方式本身的灵活与变化。"② 在这里主要对自主学习方式进行阐释。自主学习是指在

---

① 〔美〕托马斯·L. 萨蒂：《创造性思维：改变思维的决策》，石勇、李兴森译，机械工业出版社，2017，第7~9页。

② 丁念金：《论学生创造力培育的学习方式路径》，《教育科学研究》2017年第5期，第22~26、36页。

教师适宜的方法指导下，学生自主、高效地进行创造性学习。① 自主学习有助于学生提高整个学习的质量（包括学习成绩）。② 自主学习即学生自己学习，从而使学生不但有信心而且更加有余力发展创造力。为此，在知识自主建构过程中，自主学习更加迎合了初中阶段学生发展特点。

学习方式是指学习方法的宏观层次，即在学习方法中能够预设课程形态，在这里是指对创造力课程形态加以预设的一个层次。基于当前学习方式的变革趋势和本创造力课程的开发理念，本研究设计的学习方式主要有以下几种可供借鉴与参考，具体需要灵活、适当地加以运用。

（1）养成创造型人格的自我导向和激励。这需要在教师的指导或指引下，学生自主进行抉择，基于自己的抉择进行自我导向与激励。

（2）自主训练自己的创造性思维品质和思维技能。这也需要在教师的指导或指引下，学生对创造性思维品质和思维技能进行自主训练。

（3）自主地收集各种相关的学习材料。这些材料包括观念材料、事例材料、现实生活材料、现实问题材料等。

（4）师生、生生互相交流与探讨。在教师指导或指引下，师生、学生之间进行讨论与交流，讲解和示范，可以碰撞思想、相互学习、相互吸收从而产生新的思想，扩宽知识领域，促使学生重构自己的知识结构，并激发和提升学生的创造力。其中，讨论交流的形式有小组形式、班级形式、跨班形式，甚至跨校形式等。

（5）实践体验。在教师的指导或指引下，学生应该参与各种形式的创造性实践体验，包括进行实验设计、参与创造性的社会实践活动等。

4. 学习评价

学习评价（Learning Evaluation）是对学生学习情况进行的评判，它是通过系统地收集有关信息，对学习的过程和结果的价值进行评判，判断其成败、优劣、得失，从而改进学生的学习方法和教师的教学方法，并为家庭和社会的教育工作、社会选拔工作和学校管理工作等提供依据的过程。③

---

① 姬国君：《学生自主学习的基本理论、现实需要及培养策略》，《课程教学研究》2018年第9期，第20~23页。
② 庞维国：《自主学习：学与教的原理和策略》，华东师范大学出版社，2003，第17页。
③ 丁念金：《课程论》，福建教育出版社，2006，第184页。

聚焦于研究对象与研究主题可以将其简述为：学习评价是对学生的学习全过程以及结果是否达到评价标准或者要求的评判。在创造力课程方面，通常要对学习评价进行宏观层面的预设。为此，创造力课程的学习评价的预设需要从以下两个方面加以考量。

（1）学习评价标准制定要则

首先，需要综合考虑前文所述的学习评价内容，以及问卷调查中知识的评价。其次，基于一定的学理及原则，研制相应的评价标准。在进行学习评价的研制过程中需要着重考虑以下两点：一是考虑学习评价的多元化，对创造力学习的过程和结果进行多元化的综合评价；二是让学生明确学习评价标准的内容，同时评价标准遵循由低到高，依次推进的原则。

（2）主要的学习评价方式

在此主要列举几种主要的学习评价方式。一是当前国际上流行的创造力测验：威廉斯创造力倾向测验、托兰斯创造思维测验等。二是表现性评价，也称为过程性评价：组织学生进行相关的创造性学习活动，在此过程中依据他们的表现进行综合评价。三是代表作品评价：指导学生设计各种创造性作品，并对相关作品进行评价。

（三）创造力课程开发的运作机制

关于创造力课程开发的运作机制的相关内容，主要从在课程设计中充分运用研讨与合作、校长在课程决策中发挥着关键作用、在完整的课程运作中凸显课程策划三方面展开论述。

1. 在课程设计中充分运用研讨与合作

一门课程设计必然是由多方面人员共同参与的，其中主要参与者有：校长、管理者、课程专家、承担课程设计的教师、学生等。在课程的设计之前、过程中以及之后，应充分展开调查与研讨，充分发挥各方面人员的智慧，努力提高创造力课程的品质。

如何调查与研讨将是课程设计的关键。调查形式可以多样化，例如：课堂观察、问卷调查和个别访谈、校际学习与合作等。而研讨的形式与特点也应是多样化的，具体表现为：参与研讨与合作者应包含参与课程设计的上述各个方面的人员；研讨过程必须完整规范，并且对其进行记录与存档。丁念金教授认为研讨应包含启动研讨、展开研讨、组织研讨、研讨总结和提升等主要环节。① 需要注意的是，在研讨之前，材料要准备完整、充分；在研讨过程中应充分发挥自主性，畅所欲言，充分交流，也可以适当运用头脑风暴法和德尔菲法等研讨方法，真正提升课程品质。

2. 校长在课程决策中发挥关键作用

在创造力课程的开发及各个层面的决策过程中，校长应始终发挥关键作用。甚至有人说："一个好校长就是一所好学校。"② 学校要开发一门校本课程（指创造力课程）的最初意想往往是由校长提倡并领衔的，校长对整个课程运作能够进行全面和准确的把控。同时，学校组建的横向（创造力课程项目）组织与专家一同确立开发意向，这其中就需要校长发挥积极决策的作用。此外，校长可以随时关注该课程开发的整个过程，并进行及时的决策，服务于创造力课程开发的全过程。

3. 在完整的课程运作中凸显课程策划

一个完整的课程运作过程，应包括五个基本环节。一是课程策划。它是指运用一定的策略对课程进行全面规划的过程。课程策划属于顶层设计，通常是课程专家主要参与的行为。策划对提升本课程的科学性、效用性和可实施性起重要的作用。二是课程决策。这个概念来自西方，指在课程发展过程中，要决定学生达到什么样的学习目标，学习什么样的内容，如何进行学习，以及如何评价学生的学习等，这些都属于课程决策涉及的内容，即可以简单表述为：课程决策是在课程发展过程中做决定的系列过程。三是课程设计。课程设计是在课程决策基础上进行的，同时渗透了大量的课程决策行为。综合已有的课程理念及定义，本研究将课程设计定义为：依据一定的课程理念，充分运用一定的课程资源，并在课程决策的基础上，对涉及的各种课程要素进行规划、组织和编排等过程。四是课程实施。按照施良方教授的解释："课程实施即是把课程计划付诸实践的过程，它是达到预期课程目标的基本途径。"③ 五是课程评价。课程评价是课程改

---

① 丁念金、冯震：《创造力训练课程开发的基本思路》，《课程·教材·教法》2015年第6期，第13~18页。

② 佚名：《一个好校长就是一所好学校——记哈尔滨市大同小学校长王淑波》，《教育探索》2001年第6期，第77页。

③ 施良方：《课程理论——课程的基础、原理与问题》，教育科学出版社，1996，第128页。

革中的重要问题。① 课程评价是对课程实施的可能性、有效性和价值性等进行综合评判的过程,为筛选与完善课程提供科学依据。

这里需要特别说明的是,课程评价有别于学习评价,顾名思义,学习评价是对学生整个学习过程进行的评价,而课程评价则是对一门课程本身所进行的评价,包括对课程标准和学材的评价等。在以上这五个环节中,课程决策、课程设计、课程实施和课程评价这四个环节属于基本环节,通常情况下这些方面的研究较为成熟,为此可以结合一般的运作程序进行设计与操作。在此主要阐述课程策划在课程运作方面的主要不同或者创新之处。策划是指对某件事、某个项目以及某项活动等有何计划、打算,用什么计谋,采取何种策略,然后综合实施运行,使之达到较好的效果。② 为此,课程策划就是要运用一定的策略对课程进行周全的谋划的规范过程,以此有效提升课程的科学性、效用性和可行性。

四 培育学生深层次知识自主建构的创造力

培育学生深层次知识自主建构的创造力,无论是对教还是学皆是一种应然走向,更是一种高效的知识生成方式。关于深层次知识自主建构主要包含三部分的运作机制:新知识的理解和审思,新旧知识的重构,知识的迁移与运用。

(一) 深层次知识自主建构的目的指向

依据知识自主建构的内涵,结合创造力发展与知识自主建构的关系,又回溯之前所论述的创造力和知识的理论基础与特征等相关内容,进一步明晰知识自主建构的目的指向:深层次知识自主建构不仅是学习的应然走向,也是知识的有效生成途径。在此,知识自主建构可分为浅层次和深层次知识自主建构。浅层次知识自主建构是侧重于识记与理解层面的学习方式,是以一系列的学习活动与任务为指向的,学生在其中很难内化这些学习活动与任

---

① 刘志军:《课程评价的现状、问题与展望》,《课程·教材·教法》2007 年第 1 期,第 3~12 页。
② 吴粲:《策划学》,中国人民大学出版社,2012,第 128 页。

务。深层次知识自主建构则侧重于创新性和实践性,是指学生不仅可以内化这些学习活动和任务,还可以理解与把握其实践生成原则。

1. 一种学习的应然走向

随着科学技术的迅速发展,培养具有高层次的创造性人才已成为新时代的重要议题。当今社会面临前所未有的新境遇:信息与知识迅猛增长,知识更新周期缩短,创新频率急速加快,对人的整体素质要求提高,社会对人力资源的需求和人力资源的重要性异常凸显,为此,学习就成为组织以及个人的迫切需要。

我国提出的《国家中长期教育改革和发展规划纲要(2010—2020)》《关于深化教育体制机制改革的意见》等一系列文件,皆非常重视创造性人才的培养。另外,创造性人才的一个显著特征是拥有某一特定领域的已有知识结构,并能够对知识深层次的表征、有意义的模式进行甄别,以及能够灵活运用优化策略,这其中蕴含着一种深层次知识自主建构。为此,当下学习的应然走向为:学生知识自主建构的浅层次的"识记、理解"发生转向,以适应学生学习需求以及社会发展需要。否则很难培育学生的创造性思维的能力,实现知识自主建构中理论知识向实践知识的转化,更别说是促进学生创造力的发展。但并不是说浅层次知识自主建构没有意义,恰恰相反它正是深层次知识自主建构的前提和基础。但是为了实现学生创造力发展,并顺应时代发展的需要等,需要改变以往的知识建构方式,强调知识的迁移和运用,促进学生深层次知识自主建构。

2. 知识的实践生成原则

前面所述的知识建构理论和自主决定理论等理论基础,主要强调的是学生在知识生成中的积极性、主动性及创造性。关于知识的实践生成原则,我们还可以回溯到有些学者对学生学习过程进行的跟踪与持续研究,同时结合问卷调查可知:有49.3%的学生认为自己的自主学习能力一般;有28.8%的学生认为自己在理解题意有困难时,很少和从不会乐观面对并积极寻求解决方法。被调查的学生皆认为对知识的深层次加工是较困难的,需要付出很多脑力和体力劳动。为此,香港大学的一个研究组织提出了"知识的持续与加工"理念,并以此为基础提出了12条深层次知识建构的原则:知识与问题解决的准确性、知识的可改进性、知识的丰富性、知识的整合性和超越性、建构主体的主动性、知识的集合性、知识的民主性、知识调适的均衡性、知识建构的普遍性、对话交流的构建平台、权威资料的运用以及融入活动的过程性评价。① 它主要是基于教师教的角度，但是教师的教与学生的知识自主建构是不冲突的，教也要付出艰辛的学习劳动，即帮助学生进行知识自主建构，不仅要发展学生团体合作与科学探究学习，还要提高学生知识建构的自主性，从而为学生创造力发展奠定基础。

但是在知识自主建构的现实情境中，知识的世界是纷繁复杂的，所以说学生自主建构知识意义的过程是非常复杂的，将所学的新知识迁移和运用到特定实践境遇中是更为复杂的建构活动。深层次知识自主建构作为一种新的知识学习方式，对促进学生的自主学习，以及发展学生的创造力具有十分重要的价值和意义。这一学习理念在我国香港、美国和加拿大等地区已被持续推进。近些年来，我国有些学者（课程学、知识学、创造学、学习学等学者）逐渐引入深层次知识建构理论，但是在实践调查中，实现学生知识自主建构还需要进一步分析其运作机制，以期提高其针对性和有效性。

（二）深层次知识自主建构的运作机制

基于对学生创造力倾向与知识自主建构（已有知识结构、自主学习、知识的运用和知识的评价）等进行调查研究的现实诉求，我们首先需要进行对新知识的理解和审思、新旧知识的重构和知识的迁移与运用等。

1. 新知识的理解和审思

学生每时每刻都在学习新知识，即需要不断地进行理解和审思。首先，需要对"理解"进行相应的阐释，它指顺着脉理或条理进行问题剖析，将新知识与已有知识结构建构起一种内在的逻辑联系，在认识与建构过程中，学生就在时刻进行着自主理解。进一步可以说，理解是一种动态螺旋上升的过程。深层次知识自主建构的前提和基础就是理解，所以知识自主建构不是一种复现式学习也不是一种反复机械式学习，而是需要学生

---

① 香港大学知识建构网络支援组：《知识建构教师发展网络计划教师手册》，http://kbtn-resources.cite.hku.hk/files/UserGuides/TeacherGuideKB-chinese.pdf，2014年3月3日。

在已有知识结构的基础上对知识内容进行深入剖析，并需要学生自主调适，通过理解和审思构建新的知识概念的结构。理解就是要求学生不仅要掌握和明了知识内容的主旨以及各部分知识的内在关联，还要在学科整体知识的视域下去建构新知识的意义过程。可以说，通过对知识的不断转化、诠释和推论的过程达成深层次理解。

其次，无论是创造力理论还是知识建构理论等学者认为，深层次知识自主建构不仅要求学生深入理解知识内容（包括已有知识结构），还要对其新旧知识结构进行审思、调适和评价。同时改变较多的知识传递性课堂，师生共创对话与交流的建构平台。作为教师，可以利用知识可视化教学工具将新的知识内容放置于概念体系中，呈现知识结构与关系体系，引导学生进行知识的精细加工和处理。同时课堂教学要转型，由偏向知识灌输式的课堂转变为个性化学习的课堂，建构一种师生、生生合作学习的共同体，同时不仅要允许学生出现错误，还要留有足够时间让学生进行审思，每一次的反思要留有记录，以便日后自我查看与督促，即进行反思性评价。学生在这一过程中，要对认识的对象、理解的程度、自主建构的范式、认知策略以及知识的评价等方面进行必要的反思与回溯。[1] 通过反思，随时明晰自己认知的状况（过程、内容）；通过过程和结果的自我反思与评价，多角度地整合观点，进行审辨性的思考，最终形成或者完成自己的知识自主建构过程。

2. 新旧知识的重构

知识自主建构毫无疑问是由学生积极主动地进行建构的，前面已有多处阐述，但需要学生具有一定的已有知识结构，而在实际问卷调查中发现初中生具有较高合理水平的已有知识结构（已有知识结构得分为18.05分，位于较高区间），而且已有知识结构会对新旧知识进行创造性重构。学生已有的知识背景既包含建构所需要的直接知识、课本知识和具体知识，也包括相关领域的知识、与新知识相一致的知识、一般的信念。[2] 基

---

[1] 王作亮：《深层次知识建构——知识生成的有效方式》，《上海师范大学学报》（哲学社会科学版）2016年第4期，第139~144页。

[2] 张建伟：《知识的建构》，《教育理论与实践》1999年第7期，第3~5页。

于此，学生在学习新知识或者解决新问题的时候，伴随着新旧知识的重构，需要建立起自己的深层次知识自主结构。

学生如何进行新旧知识的重构？首先，学生需要甄选与激活已有知识结构，依据自身学习需要对遇到的新知识进行筛选，并梳理新旧知识的知识脉络和融合路径；其次，将新知识的概念和理论等与已有知识结构进行比较与分析；再次，特别要注重在重构中对显性知识与隐性知识、陈述性知识与程序性知识的区别；最后，依据新旧知识的重构类型将其存储于大脑的不同知识分类结构之中。深层次知识建构指将新旧知识内在的因素（概念、原理和方法等）充分整合起来，将此不仅存放于还要融合于已有的知识结构之中，以此达到对新知识的理解、运用、长时间存储与内化。

在课堂学习中，需要形成一种"课前预习、课中讨论、课后巩固"的课堂形式，具体来说，课前倡导的是以自主学习为主，学生不仅学习学材，还要查阅相关的资料（电子资源、图书、报刊等），自主完成一些学材设计的题目，对新旧知识建立起一种内在的联系；课上学习新知识，以及解决课前所遇到的难题，教师还要给予学生较多的时间进行质疑和探讨；课后不仅要求教师适当地给学生布置个性化的项目作业，还要对旧知识掌握不太牢固的学生，给予及时的指导与协助等。

3. 知识的迁移与运用

学生对知识内容的理解与审思是知识内化为个体知识的重要桥梁，而将知识付诸学习与生活实践，是知识的一种外化解决问题的过程，知识的迁移与运用在其中发挥着重要的作用。同时再基于创造力发展与知识自主建构的张力观以及基础观等相关内容，培养学生的知识迁移与问题解决的能力，发挥深层次知识自主建构中知识的迁移与运用的重要环节作用。问题解决通常包含两种情况：一是运用已有的知识结构解决问题；二是运用实践智慧解决情境性问题。从中可以发现：学生不仅要掌握一定的知识和技能，还要具有建构情境的能力，即在现实情境中，要有运用什么样的方法解决问题的实践智慧。深层次知识自主建构的主要目标之一是建立知识与实践情境的内在联系，运用的主要方法就是知识的迁移与运用。

教师是一个独特的群体，教师将永远不可替代。那么接下来的问题是教师扮演着什么样的角色呢？这才是最直接和最关切的问题。为此，提升学生知识迁移和运用的能力，教师需要创设一定的问题情境，并适当地支持学生进行知识自主建构，也需要明确表现出教师所扮演的提供者、协助者、指导者及学习者等角色。知识自主建构不是知识由外部向学生传递的过程，而是由学生自主建构自己知识的过程。所以学生不是被动地接受信息（知识）者，而是有意义的自主建构者，这种建构不可能是由其他人所代替的。[①] 知识自主建构是一种融合于情境的学习活动，任何知识的产生都需要依赖一定的情境，情境与学生嵌入的学习经验相联结；学生的已有知识结构一旦被激活，就会传输于下丘脑，下丘脑将接收到的信息（知识）"涌现"为被意识到的学习经验，促进学生的自我主体的觉醒。[②] 在学生进行知识自主建构时，依据初中生阶段自身发展特点与知识建构理论等，教师提出问题将学生的知识建构活动引入情境中，积极鼓励与肯定学生（允许学生犯错误），有目的地不断刺激与强化学生的脑神经元，让其自主探寻解决问题的方法，使学生自己探寻一条从生活经验过渡到理论知识建构的路径或者通道。在学生进行知识自主建构时，教师可以充分利用图书资料、网络平台及微课等资源深度探究知识内容，通过理解、重构、迁移与审思等去发现问题，并将此引入学生知识自主建构中，让其进行研讨与思想碰撞，还可以带领学生参加社会实践（工作坊、研学旅行等），在做中学，在做中进行知识自主建构。

五　小结

基于创造力理论和知识建构理论等学理诉求，同时又结合学生问卷调查以及对14位教师访谈所呈现的现实需要，再结合初中生阶段自身发展特点，面向初中生创造力发展的知识自主建构的策略研究显得尤为迫切和重要。

首先，在建构途径上，鼓励学生综合运用多种知识自主建构途径。关

[①] 冯忠良、伍新春、姚梅林、王健敏：《教育心理学》，人民教育出版社，2000，第168页。
[②] 王作亮：《深层次知识建构——知识生成的有效方式》，《上海师范大学学报》（哲学社会科学版）2016年第4期，第139~144页。

键是有哪些途径呢？可以通过以下三种知识自主建构途径进行建构：观察性学习、探究性学习、符号性学习。学生的观察性学习指通过对学习对象的行为、动作以及它们所引起的结果的观察、记录，将获得的信息源经过学生的大脑进行深度加工、内化和整合，再将习得的行为通过自己的动作、行为以及观念呈现出来的一种学习方法。学生在探究性学习过程中可以获得巨大的满足感和自信心，并产生内在的创造力。围绕学生的学习兴趣所形成的探究性学习"5E"教学模式为：吸引、探究、解释、迁移和评价。在充分发挥学生自主性的同时，教师在整个过程中起辅助性作用。关于学生的符号性学习，它是一种高级行为的意义建构活动，学生的创造力发展是基于一定的符号性学习才得以推进与提高的。

其次，在建构权上，赋予学生知识自主建构的决定权。按照人本主义理论和自主决定理论，学生应该享有自主性的权力并且承担责任。又因为每个学生的知识自主建构的水平不一样，所以不同知识建构过程中学生会有不同层次的自主决定水平。为此要求把质疑与审辨知识、鉴别与选择知识、建构与创造知识的权力让位于学生，这就需要并允许学生自主建构属于自己的个人知识，赋予学生知识自主建构的决定权。

再次，在建构课程上，开发以自主学习为中心的创造力课程。创造力课程的开发应遵循一定的理念：一是创造力课程开发过程围绕以自主学习为中心的理念；二是每个学生都有知识自主建构的需要和欲望，每个学生的成长是一个自主化的学习过程；三是该课程尤其应该遵循每个学生的独特性，实现每个学生的个性化学习；四是将学习经验进行融合创造，形成创造性学习文化。该课程总体包括四个组成部分：学习目标、学习内容、学习方式和学习评价。它们之间又具有内在的逻辑关系，即为什么学——学什么——如何学——学的怎样。创造力课程开发具有一定的运作机制，即在课程设计中充分运用研讨与合作，校长在课程决策中发挥着关键作用，在完整的课程运作中凸显课程策划。

最后，在建构目标上，培育学生深层次知识自主建构的创造力。深层次知识自主建构是指学生不仅可以内化这些学习活动和任务，还可以理解与把握其实践生成原则。其运作机制包括需要进行新知识的理解和审思、新旧知识的重构和知识的迁移与运用等。深层次知识自主建构的运作机制有三种。一是深层次知识自主建构的前提和基础就是理解，所以知识自主建构不是一种复现式学习也不是一种反复机械式学习，而是需要学生在已有知识结构的基础上对知识内容进行深入剖析，并需要学生自主调适，通过理解和审思建构新的知识概念的结构，还要对新旧知识结构进行审思、调适和评价。二是学生需要甄选与激活已有知识结构，依据自身学习需要对遇到的新知识进行筛选，并梳理清楚新旧知识的知识脉络和融合路径；将新知识的概念和理论等与已有知识结构进行比较与分析，特别要注重在重构中对显性知识与隐性知识、陈述性知识与程序性知识的区别，以及依据新旧知识的重构类型将其存储于大脑中的不同知识分类结构之中。三是深层次知识自主建构的主要目标之一是建立知识与实践情境的内在联系，运用的主要方法就是知识的迁移与运用。

第六章 结论、讨论与展望

在全球特别强调创新的新时代背景下，创造力发展变得比以往任何时代都显得重要且紧迫。本研究选取"初中生创造力发展与知识自主建构"这一主题的价值和意义是不言而喻的，选取的研究对象是基础教育阶段的初中生，而研究的主要内容是学生创造力发展和知识自主建构研究的发展历程、理论分析、现状调查以及策略探寻等。至此，本研究的主要结论、相关讨论以及展望如下。

一 初中生创造力发展与知识自主建构的研究结论

本研究在梳理国内外创造力和知识观研究的发展历程，以及归纳学生创造力发展和知识自主建构的主要论题的基础上，进行相关的理论分析与现状调查，从而探寻面向初中生创造力发展的知识自主建构策略。本研究的主要结论如下。

第一，国内外创造力和知识观研究的发展历程是曲折和漫长的，折射出研究思想、观念和方法等方面的迥异。

综观国内外创造力研究的发展历程，可以看出创造力研究开始于技术领域，这是伴随着人类社会生产活动出现的一种必然结果。国内外创造力研究在思想、观念和方法上的迥异等，是有着自身的社会、经济和文化等根源的。西方创造力研究是对实验心理学的一种继承与发展，侧重追求人的外在物化的展现，而我国创造力研究侧重追求的是人的内在自我的创造性修炼。

关于国内外知识观研究的总体状况，可以看出不同的社会文化形态下形成了截然不同的知识论取向。国外知识观遵循的路径是从形而下的现象追求形而上的本体知识;而我国古代的知识观遵循的路径是从形而上的假设来解释形而下的知识观现象。从不同的知识观路径可以看出,我国自西汉儒学的独尊地位确立以来,形而上的知识观地位就很难被动摇。这是国外的知识观研究者往往对我国的知识观进行批判的原因,但这也是我国知识传承源远流长、寓意深广的独特优势。

第二,从创造力和知识的特征视角探析创造力发展与知识之间有着相互作用的重要关系,进而从知识数量、知识分类和知识运用视角探析创造力发展和知识自主建构的关系,推理出自主建构的知识(比其他知识)更能促进创造力的发展。

本研究在对人本主义理论、创造力理论、知识建构理论、自主决定理论等理论基础进行阐释的同时,分别又对创造力的特征(独特性、探索性、破旧性、灵活性、发散性和综合性)和知识的特征(客观性、主观性、主体性、发展性和生成性)进行了分析。以此为基础对创造力发展与知识自主建构的关系展开探讨:从创造力和知识的特征视角分析创造力发展与知识之间有着相互作用的重要关系,然后再从知识数量、知识分类和知识运用视角看创造力发展与知识自主建构的关系,进而表明自主建构的知识(比其他知识)更能促进创造力的发展。

第三,从实证视角分析可知,初中生创造力倾向和知识自主建构的总体水平不高,但两者显著相关。

通过采用成熟量表《威廉斯创造力倾向量表》,以及自主编制的初中生知识自主建构调查问卷和教师访谈提纲,本次调查的初中生创造力倾向的主要结论为:初中生创造力倾向发展水平总体不高,在创造力倾向的四个维度上,初中生冒险性和挑战性呈现"较高"发展水平,而好奇性和想象力呈现"中等"发展水平。而初中生知识自主建构能力总体合理水平一般,在知识自主建构的各个维度上,自主学习、知识的运用和知识的评价呈现"中等"合理水平,仅初中生的已有知识建构具有"较高"合理水平。但是对初中生创造力倾向和算术平均成绩进行双变量相关分析,两者呈显著相关($P<0.01$),其中四个维度中想象力显著性为$P<0.05$,而其他三个维度显著性为$P<0.01$。对初中生知识自主建构和算术平均成绩进

行双变量相关分析,两者呈显著相关($P<0.01$),而其他四个维度同样也呈显著相关($P<0.01$)。对初中生知识自主建构与创造力倾向的关系总体状况进行分析,两者在$P<0.01$水平(双侧)上显著相关。对初中生知识自主建构及其各个维度与创造力倾向及其各个维度的关系进行分析,它们也在$P<0.01$水平(双侧)上显著相关。从这一点可以说明,学生知识自主建构离不开创造力,学生创造力也离不开知识自主建构。

通过对14位一线初中教师进行访谈,对"您如何理解学生创造力发展与知识自主建构的关系"这一访谈问题的答案进行归纳与提炼,代表性的观点有:知识自主建构有利于培养学生的创造力;知识自主建构可以促进创造力的发展;知识自主建构是学生创造力发展的基础;知识自主建构是培养学生创造力发展的动力之源;知识自主建构是学生创造力发展的保障之一;知识自主建构是学生创造力发展的重要途径之一。

第四,从操作环节上改进策略,促使面向初中生创造力发展与知识自主建构的能力得到提升。

面向初中生创造力发展的知识自主建构策略是理论走向实践的关键环节。为此在建构途径上,鼓励学生综合运用多种知识自主建构途径;在建构权上,赋予学生知识自主建构的决定权;在建构课程上,开发以自主学习为中心的创造力课程;在建构目标上,培育学生深层次知识自主建构的创造力。四者之间的内在逻辑关系是:在建构途径和建构权的基础上,通过建构课程达成建构目标。

二 如何通过知识自主建构促进初中生创造力发展的讨论

笔者选择"初中生创造力发展与知识自主建构"作为研究主题,无论是选题还是内容都具有一定的挑战性。

首先,知识自主建构是学生创造力发展的重要途径,关于两者的直接研究理论比较薄弱,这为本研究的深度研究带来了一定困难,而本研究又选择了以"初中生创造力发展的知识自主建构"为研究对象,更进一步加剧了研究难度。

其次，笔者通过对"国内外创造力研究的发展历程"和"国内外知识观研究的总体状况"两大研究领域的主要成果进行全境式梳理，不仅可以为本研究扩宽研究思路，还可以拓深研究内容，具有一定的创新性，同时也伴随着巨大的难度，例如：国内外研究横跨时间长、涉及的人物甚多及内容庞杂等。

再次，笔者运用成熟的《威廉斯创造力倾向量表》和自己编制的初中生知识自主建构调查问卷及教师访谈提纲进行现状分析，为研究提供了一定的实践证据，但是实践调查过程中存在一定的难度，例如：调查取样、访谈技巧和方法等。

最后，学生创造力发展和知识自主建构的关系阐述以及策略提出，这既是研究的重点也是难点。此外，本研究的关系阐述以及策略提出等内容是基于有限的实证调查并侧重于逻辑推演所进行的理论研究，故而在实践中的可操作性有待进一步研究和验证。

对于理想状态中的面向初中生创造力发展的知识自主建构是怎样的，又应该走向何方，在现实中可能存在着激进的或者温和的观点，不管哪一种观点，笔者坚信：创造力发展与知识之间是有着相互作用的重要关系，学生自主建构的知识（比其他知识）更能促进其创造力的发展，即知识自主建构是学生创造力发展的重要途径，知识自主建构不应该成为学生创造力发展的点缀或者补充，而应该或者最起码成为其重要途径之一。知识自主建构理想的实现也许需要一个非常漫长的过程，在我们所能预期的现实教育中，它可能是一种理想状态，或者是在某些条件下的一种"有限理想"。

三　初中生创造力发展与知识自主建构的展望

面向初中生创造力发展的知识自主建构研究在一定程度上完善了学生创造力发展的相关理论，促使学生更加重视自身的知识自主建构对其创造力发展所发挥的积极作用，同时也增强了学生创造力发展的知识自主建构理论与实践的意识和能力。但是本研究成果仅仅是研究的伊始，在今后的学术研究中，笔者将从以下几个方面对本研究进行持续扩展。

（一）基于史料的创造力研究和知识观研究的历程、取得的成效及展望

本研究对于"国内外创造力研究的发展历程"和"国内外知识观研究的总体状况"两大研究领域的主要成果进行全景式梳理与评析，从中不难发现，无论是前者还是后者，皆有丰硕的研究成果。在后续研究中，笔者将聚焦于创造力研究和知识观研究的某一阶段，或者是对中西方创造力进行比较研究等。例如：21世纪以来西方创造力研究或者我国创造力研究的发展进程及评析；新中国成立以来创造力研究或者知识观研究的历程回顾及未来展望；近代以来中国创造力和知识观的学术话语提炼与分析；中西方知识观的差异对我国当前教育改革的启示等。

（二）基于实证的学生创造力发展和知识自主建构关系研究

本研究采用成熟量表《威廉斯创造力倾向量表》，以及自主编制的初中生知识自主建构调查问卷和教师访谈提纲。在后续的实证研究中，笔者将对自主编制的问卷和访谈提纲进行不断的修订与完善，并将本研究的对象由初中阶段的学生向前扩展为小学阶段的学生，向后扩展为高中阶段的学生等。另外，在深度上聚焦个案（某个学校的几个班级，甚至是几个学生等）进行探究，以更加具有说服力的实证研究来探讨学生创造力发展和知识自主建构的关系。

（三）创造力课程开发的知识选择研究

在创造力课程开发过程中，知识选择无疑是重要的前提条件。在知识选择过程中关涉一系列的选择问题：从知识选择的主体看——"谁来选择（Who）"；从知识选择的内容看——"选择什么（What）"；从知识选择的方法看——"如何选择（How）"。因此，在后续研究中，笔者将会在理论和实践上对这些问题进行持续且深入的探究。

总之，理论上面向初中生的知识自主建构在实践中呈现诸多形式、变式或者变形，不同的理论研究者和实践者依据自身的具体情况和个人的学术理念，无论如何进行选择与判断，皆应始终把有利于学生的知识自主建构，有利于学生创造力发展，尤其是有利于学生创造力发展的知识自主建构作为自己最根本的理论和实践追求。理论研究必须为实践探索指明方向和拓宽道路，即便在现实中存在诸多的阻滞因素或者不充分条件，也不影响其对这一切的执着追求，因为人类就是在有缺憾的现实中不断地探索与发展的。

参考文献

一 著作

[1]〔英〕安东尼·凯、〔英〕格伦维尔·鲁姆勃尔:《远距离高等教育》,王遵华、丁兴富等译,中央广播电视大学出版社,1987。

[2]〔美〕巴格托、〔美〕考夫曼主编《培养学生的创造力》,陈菲、周晔晗、李娴译,华东师范大学出版社,2013。

[3]〔古希腊〕柏拉图:《泰阿泰德·智术之师》,严群译,商务印书馆,1963。

[4]〔加〕保罗·萨加德:《心智:认知科学导论》,朱菁、陈梦雅译,上海辞书出版社,2012。

[5]北京大学哲学系外国哲学史教研室编译《西方哲学原著选读》(上卷),商务印书馆,1981。

[6]〔美〕彼得·F.德鲁克等:《知识管理》,中国人民大学出版社和哈佛商学院出版社,1999。

[7]〔美〕布鲁纳:《教育过程》,邵瑞珍译,上海人民出版社,1982。

[8]陈理宣:《知识教育论——基于多学科视域的知识观与知识教育理论研究》,人民出版社,2011。

[9]陈荣捷:《王阳明〈传习录〉详注集评》,重庆出版社,2017。

[10]陈振华:《教育知识建构论》,山西教育出版社,2010。

[11]丁俊:《知识心理学》,上海三联书店,2006。

[12]丁念金:《课程论》,福建教育出版社,2006。

[13]丁念金:《人性的力量:中西教育文化变迁》,福建教育出版社,2011。

[14]〔德〕恩斯特·卡西尔:《人论》,甘阳译,上海译文出版社,2004。

[15] 方勇译注《墨子》(2版),中华书局,2015。

[16] 方勇译注《庄子》(2版),中华书局,2015。

[17] 冯契:《中国古代哲学的逻辑发展》(中、下),东方出版中心,2009。

[18] 冯忠良、伍新春、姚梅林、王健敏:《教育心理学》,人民教育出版社,2000。

[19] 傅世侠、罗玲玲:《科学创造方法论》,中国经济出版社,2000。

[20] 甘自恒编著《创造学原理和方法——广义创造学》(第2版),科学出版社,2010。

[21] 高文:《教学模式论》,上海教育出版社,2002。

[22] 顾明远、边守正主编《陶行知选集》(第2卷),教育科学出版社,2011。

[23] 郭本禹主编《西方心理学史》,人民卫生出版社,2007。

[24]〔美〕国家研究理事会:《美国国家科学教育标准》,戢守志等译,科学技术文献出版社,1999。

[25]〔美〕国家研究理事会等:《科学探究与国家科学教育标准——教与学的指南》,罗星凯等译,科学普及出版社,2004。

[26] 洪汉鼎、陈治国编《知识论读本》,中国人民大学出版社,2010。

[27] 胡军:《知识论》,北京大学出版社,2006。

[28] 华中师范学院教育科学研究所主编《陶行知全集》(第1卷),湖南教育出版社,1985。

[29] 华中师范学院教育科学研究所主编《陶行知全集》(第3卷),湖南教育出版社,1985。

[30] 黄华新、陈宗明主编《符号学导论》,河南人民出版社,2004。

[31] 黄晖撰《论衡校释》(下册),中华书局,2018。

[32] 黄荣怀、郑兰琴:《隐性知识论》,湖南师范大学出版社,2007。

[33](清)黄宗羲:《黄梨洲文集》,中华书局,1959。

[34](清)黄宗羲:《明儒学案·卷六十二·蕺山学案》(下册),沈芝盈点校,中华书局,1985。

[35]（清）黄宗羲：《明儒学案·卷三十二·泰州学案一》（下册），沈芝盈点校，中华书局，1985。

[36] 金生鈜：《规训与教化》，教育科学出版社，2004。

[37] 经济合作与发展组织编《理解脑：新的学习科学的诞生》，周加仙等译，教育科学出版社，2014。

[38]〔英〕卡尔·波普尔：《客观知识：一个进化论的研究》，舒炜光等译，上海译文出版社，1987。

[39]〔德〕卡尔·曼海姆：《意识形态和乌托邦》，艾彦译，华夏出版社，2001。

[40] 柯平：《知识学研究》，国家图书馆出版社，2017。

[41]〔丹〕克努兹·伊列雷斯：《我们如何学习：全视角学习理论》（第2版），孙玫璐译，教育科学出版社，2014。

[42] 李秉德主编《教育科学研究方法》，人民教育出版社，1986。

[43] 李湘雅解读《道德经》，人民文学出版社，2006

[44]〔英〕李约瑟：《中国科学技术史》（第1卷），科学出版社，1975。

[45] 联合国教科文组织总部编《教育：财富蕴藏其中》，联合国教科文组织总部中文科译，教育科学出版社，1996。

[46] 廖哲勋、田慧生主编《课程新论》，教育科学出版社，2003。

[47] 林崇德、杨治良、黄希庭主编《心理学大辞典》（上），上海教育出版社，2003。

[48] 林杰：《西方知识论传统与学术自由》，北京师范大学出版社，2010。

[49] 林幸台、王木荣编《威廉斯创造性思考活动手册》，心理出版社，1997。

[50] 刘道玉：《创造教育概论：谈知识·智力·创造力》，湖北教育出版社，2002。

[51] 刘仲林：《中国创造学概论》，天津人民出版社，2000。

[52]〔美〕罗伯特·J.斯滕博格主编《创造力手册》，施建农等译，北京理工大学出版社，2005。

[53]〔英〕洛克：《人类理解论》（上册），关文运译，商务印书馆，1959。

[54]〔德〕马克斯·舍勒：《知识社会学问题》，艾彦译，译林出版社，

2012。

[55]〔英〕迈克尔·马尔凯：《科学与知识社会学》，林聚任等译，东方出版社，2001。

[56] 庞维国：《自主学习：学与教的原理和策略》，华东师范大学出版社，2003。

[57] 裴娣娜：《教育研究方法导论》，安徽教育出版社，1995。

[58] 彭蜀晋、陈耀亭、刘英编译《现代理科教育的进展与课题》，重庆出版社，1990。

[59]〔瑞士〕皮亚杰：《发生认识论原理》，王宪钿等译，商务印书馆，1989。

[60]〔英〕乔伊·帕尔默编《教育究竟是什么？100位思想家论教育》，任钟印、诸惠芳译，北京大学出版社，2008。

[61] 邱章乐、鲁峰、汪明主编《创造心理学》，合肥工业大学出版社，2011。

[62] 任长松：《探究式学习：学生知识的自主建构》，教育科学出版社，2005。

[63] 申国昌、史降云：《中国学习思想史》，科学出版社，2006。

[64] 申卫革：《知识转型与教育学知识的实践转向》，江苏大学出版社，2013。

[65] 沈萌红编著《创新的方法——TRIZ理论概述》，北京大学出版社，2011。

[66] 施良方：《课程理论——课程的基础、原理与问题》，教育科学出版社，1996。

[67] 施良方：《学习论》，人民教育出版社，2001。

[68] 石中英：《知识转型与教育改革》，教育科学出版社，2001。

[69] 史少博：《朱熹易学和理学关系探赜》，黑龙江人民出版社，2005。

[70]〔美〕特丽萨·M. 艾曼贝尔：《创造性社会心理学》，方展画、文新华、胡文斌译，上海社会科学院出版社，1987。

[71]〔美〕托马斯·L. 萨蒂：《创造性思维：改变思维做决策》，石勇、李兴森译，机械工业出版社，2017。

[72] 万丽华、蓝旭译注《孟子》，中华书局，2016。

[73] （清）王夫之撰《船山思问录》，严寿澂导读，上海古籍出版社，2020。

[74] （清）王夫之：《张子正蒙注》，中华书局，1978。

[75] 王华斌：《学习学：全脑开发与学习》，清华大学出版社，2017。

[76] 王晓梅：《自主概念的理论研究》，光明日报出版社，2016。

[77] 王秀梅译注《诗经》，中华书局，2016。

[78] 王众托：《知识系统工程》，科学出版社，2004。

[79] 温寒江：《学习与思维：学习中思维的全面协调可持续发展》，教育科学出版社，2010。

[80] 温寒江、陈爱苾：《学习学》（上下卷），教育科学出版社，2010。

[81] 吴粲：《策划学》，中国人民大学出版社，2012。

[82] 夏征农、陈至立等主编《辞海》第六版（彩图本），上海辞书出版社，2009。

[83] 肖云龙主编《创造学基础教程》，中南大学出版社，2004。

[84] 〔古希腊〕亚里士多德：《形而上学》，吴寿彭译．商务印书馆，1959。

[85] 杨伯峻译注《论语译注》（2版），中华书局，2017。

[86] 杨乃定主编《创造学教程》，西北工业大学出版社，2004。

[87] 杨溢、鞠巍：《基于图书情报学的知识科学理论模型》，知识产权出版社，2015。

[88] 姚介厚：《西方哲学史——古代希腊与罗马哲学》（第二卷），凤凰出版社、江苏人民出版社，2005。

[89] 应适、臧励和选注《韩愈文》，李作君校订，崇文书局，2014。

[90] 俞文钊、刘建荣编著《创新与创造力：开发与培育》，东北财经大学出版社，2008。

[91] 袁张度、许诺编著《创造学与创新方法》，上海社会科学院出版社，2010。

[92] 〔美〕约翰·D.布兰思福特等编著《人是如何学习的：大脑、心理、经验及学校》（扩展版），程可拉等译，华东师范大学出版社，2002。

[93] 〔美〕约翰·杜威：《民主主义与教育》，王承绪译，人民教育出版社，2001。

[94] 〔美〕约翰·杜威：《我们怎样思维·经验与教育》，姜文闵译，人

民教育出版社，1991。

[95] 翟文明：《提高你的创造力》，光明日报出版社，2011。

[96] 张华：《课程与教学论》，上海教育出版社，2000。

[97] 中国社会科学院语言研究所词典编辑室编《现代汉语词典》，商务印书馆，1983。

[98] 周耀烈主编《思维创新与创造力开发》，浙江大学出版社，2008。

[99] 周月朗：《青少年创造性思维教育——原理与策略》，电子科技大学出版社，2006。

[100] 周治金、谷传华：《创造心理学》，中国社会科学出版社，2015。

[101] （宋）朱熹注《四书章句集注》，王华宝整理，凤凰出版社，2016。

[102] （宋）朱熹撰《四书章句集注》，中华书局，2003。

[103] 朱作仁主编《创造教育手册》，广西教育出版社，1991。

[104] 庄寿强、戒志毅：《普通创造学》，中国矿业大学出版社，1997。

[105] 邹珊刚等编著《系统科学》，上海人民出版社，1987。

[106] 〔美〕Amrit Tiwana：《知识管理十步走——整合信息技术、策略与知识平台》（第二版），董小英等译，电子工业出版社，2004。

[107] 〔加〕Judah：《创造力：推开潜能世界的大门》，张灵、何洁等译，中国发展出版社，2012。

[108] 〔美〕R. J. 斯滕伯格：《超越 IQ：人类智力的三元理论》，俞晓林等译，华东师范大学出版社，2000。

[109] 〔美〕Shirley R. Steinberg、〔美〕Joe L. Kincheloe 主编《学生作为研究者——创建有意义的课堂》，易进译，中国轻工业出版社，2002。

二 期刊论文

[110] 蔡敏：《美国中小学生创造力评价探析》，《外国教育研究》2008 年第 10 期。

[111] 蔡笑岳、朱雨洁：《中小学生创造性倾向、智力及学业成绩的相关研究》，《心理发展与教育》2007 年第 2 期。

[112] 曹光法：《情感视阈下学生创造力的培养》，《内蒙古师范大学学报》（教育科学版）2007 年第 9 期。

［113］陈斌：《知识建构：认知与技术的融合化》，《电化教育研究》2011年第6期。

［114］陈德燊：《主体性发展与创新精神培育》，《中国教育学刊》1999年第6期。

［115］陈英和、王静：《学校教育中的创造力培养》，《中国教育学刊》2010年第6期。

［116］成露霞：《音乐教学中如何培养学生的创造力》，《教育理论与实践》（学科版）2004年第22期。

［117］程良道：《创造教育的过去与现状》，《湖北师范学院学报》（哲学社会科学版）2001年第3期。

［118］初庆春、刘荣、汪克夷：《知识、创新和创造力》，《大连理工大学学报》（社会科学版）1999年第2期。

［119］丁念金、冯震：《创造力训练课程开发的基本思路》，《课程·教材·教法》2015年第6期。

［120］丁念金：《当前教学中的个性化学习如何可能》，《课程教学研究》2013年第4期。

［121］丁念金：《基于个性化学习的课堂转变》，《课程·教材·教法》2013年第8期。

［122］丁念金：《教师创造力发展的文化分析》，《全球教育展望》2015年第2期。

［123］丁念金：《论学生创造力培育的学习方式路径》，《教育科学研究》2017年第5期。

［124］丁念金：《论学生素质发展评价的个性化理念》，《上海师范大学学报》（哲学社会科学版）2014年第4期。

［125］丁念金：《学生创造力养育的学校文化方略》，《创新人才教育》2015年第4期。

［126］杜光强：《人本主义教育理念对当代教育的启示》，《内蒙古师范大学学报》（教育科学版）2011年第1期。

［127］杜彦武：《谈探究性学习中数学知识的自主建构》，《当代教育科学》2006年第14期。

[128] 傅小兰：《探讨顿悟的心理过程与大脑机制——评罗劲的"顿悟的大脑机制"》，《心理学报》2004年第2期。

[129] 高珊、曾晖：《大学生创造力倾向现状调查分析》，《中国电力教育》2012年第10期。

[130] 宫秀丽：《中学生创造力发展的影响因素》，《当代教育科学》2003年第7期。

[131] 郭戈：《关于兴趣教学原则的若干思考》，《教育研究》2012年第3期。

[132] 郭庆科、李芳、陈雪霞、王炜丽、孟庆茂：《不同条件下拟合指数的表现及临界值的选择》，《心理学报》2008年第1期。

[133] 郭睿：《内隐认知：沉浸式语言教学的主要认知机制》，《语言教学与研究》2015年第5期。

[134] 郭燕霞、赵万里：《建构主义视角下的医学知识问题研究——国外医学知识社会学研究评析》，《自然辩证法研究》2012年第10期。

[135] 谷传华：《从中美文化的差异看学生创造力的培养》，《人民教育》2013年第2期。

[136] 何云峰：《关于建构知识科学的问题》，《上海师范大学学报》（哲学社会科学版）2003年第1期。

[137] 侯嘉梅：《"问题解决、自主建构"教学的实践与思考》，《教育理论与实践》2013年第32期。

[138] 胡灵敏：《从智力结构理论看个体创造力的培养》，《中国成人教育》2012年第9期。

[139] 胡卫平、胡耀岗、韩琴：《青少年语文创造力的发展研究》，《心理发展与教育》2006年第3期。

[140] 胡卫平：《中小学生创造力发展的课堂教学影响因素》，《教育理论与实践》2010年第8期。

[141] 胡晓燕：《英语主题教学模式与自主建构认知结构》，《外语研究》2004年第3期。

[142] 黄甫全：《试论信息技术与课程整合的实质及基本原理》，《教育研究》2002年第10期。

[143] 黄仁贤、黄雪霞：《墨家的知识观与课程体系简论》，《教育评论》2006年第2期。

[144] 姬国君：《学生自主学习的基本理论、现实需要及培养策略》，《课程教学研究》2018年第9期。

[145] 姜永常、王红露：《知识建构中基于Web 2.0综合集成的知识提炼与应用》，《图书情报工作》2014年第21期。

[146] 靳丽华：《不同数学学业水平初中学生科学创造力的调查研究》，《教育理论与实践》（学科版）2006年第10期。

[147] 柯平：《21世纪知识学研究的目标和任务》，《图书情报知识》2009年第1期。

[148] 〔韩〕李康洙：《庄子的知识论》，《孔子研究》1994年第1期。

[149] 赖昌贵：《中学生学习方法测验的编制》，《福建师范大学学报》（哲学社会科学版）1986年第4期。

[150] 蓝根莲：《学生创造动机的激发与培养》，《中国教育学刊》2001年第3期。

[151] 冷天吉：《孔子的知识论》，《河南师范大学学报》（哲学社会科学版）2005年第2期。

[152] 李朝东：《现代教育观念的知识学反思》，《教育研究》2004年第2期。

[153] 李广、姜英杰：《个性化学习的理论建构与特征分析》，《东北师大学报》（哲学社会科学版）2005年第3期。

[154] 李祎：《探究与生成：杜威知识学习观解析》，《集美大学学报》（教育科学版）2010年第1期。

[155] 李志鸿、周云祥：《国外对学生创造力的评价技术》，《外国中小学教育》2005年第10期。

[156] 刘国清、陈欣：《陶行知创造教育思想及其现实意义》，《成都教育学院学报》2005年第2期。

[157] 刘文霞、薄建国：《知识、智力、个性与创造的关系》，《内蒙古师范大学学报》（教育科学版）2007年第7期。

[158] 刘耀中：《内隐学习与学习理论的构建》，《教育研究》2001年第

8期。

[159] 刘跃雄、方平：《中学生学习动机问卷的编制》，《首都师范大学学报》（社会科学版）2006年第3期。

[160] 刘志军：《课程评价的现状、问题与展望》，《课程·教材·教法》2007年第1期。

[161] 刘仲林、江瑶：《东西方创造教育的比较与前瞻》，《天津师范大学学报》（社会科学版）2011年第3期。

[162] 柳臻：《学生高中阶段创造力现状分析——基于对河南省焦作市的实地调查》，《中国教育学刊》2013年第7期。

[163] 六城市中小学生创造力培养联合调研组：《六城市中小学生创造力发展现状调查报告》，《上海教育科研》2010年第6期。

[164] 龙喜平：《发展学生自主性课程的反思与重构》，《江西教育科研》2007年第3期。

[165] 卢明德：《创造教育的历史演进与前瞻——创造教育研究之四》，《内蒙古师大学报》（哲学社会科学版）2000年第2期。

[166] 陆汝钤：《知识科学及其研究前沿》，《中国科技奖励》2000年第4期。

[167] 吕莉莉、杨向东：《具体学科领域创造力测评之进展与反思》，《教育测量与评价》2017年第4期。

[168] 马跃、韦小满：《初中生团队科学创造力影响因素的模型建构研究》，《上海教育科研》2017年第10期。

[169] 潘新民：《反思"知识建构论"的教学意蕴》，《教育学报》2009年第3期。

[170] 齐书宇、胡万山：《高中生创造力倾向发展现状及提高对策研究——基于对北京K中学高中生的调查与分析》，《基础教育》2016年第3期。

[171] 钱佩忠、周小斌：《研究生学习自主性：内涵、问题与培育》，《浙江工业大学学报》（社会科学版）2011年第1期。

[172] 钱颖一：《批判性思维与创造性思维教育：理念与实践》，《清华大学教育研究》2018年第4期。

［173］邱永渠:《美国中小学培养学生创造力的专门课程》,《外国教育研究》1989年第3期。

［174］任长松:《探究式学习:学生知识的自主建构——从两个探究案例引发的思考》,《课程·教材·教法》2004年第1期。

［175］申纪云:《论创造性教学与传统教学》,《教育理论与实践》1990年第1期。

［176］石倬英、郭强:《现代知识学探微》,《宁夏大学学报》(人文社会科学版)1989年第2期。

［177］史清敏、金盛华、山田敬:《中日青少年自主性发展的比较研究》,《外国教育研究》2003年第2期。

［178］宋兵波、周运正:《如何培养学生的创造力——创造力的文化内涵及其教育启示》,《教育科学研究》2012年第4期。

［179］田友谊:《创造力系统观及其对创造教育的启示》,《清华大学教育研究》2006年第1期。

［180］田友谊:《妨碍学生创造力培养的课堂教学因素分析》,《天津师范大学学报》(基础教育版)2006年第1期。

［181］田友谊:《国外课堂环境研究新进展》,《上海教育科研》2003年第12期。

［182］王根顺、高鸽:《近60年来的创造力研究回顾》,《高等理科教育》2008年第5期。

［183］王平:《"知识学"研究倡议与研究纲领》,《图书情报知识》2009年第1期。

［184］王荣江:《亚里士多德的科学知识观及其学科分类思想》,《广西师范大学学报》(哲学社会科学版)2009年第3期。

［185］王瑞平:《论音乐欣赏与学生创造力的培养》,《山西财经大学学报》2006年第S1期。

［186］王天利、姜笑君:《大学生创造力倾向测试调查分析》,《辽宁工业大学学报》(社会科学版)2013年第1期。

［187］王婷婷、庞维国:《自我决定理论对学生学习自主学习能力培养的启示》,《全球教育展望》2009年第11期。

[188] 王续琨、初福玲:《知识科学的兴起与发展》,《大连理工大学学报》(社会科学版) 2001 年第 2 期。

[189] 王雁、王兴芬、白菁:《大学生学习成绩与其创造力关系的研究》,《教育与职业》2013 年第 26 期。

[190] 王知津、陈芳芳:《从情报科学到知识科学》,《情报科学》2007 年第 9 期。

[191] 王智宁、高放、叶新凤:《创造力研究述评:概念、测量方法和影响因素》,《中国矿业大学学报》(社会科学版) 2016 年第 1 期。

[192] 王作亮:《深层次知识建构——知识生成的有效方式》,《上海师范大学学报》(哲学社会科学版) 2016 年第 4 期。

[193] 温涌:《语文教学中学生创造力的培养》,《内蒙古师范大学学报》(教育科学版) 2001 年第 1 期。

[194] 乌仁高娃:《浅谈音乐教学中如何实施素质教育》,《内蒙古师范大学学报》(教育科学版) 2002 年第 S1 期。

[195] 吴福元:《皮亚杰形式运算思维述评》,《应用心理学》1984 年第 3 期。

[196] 吴国林:《论知识的客观性》,《科学学与科学技术管理》2000 年第 6 期。

[197] 吴一波:《奥尔夫教学法对小学音乐教育问题的突破》,《中国教育学刊》2016 年第 5 期。

[198] 吴成军、张敏:《美国生物学"5E"教学模式的内涵、实例及其本质特征》,《课程·教材·教法》2010 年第 6 期。

[199] 武建春:《由数学直觉谈数学教学中学生创造力的培养》,《教育探索》2007 年第 10 期。

[200] 向舒:《冷遇创造力:课堂师生互动中的问题与策略》,《现代中小学教育》2015 年第 1 期。

[201] 肖广岭:《隐性知识、隐性认识和科学研究》,《自然辩证法研究》1999 年第 8 期。

[202] 谢丽娜:《探究学习中"学生自由"的异化及合理化》,《教育发展研究》2010 年第 20 期。

[203] 熊川武、柴军应、董守生：《我国中学生学习自主性研究》，《教育研究》2017年第5期。

[204] 徐广宇：《"5E"教学模式在初中生物学概念教学中的应用》，《中学生物教学》2017年第24期。

[205] 徐明聪：《陶行知创造教育思想及其时代意义》，《中国教育学刊》2011年第11期。

[206] 姚宁：《浅谈外语学习初级阶段教师如何发挥其引导作用——来自班杜拉社会学习理论的启示》，《教育教学论坛》2016年第18期。

[207] 燕良轼、殷华西：《联想策略与学生创造力培养的实验研究》，《湖南师范大学教育科学学报》2003年第4期。

[208] 杨维东、贾楠：《建构主义学习理论评述》，《理论导刊》2011年第5期。

[209] 杨玉琴、王祖浩、张新宇：《美国课程一致性研究的演进与启示》，《外国教育研究》2012年第1期。

[210] 佚名：《一个好校长就是一所好学校——记哈尔滨市大同小学校长王淑波》，《教育探索》2001年第6期。

[211] 俞静娟、赵珊珊：《论知识自主建构取向的历史教学设计：意蕴及其策略》，《全球教育展望》2013年第1期。

[212] 袁维新：《建构主义理论运用于科学教学的15条原则》，《教育理论与实践》2004年第19期。

[213] 张建伟、孙燕青：《初中学生的知识观与学习观的初步研究》，《心理发展与教育》1997年第4期。

[214] 张建伟：《知识的建构》，《教育理论与实践》1999年第7期。

[215] 张丽升：《数学活动情境中的陈述性知识与程序性知识的整合》，《前沿》2013年第23期。

[216] 张武升、肖庆顺：《论文化与创造力培养》，《教育研究》2015年第5期。

[217] 张兴华：《创造教育策略研究》，《教育研究》2002年第10期。

[218] 赵秀娟、龚燕、张明志：《观察学习理论视阈下大学生榜样教育策略探究》，《重庆师范大学学报》（哲学社会科学版）2017年第

6 期。

[219] 赵春音：《当代西方创造力研究的考察》，《科学学研究》2003 年第 4 期。

[220] 赵改玲：《基于探究性教学的学生自主建构学习——以小学数学教学为例》，《教育理论与实践》2015 年第 5 期。

[221] 赵学勤：《创新能力培养与学生质量评价策略》，《教育理论与实践》2000 年第 1 期。

[222] 郑日昌、肖蓓苓：《对中学生创造力的测验研究》，《心理学报》1983 年第 4 期。

[223] 郑志湖：《构建学生自主探究的物理学习模式的探索》，《课程·教材·教法》2011 年第 3 期。

[224] 周治金、杨文娇：《论知识与创造力的关系》，《高等教育研究》2007 年第 10 期。

[225] 周治金、杨文娇：《隐性知识、内隐认知与科学创造》，《华中科技大学学报》（社会科学版）2007 年第 2 期。

[226] 朱守晨：《论高中生研究性学习中"问题意识"的培养》，《现代基础教育研究》2018 年第 1 期。

[227] 邹权伟：《注重小学数学教学中的创新灵感培养》，《中国教育学刊》2017 年第 7 期。

三　外文资料

[228] Amabile, T. M., "A Model of Creativity and Innovation in Organization", *Research in Organizational Behavior*, 10 (1), 1988.

[229] Amabile, T. M., Conti, R., Coon, H., Lazenby, J., Herron, M., "Assessing the Work Environment for Creativity", *The Academy of Management Journal* 39 (5), 1996.

[230] Amabile, T. M., "The Social Psychology of Creativity: A Componential Conceptualization", *Journal of Personality and Social Psychology*, 45 (2), 1983.

[231] Anderson, J. R., *Cognitive Psychology and It's Implications* (New York:

Freeman, 1985).

[232] Arich, L. (ed.), *The International Encyclopedia of Curriculum* (Oxford: Pergamon Press, 1991).

[233] Bekker, M. H. J., "The Development of an Autonomy Scale Based on Recent Insight into Gender Identity", *European Journal of Personality* 7 (3), 1993.

[234] Berlin, I., *Two Concepts of Liberty*, in *Four Essays on Liberty* (London: Oxford University Press, 1969).

[235] Campbell, D. T., "Blind Variation and Selective Retentions in Creative Thought as in Other Knowledge Processes", *Psychological Review* 67 (6), 1960.

[236] Csikszentmihalyi, M., *Creativity: Flow and the Psychology of Discovery and Exploration* (New York: Harper Perennial, 1996).

[237] Davidson, J. E., Sternberg, R. J., "What is Insight?", *Educational Horizons* 64 (4), 1986.

[238] Davidson, J. E., *The Suddenness of Insight. The Nature of Insight* (Cambridge Mass.: MIT Press, 1995).

[239] Deci, E. L., Ryan, R. M., Williams, G. C., "Need Satisfaction and the Self-Regulation of Learning", *Learning and Individual Differences* (8), 1996.

[240] Dickinson, L., "Autonomy and Motivation: A Literature Review", *Systerm* (23), 1995.

[241] Dworkin, G., *The Theory and Practice of Autonomy* (New York: Cambridge University Press, 1988).

[242] Eraut, M., "Non-formal Learning and Tacit Knowledge in Professional Work", *British Journal of Educational Psychology*, 2000.

[243] Feiberg, J., "*Autonomy*" in the Inner Citadel: *Essays on Individual Autonomy* (New York: Oxford University Press, 1989).

[244] Feinberg, J., *Harm to Self*, *The Moral Limits of the Criminal Law* (*Volume* 3) (Oxford: Oxford University Press, 1986).

[245] Goree, Keystal, "Creativity in the Classroom: Do We Really Want It?", *Gifted Child Today Magazine* (4), 1996.

[246] Gruber, H. E., "On the Relation between Aha Experiences and the Construction of Ideas in Innovation and Continuity in Science", *History of Science* 19 (1), 1981.

[247] Guilford, J. P., "Creativity", *American Psychologist* (5), 1950.

[248] Guilford, J. P., "Three Faces of Intellect", *American Psychologist* (14), 1959.

[249] Hayes, J. R., *Cognitive Processes in Creativity*, *Handbook of Creativity* (New York: Plenum Press, 1989).

[250] Hu, W. H., Adey, P., "A Scientific Creativity Test for Secondary School Student", *International Journal of Science Education* (4), 2002.

[251] Kim, H., Cho, S., Ahn, h., "Development of Mathematical Problem Solving Ability Test for Identification of the Gifted in Math", *Gifted Education International* (2), 2004.

[252] Mario, T., Steels, L., *The Future of Learning: Issues and Prospect* (Nieuwe Hemweg: IOS Press, 2003).

[253] Michael, P., *Study of Man* (Chicago: The University of Chicago Press, 1958).

[254] Posner, G. J., Strike, K. A., Hewson, P. W. & Gertzog, W. A., "Accommodation of a Scientific Conception: Toward a Theory of Conceptual Change", *Science Education* (66), 1982.

[255] Ralph, W. T., *Basic Principles of Curriculum and Instruction* (Chicago: the University of Chicago Press, 1949).

[256] Runco, M., "Creativity", *Annual Reviewof Psychology* 55, 2004.

[257] Ryan, R. M., Deci, E. L., "Self-Determination Theory and the Facilitation of Intrinsic Motivation, Social Development, and Well-Being", *American Psychologist* 55 (1), 2000.

[258] Saeki, N., Fan, X. T., Duesen, L. V., "A Comparative Study of

Creative Thinking of American and Japanese College Students", *Journal of Creative Behavior* 35 (1), 2001.

[259] Sak, U., Ayas, B., "Creative Scientific Ability Test (C-Sat): A New Measure of Scientific Creativity", *Psychological Test, Assessment Modeling* (3), 2013.

[260] Schei, V., "Creative People Create Values Creativity and Positive Arousal in Negotiations", *Creativity Research Journal* 25 (4), 2013.

[261] Schwab, J. J., "Inquiry, the Science Teacher, and the Educator", *School Review* (2), 1960.

[262] Schwab, J. J., *The Teaching of Science as Enguiry*. (In the Teaching of Science, Cambridge: Harward University Press, 1962).

[263] Sinha, A. k., Singh, C., "Measurement of Scientific Creativity", *Indian Journal of Psychometry, Education* (1), 1987.

[264] Sternberg, R. J., *Handbook of Creativity* (New York: Cambridge University Press, 1999).

[265] Sternberg, R. J., Lubart, T. I., "An Investment Theory of Creativity and Its Development", *Human Development* 34 (1), 1991.

[266] Sternberg, R. J., Lubart, T. I., *The Concept of Creativity: Prospects and Paradigms, Handbook of Development* (New York: Cambridge University Press, 1999).

[267] Sternberg, R. J., "The Nature of Creativity", *Creativity Research Journal* 18 (1), 2006.

[268] The National Research Center on the Gifted and Talented, 2007-10-20 "Assessing Creativity: A Guide for Education", http://www.gifted.uconn.edu/nregt/reports/rm02170/rm 02170.pdf.

四 其他

[269] 白云帆：《脑科学与基础教育改革创新》，中国教育之声网，http://www.cedcm.com.cn/html/2013/teyuepinglun_0425/10222.html，2013年4月25日。

[270] 崔雅萍:《多元学习理论视域下大中学生英语自主学习能力可持续发展研究》,博士学位论文,上海外国语大学,2012。

[271] 简红江:《国内外创造学发展比较研究》,博士学位论文,中国科学技术大学,2012。

[272] 姜江、马北北:《美国 K12 艺术素养与创造力课程》,中青在线,http://news.cyol.com/content/2016-05/17/content_12593910.htm,2016 年 5 月 17 日。

[273] 李祥兆:《基于问题提出的数学学习——探索不同情境中学生问题提出与问题解决的关系》,博士学位论文,华东师范大学,2006。

[274] 潘晓南:《基于自主建构知识的教学路径》,《光明日报》2006 年 9 月 6 日,第 7 版。

[275] 史忠植:《知识科学》,http://www.intsci.ac.cn/research/knowledgescience.html,2015 年 5 月 20 日。

[276] 香港大学知识建构网络支援组:《知识建构教师发展网络计划教师手册》,http:kbtn-resouces.cite.hku.hk/files/UserGuides/TeacherGuideKB-chinese.pdf,2014 年 3 月 3 日。

[277] 中共中央办公厅、国务院办公厅:《关于深化教育体制机制改革的意见》,http://www.gov.cn/xinwen/2017-09/24/content_5227267.htm,2017 年 9 月 24 日。

[278] 朱仁甫:《怎样培养学生的创造力想象力》,《光明日报》2003 年 12 月 6 日。

附录 A　问卷调查

同学：

你好！

问卷调查大约需要花费你 10~15 分钟的时间，调查资料和结果绝对保密，仅用作于学术研究，请你放心。同时为了数据分析研究的准确性和有效性，请你认真阅读以下每一个问题，并根据自身真实情况认真作答。

再次衷心地感谢你的支持与合作！

第一部分　背景信息

1. 你的性别　　　　　　　　　　　　　　　　　　　　　(　　)

　A. 男　　　　　　　　B. 女

2. 你所在的年级　　　　　　　　　　　　　　　　　　　(　　)

　A. 六年级　　　　　　B. 七年级

　C. 八年级　　　　　　D. 九年级

3. 你认为自己在班级里的学习成绩位于　　　　　　　　　(　　)

　A. 1~10 名　　　　　　B. 11~20 名

　C. 21~30 名　　　　　 D. 31~40 名

　E. 41~50 名　　　　　 F. 51 名以后

　G. 不清楚

4. 你的兴趣爱好类别　　　　　　　　　　　　　　　　　(　　)

　A. 与课程知识学习有关的类别　　B. 业余类别

5. 你现在的常住地址位于　　　　　　　　　　　　　　　(　　)

　A. 乡村　　　　　　　B. 城镇

C. 城市郊区　　　　　　　　D. 城乡接合部

E. 城市市区

第二部分　学生知识自主建构的调查问卷

请你根据自己的实际情况作答每一道题目，1—10题将选项填写在（　）内，11—24题在相应的空格上画"√"，没有特别说明的选项均为单选。谢谢！

1. 你对某些学科感兴趣的主要原因是　　　　　　　　　　　（　　）

   A. 为了考试　　　　　　　　B. 父母的影响

   C. 老师教得好　　　　　　　D. 自己的兴趣

   E. 其他

2. 你学习知识的动力主要来源是　　　　　　　　　　　　　（　　）

   A. 自己　　　　　　　　　　B. 父母

   C. 老师　　　　　　　　　　D. 同学之间的竞争

   E. 其他

3. 你认为自己的自主学习能力　　　　　　　　　　　　　　（　　）

   A. 很强　　　　　　　　　　B. 较强

   C. 一般　　　　　　　　　　D. 较差

   E. 很差

4. 你平时上课注意力集中程度　　　　　　　　　　　　　　（　　）

   A. 很强　　　　　　　　　　B. 较强

   C. 一般　　　　　　　　　　D. 较差

   E. 很差

5. 在课下老师不做具体学习要求时，我也会去自主学习　　　（　　）

   A. 总是　　　　　　　　　　B. 经常

   C. 有时　　　　　　　　　　D. 很少

   E. 从不

6. 在理解题意困难时，我会乐观面对并积极寻求解决方法　　（　　）

   A. 总是　　　　　　　　　　B. 经常

   C. 有时　　　　　　　　　　D. 很少

   E. 从不

7. 每当我学会一个新方法时，就会主动尝试着运用 （   ）

　　A. 总是　　　　　　　　B. 经常

　　C. 有时　　　　　　　　D. 很少

　　E. 从不

8. 【可多选】你认为最有利于自主学习的方式是 （   ）

　　A. 详细的讲授　　　　　B. 讲解与练习结合

　　C. 独立思考，老师答疑　　D. 老师提出问题，学生讨论解答

　　E. 其他

9. 【可多选】影响你自主学习的内部因素是 （   ）

　　A. 学习态度　　　　　　B. 学习基础

　　C. 学习目标　　　　　　D. 对自主学习的认识

　　E. 身体素质

10. 【可多选】当老师对你提出的问题无法做出解答时，你通常采取的办法是 （   ）

　　A. 自主查询资料　　　　B. 请教老师

　　C. 与同学交流　　　　　D. 咨询父母

　　E. 放弃

项目	从不	很少	有时	经常	总是
11. 我能利用已学的知识来解释或解决一些日常生活中的现象或问题					
12. 在解题时，我总是先把遇到的问题与已学的知识相对照					
13. 当我在学习中遇到难题时，能及时联想到已学的知识并加以灵活运用					
14. 我认为所学的知识对自主学习很重要					
15. 考试试卷发回后，我不仅看分数而且还会看对已有的知识掌握程度					
16. 在学习过程中，我会自主制定学习计划					
17. 在课前老师不做预习要求时，我也会自主预习					
18. 每天课程结束后，我会自主进行课后复习					

续表

项目	从不	很少	有时	经常	总是
19. 我能对书本知识和老师所做出的解释、结论提出不同的看法					
20. 我认为自己具备独立去尝试解决一些复杂问题的能力					
21. 在知识学习过程中,我可以归纳出一些新思路或新方法					
22. 借助于手机、平板或电脑等电子产品进行自主检测与评价所学知识					
23. 现行的学习评价方式对我的知识自主学习有作用					
24. 我会经常对自己的学习过程与结果进行自主评价					

第三部分 威廉斯创造力倾向量表

请你根据自己的实际情况作答每一道题目,选择最符合你的那一项,并在相应的空格上画"√",只能单选。谢谢!

项目	从不	很少	有时	经常	总是
1. 我喜欢试着对事情或问题做猜测,即使不一定都猜对也无所谓					
2. 我喜欢仔细观察我没有看过的东西,以了解详细的情形					
3. 我喜欢听变化多端和富有想象力的故事					
4. 画图时我喜欢临摹别人的作品					
5. 我喜欢利用旧报纸、旧日历以及旧罐头等废物来做成各种好玩的东西					
6. 我喜欢幻想一些我想知道或想做的事					
7. 如果事情一次完不成,我会继续完成尝试,直到成功为止					
8. 做功课时我喜欢参考各种不同的资料,以便得到多方面的了解					
9. 我喜欢用相同的方法做事情,不喜欢去找其他的新方法					
10. 我喜欢探究事情的真假					
11. 我不喜欢做许多新鲜的事					
12. 我不喜欢交新朋友					

续表

项目	从不	很少	有时	经常	总是
13. 我喜欢一些不会在我身上发生的事情					
14. 我喜欢想象将来成为艺术家、音乐家、诗人					
15. 我会因为一些令人兴奋的念头而忘记了其他事					
16. 我宁愿生活在太空站,也不喜欢在地球上					
17. 我认为所有的问题都有固定的答案					
18. 我喜欢与众不同的事情					
19. 我常想知道别人正在做什么					
20. 我喜欢故事或电视节目里描写的事					
21. 我喜欢和朋友在一起,和他们分享我的想法					
22. 如果一本故事书的最后一页被撕掉了,我就自己编造一个故事把结局补上去					
23. 我长大后,想做一些别人从来没想过的事情					
24. 尝试新的游戏和活动,是一件有趣的事					
25. 我不喜欢太多的规则限制					
26. 我喜欢解决问题,即使没正确答案也没关系					
27. 有许多事情我都很想亲自去尝试					
28. 我喜欢没有人知道的新歌					
29. 我喜欢在班上同学面前发表意见					
30. 当我读小说或看电视时,我喜欢把自己想象成故事里的人物					
31. 我喜欢幻想 200 年前人类生活的情形					
32. 我常想自己编一首新歌					
33. 我喜欢翻箱倒柜,看看有些什么东西在里面					
34. 画图时,我很喜欢改变各种东西的颜色和形状					
35. 我不敢确定我对事情的看法都是对的					
36. 对于一件事情先猜猜看,然后再看是不是猜对了,这种方法很有趣					
37. 玩猜谜之类的游戏很有趣,因为我想要知道结果如何					
38. 我对机器有兴趣,也很想知道它里面是什么样子,以及它是怎样转动的					
39. 我喜欢可以拆开的玩具					
40. 我喜欢想一些点子,即使用不着也无所谓					

续表

项目	从不	很少	有时	经常	总是
41．一篇好的文章应该包含许多不同的意见和观点					
42．为将来可能发生的问题找答案，是件令人兴奋的事					
43．我喜欢尝试新事情，目的只是为了想知道会有什么结果					
44．玩游戏时，通常有兴趣参加，而不在乎输赢					
45．我喜欢想一些别人常常谈过的事情					
46．当我看到一张陌生人的照片时，我喜欢去猜测他是怎样一个人					
47．我喜欢翻阅书籍及杂志，但只知道它的内容是什么					
48．我不喜欢探询事情发生的各种原因					
49．我喜欢问一些别人没有想到的问题					
50．无论在家里或在学校，我总是喜欢做许多有趣的事					

（问卷到此结束，非常感谢你的配合，谢谢！）

问卷备注：

一 第一部分

需要特别说明的是，在第3题中的学习成绩是指学生自己认为自己在班级上的学习成绩总体位于情况，仅供于学术研究。

二 第二部分包括维度及题目

首先需要说明1~10题的设置，目的是整体了解学生知识自主建构的现状，而11~24题是编制的《初中生知识自主建构量表》，目的是不仅对背景信息进行相关分析，还可以对学生创造力发展进行相关分析，具体包括以下四个维度。

（一）已有知识结构

11，12，13，14，15题，记分方法为：从不1分，很少2分，有时3分，经常4分，总是5分。

（二）自主学习

16，17，18题，记分方法同上。

（三）知识的运用

19，20，21 题，记分方法同上。

（四）知识的评价

22，23，24 题，记分方法同上。

三 第三部分包括的维度及计分方法

威廉斯创造力倾向测验共有50题，包括冒险性、好奇性、想象力、挑战性；测试后可得四种分数，加上总分，可得五项分数。计算自己的最后得分，分数越高，创造力水平越高。

（一）冒险性

1，5，21，24，25，28，29，35，36，43，44 等 11 题。其中 29，35 为反向题目，记分方法分别为：正向题目，从不 1 分，很少 2 分，有时 3 分，经常 4 分，总是 5 分；反向题目，从不 5 分，很少 4 分，有时 3 分，经常 2 分，总是 1 分。

（二）好奇性

2，8，11，12，19，27，33，34，37，38，39，47，48，49 等 14 题。其中 12，48 为反向题目，记分方法同上。

（三）想象力

6，13，14，16，20，22，23，30，31，32，40，45，46 等 13 题。其中 45 题为反向题目，记分方法同上。

（四）挑战性

3，4，7，9，10，15，17，18，26，41，42，50 等 12 道题。其中 4，9，17 题为反向题目，记分方法同上。

附录 B　教师访谈提纲

尊敬的×××老师：

　　您好！

　　我是×××，现就读于上海师范大学教育学院，课程与教学论专业，师从×××教授。目前，我正在撰写博士学位论文，论文题目为《面向初中生创造力发展的知识自主建构研究》。本研究认为知识自主建构是初中生创造力发展的重要途径之一。为此，需要向您访谈一些相关问题，具体问题见下面列出的访谈提纲，本次访谈需要花费您 20 分钟左右的时间。

　　同时，研究者将秉持访谈研究的伦理要求，对访谈资料进行匿名保密处理，仅作为学术研究使用，请您放心。谢谢！

　　在访谈开始之前，先对学生创造力和知识自主建构的含义进行阐释，然后依次按照下列问题展开访谈。学生创造力是指作为学习活动的一种能力系统存在于教育活动中，主要涉及新知识、自主学习方法与创造性思维等，进而重组并内化形成新颖而又独特的综合力。需要说明的是，这种能力是一种动态且螺旋上升的知识、智力和人格的综合力。知识自主建构是指一个积极主动的创造过程，初中生不是被动地接受知识，而是将先前内化的知识与外在的有选择性的新知识进行积极主动融合。

　　1. 您在教学中如何培养学生的创造力？遇到的阻碍因素有哪些？

　　2. 您认为学生知识建构的自主性表现在哪些方面？基本方式主要有哪些？

3. 您认为知识自主建构在学生创造力发展中的作用有哪些？

4. 您如何理解学生创造力发展与知识自主建构的关系？

5. 您认为当前学生创造力发展中面临的最大问题与挑战是什么？

6. 您认为促进学生创造力发展的知识自主建构具体路径有哪些？

图书在版编目(CIP)数据

初中生创造力发展与知识自主建构/姬国君著. --北京：社会科学文献出版社，2021.8
ISBN 978-7-5201-8673-5

Ⅰ.①初… Ⅱ.①姬… Ⅲ.①创造教育-教学研究-初中 Ⅳ.①G632.0

中国版本图书馆 CIP 数据核字（2021）第 136366 号

初中生创造力发展与知识自主建构

著　　者 /	姬国君
出 版 人 /	王利民
组稿编辑 /	恽　薇
责任编辑 /	宋淑洁　贾立平
出　　版 /	社会科学文献出版社·经济与管理分社（010）59367226
地址：北京市北三环中路甲29号院华龙大厦　邮编：100029
网址：www.ssap.com.cn
发　　行 /	市场营销中心（010）59367081　59367083
印　　装 /	北京玺诚印务有限公司
规　　格 /	开本：787mm×1092mm　1/16
印张：16　字数：252千字
版　　次 /	2021年8月第1版　2021年8月第1次印刷
书　　号 /	ISBN 978-7-5201-8673-5
定　　价 /	128.00元

本书如有印装质量问题，请与读者服务中心（010-59367028）联系

▲ 版权所有 翻印必究